Jubiläumsausgabe 2003
ISBN 3-89883-055-1

Redaktion: Ulrich Pramann

Wissenschaftliche Mitarbeit: Gaby Miketta
Dr. Petra Thorbrietz
Prof. Dr. Michael Hamm
Dr. Siegfried Schlett

Umschlaggestaltung: ZERO
Georg Feigl

Titelfoto: Sigi Hengstenberg

Herstellung: Karin Mayer
Peter Karg-Cordes

Druck und Bindung: Mohn Media · Mohndruck GmbH
Gütersloh

Dr. Hans-Wilhelm Müller-Wohlfahrt

So schützen Sie Ihre Gesundheit

Mehr Lebensqualität mit meinem Sofortprogramm gegen Freie Radikale

unter Mitarbeit von
Dr. med. Siegfried Schlett

herausgegeben von
Dr. Michael Scheele

ZABERT SANDMANN

Inhalt

Die Entstehungsgeschichte des Buches

Ein Vorwort des Herausgebers Dr. Michael Scheele

Auf einer gemeinsamen Urlaubsreise war auch der Bayern-Doc, Dr. Müller-Wohlfahrt, mit von der Partie. Er fiel durch regelmäßiges leichtes Strandjoggen auf, nie bis zur Erschöpfung und das hatte seinen Grund... Im Gegensatz zu den übrigen Urlaubsgästen setzte er sich nur selten der prallen Sonne aus. Auch das hatte seinen Grund, wie er mir irgendwann erzählte. Und natürlich war und ist für ihn Nikotin tabu, auch das hat seine Gründe, wie man sich vorstellen kann. Einmal täglich nahm er, von uns nahezu unbemerkt, eine kleine Kapsel (Antioxidantien oder auch Radikalfänger genannt) zu sich. Und das hatte einen besonders guten Grund, wie Sie später erfahren werden. Aber er gehörte nicht zu den Abstinenzlern. Ein gutes Tröpfchen durfte es gelegentlich schon sein. Vorzugsweise Rotwein, und das nicht nur, weil der besonders gut schmeckt. Auch ein guter Tropfen Rotwein hatte für ihn mehr als nur diesen einen Grund...

Aus seinem Mund klangen die Gründe sehr überzeugend. Nicht allein deshalb, weil er sich als Sportmediziner einen Namen gemacht hat. Überzeugend vor allen Dingen deshalb, weil sein fast jungenhaftes Erscheinungsbild für die Wirkung seiner Lebensweise spricht. Nein, es sind nicht nur die Gene, die dafür verantwortlich sind. Es ist auch seine Lebensweise und seine positive Lebenseinstellung, die es lohnt, kennenzulernen. In jenem Urlaub hatten wir so manches Mal Gelegenheit über diese Lebensweise zu sprechen. Und dabei erfuhr ich Dinge, die mich überzeugt haben. Dinge, die den Wunsch und die Neugier aufkeimen ließen, mehr zu erfahren über »Freie Radikale«, Enzyme, Hormone, über das Funktionieren unserer Organe usw.

Mich interessierte das Thema nicht nur aus medizinischen Gründen. Als Jurist und als ein politisch interessierter Mensch habe ich mich oft genug gefragt, wie unsere Gesellschaft künftig mit den gravierenden demographischen Veränderungen fertig werden wird. Und mindestens ebenso relevant ist die Frage, warum Menschen jenseits der 50 demnächst nur noch als Randfiguren der Gesellschaft Beachtung finden werden. Das Ergebnis unserer zahlreichen Gespräche hatten wir damals nicht vorhersehen können. Ich verschlang zunächst alle möglichen Bücher, Sekundärliteratur über Krank-und Gesundheitsmacher und begann eigentlich unbewusst, eigene Lebens-und Verhaltensweisen zu ändern. Und nach einigen weiteren Gesprächen waren wir uns einig: Sein Wissen und seine Erfahrung darüber, wie man die biologische Altersuhr verlangsamt oder gar zurückdreht, wie man Krankheitsrisiken verrringert, sollte niedergeschrieben und einer breiten Öffentlichkeit nutzbar gemacht werden. Das vorliegende Buch ist das Endresultat. Es soll dem medizinischen Laien den Weg zu mehr Lebensqualität verständlich machen.

Wer als Laie medizinische Literatur bücherweise verschlingt, ist zunächst verwirrt. Das lag in meinem Fall nicht etwa an mangelnder Verständlichkeit der umfangreichen Sekundärliteratur. Im Gegenteil, einige Autoren verstehen es meisterhaft, komplizierte biochemische Zusammenhänge und Abläufe verständlich zu machen. Aber die Menge der Informationen und die Komplexität biochemischer Vorgänge im menschlichen Körper, schließlich aber auch die Gegensätzlichkeit und Unterschiedlichkeit so mancher Expertentheorie löste anfangs Verwirrung aus. Die wöchentlichen Dialoge mit dem Doc, die vielen Gespräche mit dem Expertenteam, halfen jedoch, die Gedanken zu sortieren, umstrittene oder – aus seiner Sicht abwegige – Thesen auszufiltern und das Wesentliche seiner Erkenntnisse und Ratschläge zu verstehen. Das Fazit lautet: Kampf den Freien Radikalen, jenen Übeltätern, die für zahlreiche Krankheiten, aber auch für vorzeitiges Altern mitverantwortlich sind.

»Der Wunderarzt der Bundesliga«

(FOCUS)

Ein Porträt von Ulrich Pramann

»In diesem Menschen verbinden sich viele Talente – darunter diagnostische Brillanz, psychologische Begabung, hingebungsvolle Zielstrebigkeit – zum kompetenten Ganzen«, attestierte »Focus«. Das Magazin hob ihn in den Medizinerhimmel. »Abgesehen von ein paar wenigen Kritikern pflegt die große Schar seiner Bewunderer geradezu eine mystische Verklärung. Es scheint, als sei da einer, der kraft seiner Fähigkeiten wahre Wunder tut.«

Zum Beispiel Linford Christie, der Sprinter. Als er mit 30 Jahren zu Müller-Wohlfahrt kam, konnte der Weltrekordler kaum mehr sprinten. Seine Laufbahn schien am Ende. Doch der Doc brachte ihn wieder auf die Beine: Linford Christie wurde Olympiasieger. Zum Beispiel Lothar Matthäus, den es mit 36 Jahren böse erwischt hatte. Achillessehnenriss. Für einen Fußballer in diesem Alter normalerweise das sichere Karriereende. Doch der Doc brachte auch ihn wieder auf die Beine. Und wie: Oldie Matthäus blühte noch einmal auf und fand zu seiner alten Leistungsstärke zurück. Zum Beispiel José Maria Olazabal, der spanische Weltklassegolfer. Er konnte seit eineinhalb Jahren nicht mehr schmerzfrei gehen, hatte »keine Hoffnung mehr«, dachte sogar daran, sich einen Rollstuhl zu kaufen. Ein paar Monate später, nach eingehender Diagnose und intensiver Behandlung, gewann Olazabal das Masters – das renommierteste aller Golfturniere. Überwältigt schenkte der Genesene dem Doc sein grünes Sieger-Jackett.

Der »Doc« wird von vielen als »Mann mit den goldenen Händen« (FOCUS) bewundert. Er könnte wahrlich zufrieden sein. Mit sich. Mit dem, was er erreicht hat. Mit seinem Image. Denn das könnte kaum besser sein. Dr. Hans-Wilhelm Müller-Wohlfahrt ist längst eine Art Kultfigur der Sportmedizin. Ihm werden mitunter magische Kräfte zugeschrieben und in der Fachwelt genießt er seit langen einen herausragenden Ruf. Aus der ganzen Welt pilgern prominente Patienten, Athleten, Wirtschaftsbosse und Künstler, aber auch Menschen wie du und ich in seine Münchner Praxis – wie zu einem Guru. Denn ihm, dem »Doc« des FC Bayern und der Fußball-Nationalmannschaft, gelingen immer wieder spektakuläre Heilungserfolge.

Kampfansage an einen gefährlichen Feind

Dr. Müller-Wohlfahrt entlarvt in diesem Buch einen gefährlichen Gegner, der die Gesundheit von uns allen bedrohen kann. Freie Radikale.

Freie Radikale? Das sind unsichtbare, noch weitgehend unbekannte Feinde. Aber sie hinterlassen tückische Spuren. Sie sind mitverantwortlich für Herz- und Gefäßerkrankungen, für Krebserkrankungen von Lunge, Gebärmutterhals, Haut, Speiseröhre, Magen, Darm und Prostata, für Grauen Star, für Alterungsprozesse wie etwa das Erschlaffen der Haut (Schwächung des Bindegewebes) und schließlich auch für Alzheimer.

Freie Radikale. Es lohnt also, diesen bösen Gegner kennen zu lernen. Denn nur wenn wir ihn wirklich kennen, können wir uns auch wirksam schützen. Mit Radikalfängern.

Mediziner aus Berufung

Radikalfänger – dieses komplexe Thema ist streng genommen nicht sein Fachbereich. Bekanntlich ist Dr. Müller-Wohlfahrt Orthopäde und Sportmediziner. Und trotzdem: Gerade dank seiner langjährigen Erfahrung ist er kompetent wie kaum ein anderer.

Er wollte Arzt werden, das stand schon früh fest für ihn. Eine Vorbestimmung, wie er heute sagt, die er sich gleichwohl hart erarbeiten musste. Bereits in der Schule konnte er alle menschlichen Knochen frei aus dem Kopf zeichnen, doch er war kein guter Schüler. Einmal blieb er sogar sitzen. Zu viele Interessen – und der Tag zu kurz. Zu den musischen Interessen, er spielte Orgel und Jazzposaune, kam der Sport hinzu. Täglich trainierte er Handball und Fußball. Als Fünfkämpfer wurde Müller-Wohlfahrt Dritter bei den Deutschen Junioren-Meisterschaften.

Aber er scheiterte am Numerus clausus. Also ging er zur Bundeswehr, zwei Jahre Zeitsoldat, zuletzt Oberleutnant. Mit 22 Jahren fand er über ein Begabtenprogramm den Weg zum Medizinstudium. Müller-Wohlfahrt war nun in seinem Element, setzte sich hohe Maßstäbe und erweiterte über die Pflichtkurse hinaus beständig seinen Horizont. In seiner Freizeit sezierte er. Studierte nebenbei noch Sport. Belegte Massagekurse. Wartete und bekam eine Assistentenstelle an der besten Orthopädischen Klinik in Berlin, bei Professor Hofmeister. Saß abends mit ihm auf Patientenbetten. Bewährte sich. Vertrat ihn bei der Visite. Sprang beherzt ein, als Hertha BSC, damals immerhin Vizemeister, einen neuen Mannschaftsarzt suchte.

Mitte der Siebzigerjahre mussten auch Profis noch warten, bis der Herr Professor Zeit für sie fand. Mit Müller-Wohlfahrt begann eine neue Ära: Ab sofort ging der Arzt zum Sportler. Er kam mit der S-Bahn. Täglich. Unterbrach seine Arbeit am Virchow-Krankenhaus, fuhr hinaus zum Hertha-Trainingsgelände, um sich um die Spieler Beer, Sidka, Kostedde, Kliemann & Co. zu kümmern.

Hingabe und höchste Konzentration

Sein Engagement für die Sportler sprach sich herum und drang bis zum Rekordmeister FC Bayern München. Bayern-Manager Robert Schwan wurde auf den jungen tüchtigen Orthopäden aufmerksam – und lockte ihn nach München. Das war vor 24 Jahren. Bis heute gibt es keinen Vertrag.

Vor einem Team von Weltklasse-Spielern als Mannschaftsarzt anzutreten war kein leichter Job, doch Müller-Wohlfahrt überzeugte mit natürlicher Autorität. »Seine Sportlichkeit, seine Sicherheit im Auftreten, sein Selbstbewusstsein und seine Überzeugungskraft« beeindruckten die Spieler und – so erinnert sich der damalige Bayern-Coach Dettmar Cramer – »Vor allem seine Fitness kam bei meinen Herren Spielern an. Die Sprache des Körpers verstehen Fußballer, und einen wie den Doc hatten sie noch nie erlebt.« Das ist eine Grundlage von Müller-Wohlfahrts Erfolgsgeheimnis: Die Potentiale und Grenzen körperlicher Leistungsbereitschaft kennt er aus eigener Erfahrung, eigenem jahrzehntelangem Training. Und: Er sieht Sport und körperliche Fitness nicht isoliert, sondern im notwendigen Zusammenspiel mit Ernährung, physiologischen und psychischen Faktoren. Schließlich: Er ist bei allem, was er tut, hoch konzentriert – er lebt für die Medizin und die Gesundheit seiner Patienten.

Viele Patienten sprechen von der Magie seiner Hände. Wie er sich Zeit nimmt. Wie er mit geschlossenen Augen erfühlt, erkundet, förmlich in den Körper kriecht. Wie seine Finger jede einzelne Partie ertasten, Zentimeter für Zentimeter. Nacken, Rücken, Schulter. Die Wirbelsäule entlang. Er redet kein Wort. Er kommuniziert mit Muskeln und Bändern, dem Gewebe, den Sehnen. Mal drückt er leicht, mal energisch, er sendet seine Impulse, ist immer auf Empfang. In diesen langen Momenten ist der Doc in seinem Element – als sensibler Seismograph, immer auf der Suche nach dem wunden Punkt seines Patienten.

Freien Radikalen auf der Spur

Dr. Müller-Wohlfahrt fiel auf, dass sich plötzliche Herztode von Hochleistungssportlern häuften: Der Russe Sergej Grinkow und Heiko Fischer, die Eiskunstläufer; Florence Griffith-Joyner, die Leichtathletin; die Fußballer Markus Paßlack und Axel Jüptner, der Bobfahrer Lars Bolte, der Eishockeyspieler Stephane Morin – lauter tragische Fälle.

Außerdem machten ein ums andere Mal junge Top-Athleten, wie zum Beispiel Lance Armstrong, der Radprofi, oder die schwedische Hürdensprinterin Ludmilla Engquist traurige Schlagzeilen – sie hatten Krebs.

Und es fiel ihm ein anderes, sonderbares Phänomen auf: In seiner Praxis hat die Zahl von Patienten mit Bindegewebsschwächen extrem zugenommen. Das Beunruhigende: Die Betroffenen sind oft knackige 30-Jährige, und manchmal sind sie sogar noch jünger. Bindegewebsschwäche – das ist mehr als ein kosmetisches Problem. Denn dieser Defekt ist unter anderem auch für viele Bandscheibenvorfälle mitverantwortlich.

Gibt es einen Zusammenhang zwischen körperlicher Beanspruchung und solchen Erkrankungen?, fragte sich Dr. Müller-Wohlfahrt. Worauf ist die überdurchschnittliche Verletzungsanfälligkeit von Athleten zurückzuführen, obwohl sie doch total durchtrainiert sind? Was darf man ihnen überhaupt zumuten, ohne kurz- oder langfristige gesundheitliche Schäden zu verursachen? Diese Fragen gingen weit über sein Fachgebiet hinaus.

Er, der Besessene, begann sich für das Thema zu begeistern. Er studierte einschlägige sportmedizinische Literatur. Er tauschte sich mit Molekularbiologen aus. Er besuchte Kolloquien. Er drang tiefer und tiefer in jene Materie ein, die sich mit exzessivem Training im Hochleistungssport beschäftigt.

Lassen Sie sich aufklären

Das überraschende Fazit seiner Untersuchungen: Nicht nur Spitzensportler, auch Menschen wie du und ich, Leute, die wenig oder gar keinen Sport betreiben, sind vom Krankmacher Freie Radikale bedroht. Freie Radikale beschleunigen den Alterungsprozess aller Menschen. Ursache: oxidativer Stress.

Schon in seinem Buch »Einhundertprozent« (1993) hatte Dr. Müller-Wohlfahrt auf das zerstörerische Phänomen der Freien Radikale hingewiesen. Allerdings war ihm damals das gefährliche Potential dieser instabilen Sauerstoffmoleküle längst noch nicht so klar wie heute. Kein Wunder, die Ursachenforschung hatte gerade erst so richtig begonnen.

Vor allem der amerikanische Arzt Dr. Kenneth Cooper – er hatte Aerobic zum breitenwirksamen Fitnessprogramm gemacht – versuchte die weitgehend unbekannten Freien Radikale populär zu machen. Mit seinem Buch »Antioxidantien – Die neuen Gesundmacher« (1995) wollte er das komplizierte Thema aus dem **inner circle** der wissenschaftlichen Insider holen. Sein Aufklärungsversuch verpuffte.

In diesem Buch nimmt sich nun Dr. Müller-Wohlfahrt die Freien Radikale vor, die unablässig Herz, Lunge, Blutgefäße – alle zig Billionen Zellen unseres Körpers unter Beschuss nehmen. Ausnahmsweise sind sich Mediziner und Biochemiker mal einig: Alle sehen in Freien Radikalen die größte Einzelbedrohung der Gesundheit.

Es lohnt also, diesen gefährlichen Gegner und das Schutzprogramm, das uns helfen kann, trotz dieser Belastungen gesund zu bleiben, kennen zu lernen.

Begeben wir uns also in die bewährten Hände des Doc.

Warum ich dieses Buch geschrieben habe

Sie sind tückisch. Sie greifen massiv in den Zellstoffwechsel ein, sie schädigen unsere Gewebe und Organe. Sie sind zur Gesundheitsbedrohung Nummer 1 geworden, denn sie sind verantwortlich für die häufigsten Todesursachen: Herzerkrankungen, Krebs, Alzheimer. Freie Radikale.

Und trotzdem: Freie Radikale sind hierzulande noch weitgehend unbekannt. Darum ist es mir ein wichtiges Anliegen, hier für ein Stück Aufklärung zu sorgen. Denn jeder kann sich schützen. Was genau Sie tun können, wie Sie die wirksame Waffe namens Radikalfänger aktivieren können, möchte ich Ihnen hier erklären.

Das ist nicht ganz leicht. Nein, dieses Buch ist nicht immer leicht verdaulich. Kann es auch gar nicht sein. Denn das Thema Antioxidantien ist kompliziert, sehr sogar. Um wirklich zu verstehen, was Freie Radikale in unserem Körper anrichten können, sind gewisse Basisinformationen nötig. Die haben wir gewissenhaft dargestellt. Über die komplexen Zusammenhänge und die wissenschaftlichen Erkenntnisse wollten wir nicht einfach flott hinwegschreiben.

Bei dieser Gelegenheit möchte ich mich besonders herzlich bei meinen wissenschaftlichen Beratern Frau Gaby Miketta, Frau Dr. Petra Thorbrietz, Herrn Professor Dr. Michael Hamm und Herrn Dr. Siegfried Schlett sowie dem Journalisten Ulrich Pramann für die engagierte Mitarbeit an diesem Buch bedanken.

Trotzdem ist das Buch für jeden verständlich. Als nützlicher Ratgeber und kompetentes Nachschlagewerk. Mein Sofort-Schutzprogramm für Ihre Gesundheit ist praxiserprobt, meine

Empfehlungen sind das Ergebnis langjähriger Erfahrung. Was ich mit Leistungssportlern und Patienten praktiziere, soll nun Ihnen zugute kommen:

- Worauf Sie bei Ihrer Ernährung achten sollten
- Warum Bewegung so wichtig ist
- Welche Nahrungsergänzungsmittel lebenswichtig sind

In diesem Buch finden Sie eine Fülle von praktischen Tipps, wie Sie Ihr Risiko wirksam senken können. Gut zu wissen, dass Sie für Ihre Gesundheit ein großes Stück Verantwortung übernehmen und damit entscheidend Ihre Lebensqualität verbessern können.

Herzlichst

Ihr Hans-Wilhelm Müller-Wohlfahrt

Freie Radikale – Freund oder Feind?

Kein Überleben ohne Sauerstoff

Atmen ist Energie. Leben ist Atmen. Es gibt keinen anderen Stoff, den wir zum Überleben so dringend brauchen wie Sauerstoff. Wie lange können Sie die Luft anhalten? Eine halbe Minute? 40 Sekunden? Der offizielle deutsche Rekord liegt bei 6:38 Minuten. Wir alle verbrauchen täglich etwa 900 Gramm dieses Gases aus der Luft. Wenn unser Gehirn nur 15 Sekunden lang keinen Sauerstoff erhält, verlieren wir das Bewusstsein. Drei Minuten reichen, um bleibende Schäden hervorzurufen. Und doch hat Sauerstoff zwei Gesichter – er kann Leben retten oder zerstören.

Wie der Sauerstoff auf die Erde kam

Ist Ihnen eigentlich klar, dass es ohne Sauerstoff überhaupt keine höher entwickelten Organismen auf dieser Erde gäbe? Denn erst als die Erde vor über 2,8 Milliarden Jahren die Photosynthese »erfand«, entstand der aerobe, das heißt der auf Sauerstoff basierende Stoffwechsel. Es entwickelten sich Pflanzen, Tiere und schließlich der Mensch: Damals begannen so genannte Cyanobakterien – eigentlich nichts anderes als eine Art blaugrüner Algen – in den Urmeeren unter Ausnutzung des Lichts damit, das Wasser zu spalten, um an den darin enthaltenen Wasserstoff zu kommen. Dabei entwichen ungeheure Mengen von Sauerstoff in die Atmosphäre.

Sauerstoff als Voraussetzung für höher entwickeltes Leben

Was waren die Konsequenzen für das Leben auf der Erde? Einerseits entstand daraus die schützende Ozonschicht in der oberen Atmosphäre, die die Erde vor den aggressiven ultravioletten Strahlen der Sonne abschirmt. Andererseits verursachte dieser neue Stoff auch den Tod vieler Organismen. Denn nur wer in der Lage war, Schutzmechanismen gegenüber dem damals giftigen Gas zu entwickeln, konnte überleben.

Die universelle Anpassung

Nach und nach passten sich immer mehr Organismen dem Sauerstoffgehalt der Erde an. Sie arbeiteten mit dem Sauerstoff und legten sich dort Schutzschilde zu, wo es galt, die aggressiven Komponenten des Gases in Schranken zu halten. Erst diese evolutionäre Herausforderung führte zur Entwicklung immer komplexerer, vielzelliger Organismen.

Sauerstoff gibt es heute beinahe überall: In der Erdkruste ist er das häufigste Element (53,8 Prozent), und in der Atmosphäre hat er einen Anteil von 21 Prozent erreicht. Nach wie vor sind es Pflanzen, die den kostbaren Sauerstoff produzieren: Sie gewinnen ihre Energie direkt aus Sonnenlicht. Mithilfe von Kohlendioxid und Wasser gelingt es ihnen, aus der sie umgebenden Erde die für sie lebensnotwendigen Nährstoffe zu ziehen. Im Gegenzug geben sie Sauerstoff ab.

Ein wunderbarer Kreislauf

Alle anderen lebenden Organismen, die es auf der Erde gibt, egal ob Bakterien, Pilze, Tiere oder Menschen, benötigen Sauerstoff, um den eigenen Stoffwechsel aufrechtzuerhalten: Erst dieses Gas baut die in unserer Nahrung enthaltenen Kohlenhydrate, Aminosäuren und Fette ab und verwandelt sie in Kohlendioxid, Ammoniak und Wasser.

Sauerstoff + Nahrung = Kohlendioxid + Wasser + Energie

So ist ein wunderbarer Kreislauf entstanden: Pflanzen produzieren Sauerstoff, der Mensch und Tier Energie liefert. Diese verarbeiten ihre Nahrung durch Stoffwechselprozesse zu Kohlenstoff, der wiederum den Ausgangsstoff für die Vegetation bildet.

Wie Energie entsteht

Mithilfe des Sauerstoffs können die Körperzellen Kohlenhydrate und Fette verbrennen – man nennt dies auch Oxidation. Die Zellen können nämlich die Energie aus der Nahrung nicht verwerten, sie muss zunächst in eine für sie nutzbare Form überführt werden. Bei diesem Stoffwechselprozess entstehen Kohlendioxid und Wasser, die wir als Abfallprodukte ausscheiden.

Die Umwandlung von molekularem Sauerstoff zu Wasser ist dabei die wesentliche Energiequelle aller aeroben Organismen, also aller Lebewesen, die Sauerstoff zum Leben benötigen. Genau darin, in der Herstellung unserer Lebensenergie, lauert aber auch eine Gefahr – eine Gefahr, die den Namen »Freie Radikale« trägt. Um zu erläutern, wie aus der positiven Kraft eine sich negativ auswirkende Energie werden kann, muss ich etwas ausholen und Sie bitten, noch einmal kurz auf der Schulbank Platz zu nehmen.

Welche Rolle der Sauerstoff im menschlichen Stoffwechsel spielt

Das komplizierte System in unserem Innersten

Alles Stoffliche ist aus Atomen zusammengesetzt. Ein Atom besteht aus einem Atomkern, der von Elektronen umkreist wird. Finden sich verschiedene Atome zu Gruppen zusammen, entstehen Moleküle, die sich wiederum zu bestimmten chemischen Stoffen zusammensetzen können.

Atome können Sie sich vorstellen wie unser Sonnensystem: Um den Atomkern (die Sonne) kreisen Elektronen (die Planeten), manche näher, manche weiter davon entfernt. Auf der innersten Umlaufbahn können sich maximal zwei Elektronen aufhalten. Auf den äußeren jeweils maximal acht. Ist die Umlaufbahn komplett besetzt, spricht man von einem stabilen Molekül. Instabil sind Moleküle dagegen dann, wenn ihre äußerste Schale nicht komplett besetzt ist. In diesem Fall streben sie nach einer Verbindung mit einem anderen Atom.

Aggressive Verwandlungskünstler

Ein Sauerstoffatom z.B. hat auf seiner äußersten Schale nur sechs Elektronen. Um stabil zu sein, fehlen ihm zwei Elektronen und es ist deshalb auf der Suche nach einem Partner. Wenn es auf ein anderes Atom seiner Art trifft, können beide sich die Elektronen in der äußersten Schale teilen und bilden ein halbwegs stabiles Sauerstoffmolekül (O_2). Oder aber jedes Sauerstoffatom sucht sich zwei Wasserstoffatome und holt sich dort je ein Elektron. Das Ergebnis? H_2O, Wasser.

Diese Verbindungen sind so lange stabil, bis sie durch äußere Einflüsse wie Hitze oder Strahlung wieder zerlegt werden. Dann suchen die verwaisten Sauerstoffatome nach einer neuen Bindung. Sie sind also extrem reaktionsfreudig – man kann das auch aggressiv nennen.

Was läuft in unserem inneren Kraftwerk ab?

Aber kehren wir zur Energiegewinnung im Stoffwechsel zurück und zu seinen Risiken. Molekularer Sauerstoff mit zwei gepaarten Elektronen ist reaktionsträge und ungefährlich. Damit er während des Stoffwechsels seine Aufgabe als Verbrennungsmedium erfüllen kann, nimmt er allerdings zwei oder vier Elektronen auf.

Mitochondrien – die kleinen Kraftwerke der Zellen

Damit die auf diese Weise gewonnene Energie nicht schlagartig verpufft, wird sie mithilfe von Enzymen portionsweise an den Organismus abgegeben. Das geschieht in den so genannten Mitochondrien, den Kraftwerken der Zellen. Wenn man sich vorstellt, dass eine einzige Zelle hunderte oder sogar tausende dieser Kraftwerke beherbergt, dann wird deutlich, mit welch ungeheurer Aktivität wir es zu tun haben.

Wo lauern Risiken?

Dieser komplizierte Mechanismus ist jedoch vielen Faktoren unterworfen und läuft nicht immer ganz ideal ab. Wird dem Körper zu viel Sauerstoff zugeführt, kann dieser seine negative Energie entfalten. In den Mitochondrien wird dann nämlich nicht der gesamte aufgenommene Sauerstoff zu Wasser verbrannt. Zwei bis fünf Prozent werden nur unvollständig verarbeitet, und es entstehen Moleküle mit einem oder mehreren ungepaarten Elektronen. Das sind die bereits erwähnten Gefah-

Ein aufgeschnittenes kleines Kraftwerk (Mitochondrium). Bei der Energiegewinnung entstehen Freie Radikale.

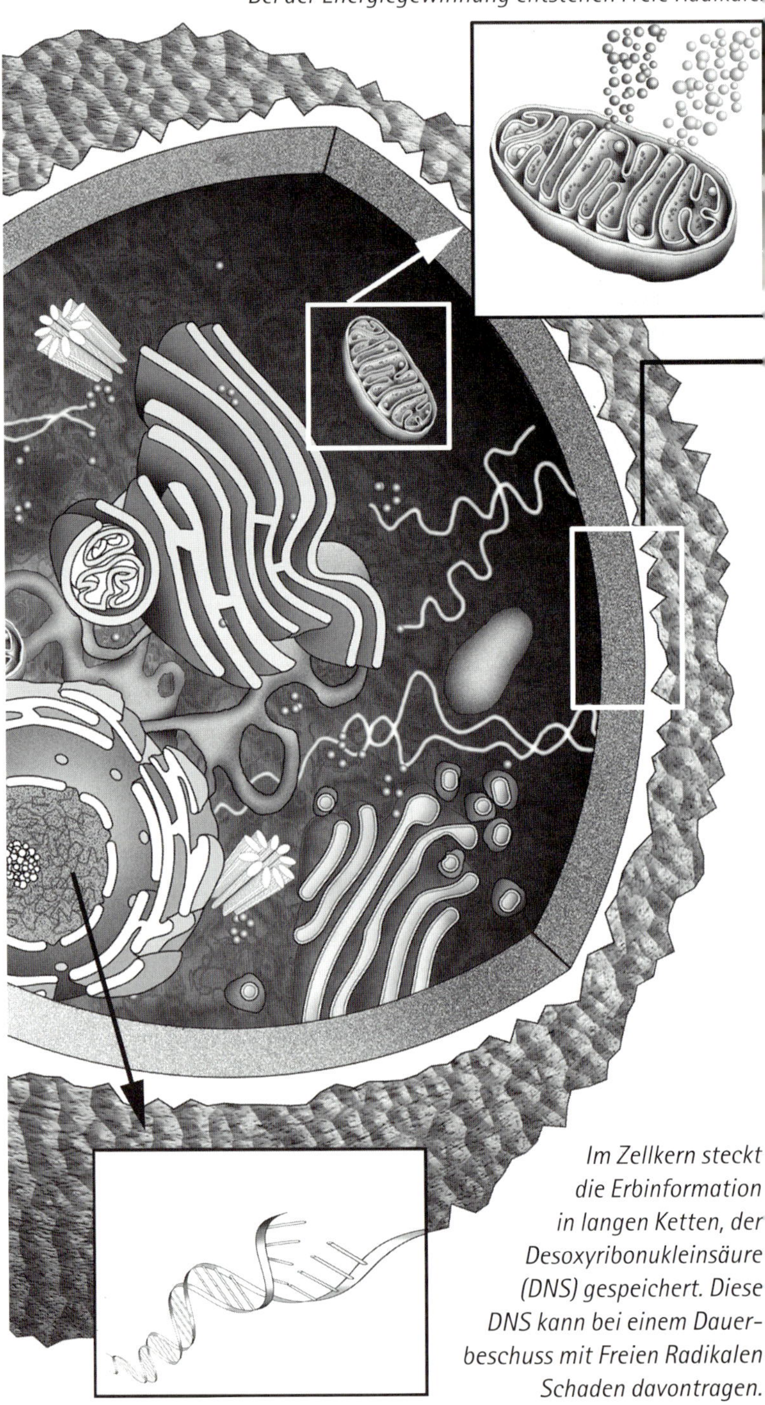

Wie Freie Radikale entstehen und wo sie die Zellen schädigen

In unseren Körperzellen wird die Energie aus der Nahrung in eine nutzbare Form überführt. Bei diesem Stoffwechselprozess entstehen Kohlendioxid und Wasser als Abfallprodukte. Diese Art der Energiegewinnung in den Mitochondrien, bei der Sauerstoff verbrannt wird, lässt auch Freie Radikale entstehen. Diese reaktionsfreudigen Teilchen schädigen auf Dauer die Erbsubstanz und die Membranen der Körperzellen.

Im Zellkern steckt die Erbinformation in langen Ketten, der Desoxyribonukleinsäure (DNS) gespeichert. Diese DNS kann bei einem Dauerbeschuss mit Freien Radikalen Schaden davontragen.

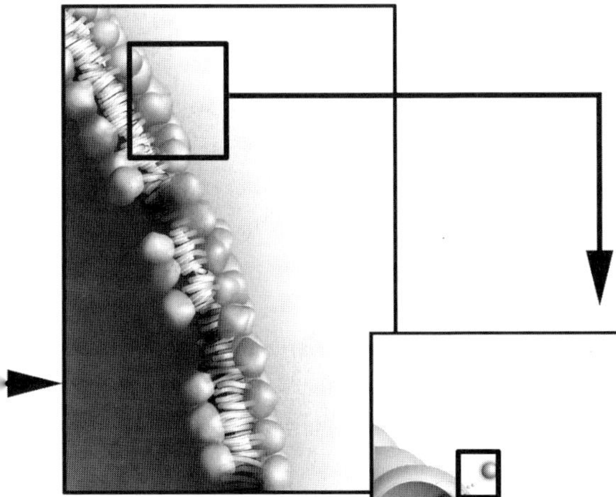

Freie Radikale aus dem Zellinneren gelangen an die Zellmembranen, die aus Fettsäuren bestehen und gegen Freie Radikale empfindlich sind. Die Freien Radikale schädigen die Zellmembran, Funktionsverlust bis Zelltod können die Folgen sein.

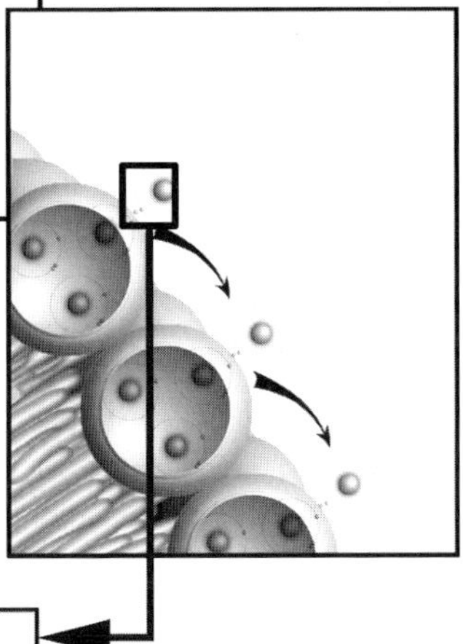

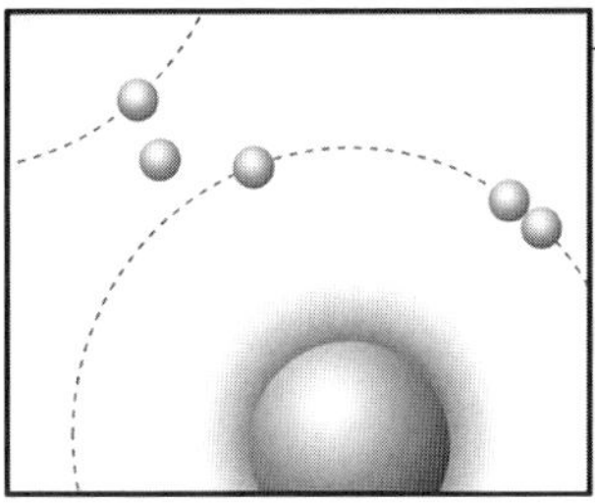

Das Freie Radikal versucht ein Elektron zu ergattern.

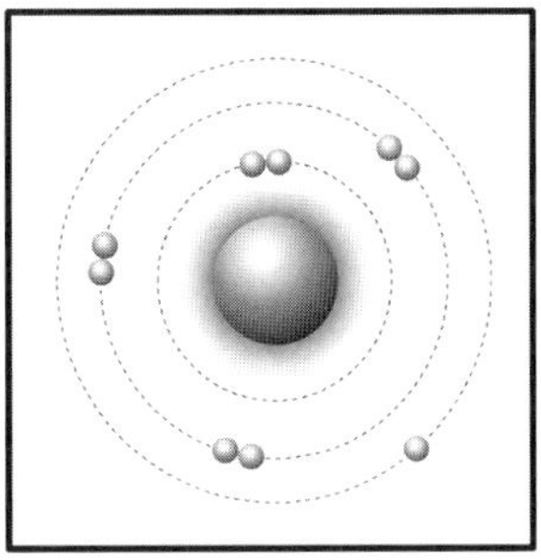

Großaufnahme eines Freien Radikals mit einem ungepaarten Elektron auf der äußeren Bahn – immer auf der Suche nach einem Elektron.

renträger, die »Freien Radikale«. Bei ihnen handelt es sich also chemisch gesehen um instabile Sauerstoffmoleküle, die im Stoffwechselprozess natürlicherweise mit produziert werden, und dies mehr oder weniger kontinuierlich, wenn Elektronen übertragen werden. Und wir erinnern uns: Solche Moleküle sind – im Gegensatz zum Sauerstoff – extrem reaktionsfreudig, man bezeichnet sie auch als aggressiv.

Gefahr durch ein Übermaß an instabilen Sauerstoffmolekülen

Was bedeutet »aggressiver« Sauerstoff für unseren Körper?

Innerhalb von Sekundenbruchteilen prallen diese instabilen Sauerstoffpartikel auf das umliegende Gewebe. Energiegeladen wie sie sind, entstehen dabei sogar Lichtblitze! Das biologische Feuerwerk läuft so schnell ab, dass die Freien Radikale selbst kaum messbar sind. Lange Zeit glaubte man deshalb gar nicht an ihre Existenz.

Erst im Jahr 1900 entdeckte der russische Chemiker Moses Gomberg an der Universität von Michigan das erste unabhängige organische Freie Radikal – Triphenylmethyl. Sein Fund war eine Sensation. Bis dahin hatten sich die Wissenschaftler nicht vorstellen können, dass so etwas wie ein Freies Radikal, wirklich selbstständig, also nicht in gebundenem Zustand, überhaupt existiert. Wie reaktionsfreudig es ist und welche weitreichenden chemischen Wechselwirkungen das mit sich bringt, wies der österreichische Forscher Friedrich Adolf Paneth 1929 experimentell nach.

Die Entdeckung der Freien Radikale

Ein Feuerwerk mit Folgen

Doch erst in den Fünfzigerjahren kam man auch der zerstörerischen Kraft der Freien Radikale auf die Spur: Auch wenn sie nur für den Bruchteil eines Augenblicks existieren – manche nur eine millionstel Sekunde lang –, reicht das, um lebenswichtige chemische Prozesse durcheinander zu bringen.

Was ist »oxidativer Stress«?

Wenn die einzelnen Zusammenhänge auch noch nicht alle im Detail nachgewiesen sind, so sind sich die Wissenschaftler heute einig, dass Freie Radikale die Ursache vieler Krankheiten sind oder zumindest eine wichtige Rolle dabei spielen. Extrem reaktionsfreudig verbinden sie sich mit fast allen anderen Stoffen, deren Moleküle sie allerdings zerstören, indem sie ihnen Elektronen abjagen. Leider bleibt es dabei nicht nur bei lokalen Gewebeschäden: Um ihr Gleichgewicht wieder zu erlangen, greifen die beraubten Moleküle nun ihrerseits andere Verbindungen an. Eine regelrechte Kettenreaktion kommt in Gang: So wie ein fallender Dominostein eine endlose Reihe anderer Dominosteine in Mitleidenschaft ziehen kann, so genügt ein einziges Freies Radikal, um bis zu tausend Moleküle zu verletzen: Jede unserer Zellen, schätzt der deutsche Ernährungswissenschaftler Stefan R. Voges, wird täglich 10 000-mal von Freien Radikalen bombardiert. Wir sprechen von »oxidativem Stress«, wenn diese Angriffe der Freien Radikale vom körpereigenen Schutzsystem nicht mehr abgewehrt werden können und es zu einem Ungleichgewicht gekommen ist.

Wo greifen Freie Radikale an?

Folgende Zellbestandteile sind ein besonders beliebtes Angriffsziel der aggressiven Moleküle:

- Kohlenhydrate (liefern den Zucker als einen der Baustoffe des Bindegewebes; Teil von Hormonen und Neurotransmittern)
- Nukleinsäuren (kodieren die Erbsubstanz)
- Proteine (lenken Körperzellen und Zellenzyme)
- Lipide (z. B. Cholesterin, das für die Entstehung von Hormonen wichtig ist und Membranen, eine Art Zellwände, aufbaut)
- ungesättigte Fettsäuren (sorgen für elastische Membranen)

Freie Radikale bedrohen Zellstrukturen, Gewebe und Organe.

Wozu sind Freie Radikale eigentlich gut?

Doch Freie Radikale sind nicht an sich schädlich. Unser Körper produziert diese Stoffe selbst, um Krankheiten abzuwehren! Wie ist das zu erklären?

Wenn das Immunsystem Feinde im Körper entdeckt, Bakterien oder Viren, mobilisiert es ein Heer Freier Radikale, um die unerwünschten Eindringlinge an sie zu binden, zu verbrennen und so unschädlich zu machen. So genannte Fresszellen verleiben sich die gefährlichen Krankheitserreger ein und produzieren in Sekundenschnelle große Mengen Superoxid-Anionen – das sind negativ geladene und deshalb sehr reaktionsfreudige elektrische Sauerstoffteilchen – und beschießen damit ihre Gefangenen. Oder sie schütten Peroxynitrit aus und bremsen damit direkt die Energiezufuhr für Bakterien. Die können sich aus Energiemangel nicht mehr teilen und sterben ab, die Gefahr für unseren Körper ist gebannt.

Wunderwaffe Marke Eigenbau

Werden Fresszellen durch Bakterien aktiviert, führt dies innerhalb von 30 Sekunden zu einem plötzlichen Anstieg des Sauerstoffverbrauchs um etwa das Zehnfache. Ein einziges aktiviertes weißes Blutkörperchen vermag in einer Sekunde eine Million Freie Radikale auszustoßen, zum Beispiel Wasserstoffperoxid und Stickoxid. Dies wird nur durch den erhöhten Sauerstoffverbrauch möglich. Bei jeder Entzündung im Körper laufen genau diese Prozesse ab – egal ob es sich nun um eine Sehnenscheiden-, eine Magenschleimhautentzündung oder um einen eiternden Mückenstich handelt.

Auf diese Weise werden nicht nur Infekte oder Entzündungen bekämpft, sondern auch defekte Zellen beseitigt – sogar Tumorzellen. Beruhen die wichtigsten Krebstherapien wie Bestrahlung, Überwärmung oder Chemotherapie doch auf demselben Prinzip wie der Kampf gegen Erreger. Sie alle provozieren die Produktion von Freien Radikalen, die die Krebszellen oxidieren und zerstören sollen. Leider beschränkt sich deren Wirkung nicht nur auf den Tumor: Symptome wie Haarausfall zeigen, dass auch gesundes Gewebe unter dem Angriff der aggressiven Therapien leidet.

Die gute Seite der Freien Radikale: Ein gesundes Abwehrsystem!

Warum Freie Radikale krank machen können

Gesundheit ist eine Frage von Balance: Vielleicht gab es in der menschlichen Natur irgendwann einmal ein ausgewogenes Gleichgewicht zwischen dem für das Immunsystem notwendigen Oxidationspotential, den Freien Radikalen, und ihren natürlichen Gegenspielern, den Radikalfängern. Leider ist dieses Verhältnis inzwischen in eine gefährliche Schieflage geraten: Aufgrund von zunehmenden Umweltbelastungen müssen wir mit ständig mehr Freien Radikalen fertig werden und verfügen über immer weniger Gegenkräfte. Oxidativer Stress ist vorprogrammiert.

Was passiert, wenn diese Balance zu kippen droht, soll ein Beispiel veranschaulichen: Wer jemals einen Obstsalat angerichtet hat, wird vielleicht folgendes beobachtet haben: Lässt man den Obstsalat nur für wenige Stunden an der frischen Luft stehen, werden Äpfel, Birnen und Bananen braun – bildlich gesprochen beginnen sie zu »rosten«, zu oxidieren. Freie Sauerstoff-Radikale »fressen« die Zellwände auf, das Obst wird matschig. Zum Glück lässt sich dieser Prozess unterbrechen. Träufelt man Zitronensaft über den Salat, bleiben die Obststücke frisch und knackig. Der Grund? Der Radikalfänger Vitamin C ist – wenn man so will – eine Art biologisches Rostschutzmittel, das auch unser Körper dringend benötigt, um das Übermaß an Freien Radikalen wieder einzudämmen.

Freie Radikale oder energetisch angeregte Sauerstoffmoleküle werden durch von außen aufgenommene Radikalfänger daran gehindert, Schäden anzurichten.
Dabei laufen viele hochkomplexe Reaktionen hintereinander ab, die auch noch nicht alle verstanden sind.

Die Zellmembran aus ungesättigten Fettsäuren.

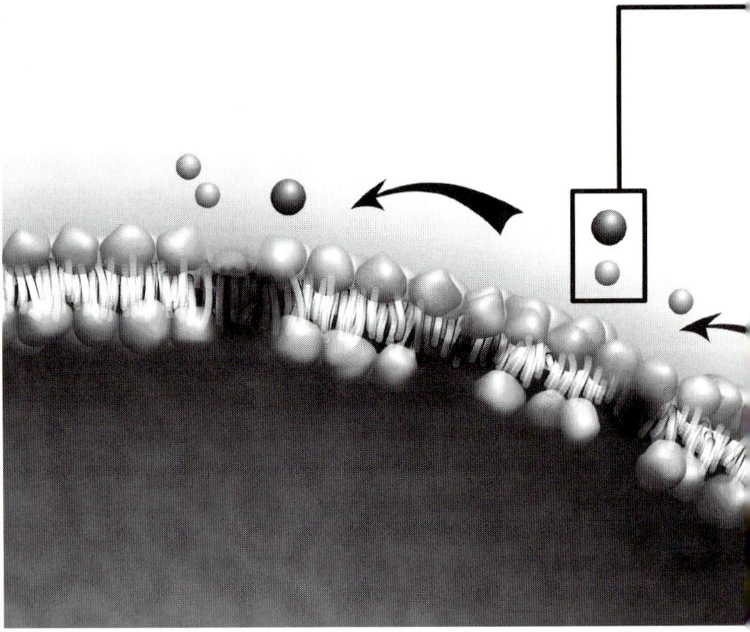

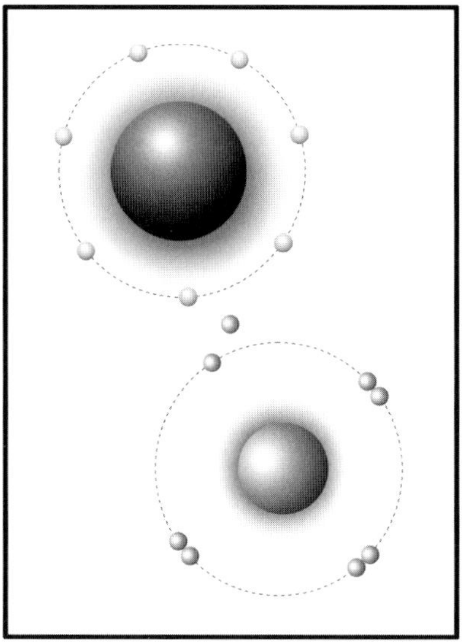

Die aggressive Eigenschaft des Freien Radikals wird vom Radikalfänger auf sich gezogen und zum Beispiel durch die Abgabe eines Elektrons neutralisiert. Der dadurch instabil gewordene Radikalfänger (z. B. Vitamin C) wird dann vom körpereigenen Schutzschild regeneriert.

Ein aggressives Molekül auf der Suche nach einem Elektron. Es ist auf dem Weg, die Zellmembran zu schädigen.

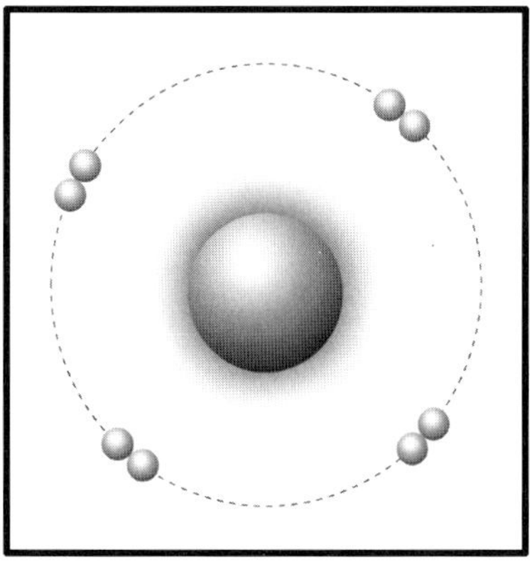

Wenn die Radikalfänger ihre Arbeit erfolgreich getan haben, steht am Ende ein stabiles, nicht mehr reaktionsfreudiges Molekül, das keinen Schaden mehr anrichten kann.

Wie können wir uns wirksam schützen?

Obwohl der Mensch mit einem körpereigenen Radikalfänger-Schutzsystem ausgestattet ist, können wir selbst bei noch so bewusster Ernährung und gesunder Lebensweise nicht mehr alle schädlichen Radikale neutralisieren. Daher empfehle ich in meinem Schutzprogramm (ab Seite 153), den erhöhten Bedarf zusätzlich über Nahrungsergänzungsmittel auszugleichen.

» Im gesunden Zustand leisten Freie Radikale einen wesentlichen Beitrag für unser Immunsystem. Wer joggen geht oder regelmäßig die Sauna besucht, schlägt zwei Fliegen mit einer Klappe: Zum einen fördert er die Durchblutung und damit die Energieversorgung aller Zellen. Außerdem stärkt er seine Immunabwehr.
Bei kurzem oxidativem Stress wird die Zerstörungskraft des Sauerstoffs nämlich von so genannten Antioxidantien in Grenzen gehalten, Substanzen wie Vitamin C, Vitamin E, Carotinoide, Zink, Kupfer oder schwefelhaltige Aminosäuren, die in unserer täglichen Nahrung enthalten sind. Diese Antioxidantien wirken wie Radikalfänger und neutralisieren vagabundierende Moleküle, sodass die durch Freie Radikale ausgelöste Kettenreaktion nicht außer Kontrolle gerät. «

Gerät eine Zelle oder auch nur ein Bestandteil wie die Zellmembran unter den Einfluss eines Freien Radikals, wird einem ihrer Atome ein Elektron gestohlen, indem sich das Radikal wie ein Magnet an den neuen »Partner« anheftet – auch wenn das biologisch gar keinen Sinn macht. Erst ist es vielleicht nur ein Protein oder eine Fettsäure, die auf diese Weise blockiert werden. Doch leider versuchen diese nun ihrerseits, ihre Elektronenlücken zu reparieren, und ziehen immer mehr der umliegenden Atome und Moleküle in den Sog des Radikalangriffs. Dabei können Zellen, ja ganze Zellverbände und in letzter Konsequenz sogar Organe zugrunde gehen.

Auf einen Blick — Wenn die Kontrolle verloren geht

Ein Teil der Freien Radikale entsteht, wie ich bereits erläutert habe, täglich beim Stoffwechsel: Mithilfe des eingeatmeten Sauerstoffs werden Fett- und Aminosäuren sowie Glukose zu Kohlendioxid und Wasser verbrannt. Doch zwischen zwei und fünf Prozent des Sauerstoffs bleiben in der Zelle als Freie Radikale übrig.

Bliebe es dabei, wären die Freien Radikale nicht gefährlich, denn der Körper ist durchaus in der Lage, sich vor den Angriffen zu schützen oder verursachte Schäden zu reparieren. Doch leider entstehen aggressive Moleküle auch massenhaft bei den immunologischen Abwehrreaktionen unseres Körpers. Aber nicht nur Viren und Bakterien lösen eine Massenproduktion Freier Radikale aus, sondern wir erhöhen das Potential auch noch zusätzlich durch viele äußere Faktoren: Agrargifte, Blei, Cadmium und Quecksilber, Drogen (z. B. Nikotin), körperliche und psychische Überanstrengung, Ozon, radioaktive und elektromagnetische Strahlung, Medikamente – sie alle tragen dazu bei, dass das Zerstörungspotential der Freien Radikale erheblich zunimmt.

Im Laufe der Jahre steigt so die Summe der Schäden, während die Fähigkeit des Organismus, sich zu regenerieren, immer mehr abnimmt. Einige Defekte werden bei der Zellteilung weitervererbt, noch bevor sie repariert werden konnten. Andere Zellen verkraften die Abfallstoffe nicht mehr, die sich durch Funktionsverluste in ihnen angesammelt haben. »Freie Radikale und oxidativer Stress«, sagt der deutsche Biophysiker Gerhard Ohlenschläger, »sind die pathologische Grundlage, sind Ursache und Begleitreaktionen möglicherweise aller, aber bestimmt fast aller Krankheiten, aller Leiden, aller degenerativen Prozesse und einer zeitlich früh einsetzenden biologischen Alterung.«

Wenn Freie Radikale die Oberhand gewinnen – was dann?

Wie wir bereits gesehen haben, sind Freie Radikale deshalb so gefährlich, weil sie nicht nur lokale Schäden verursachen, sondern eine gefährliche Kettenreaktion auslösen. Viele der Defekte kann der Organismus kurzfristig reparieren, doch im Laufe der Jahre wird der Körper so weit geschwächt, dass er dem oxidativen Stress immer weniger Widerstand entgegensetzen kann. Das verstärkt die negative Kraft der Freien Radikale und ihr Zerstörungswerk nimmt unaufhaltsam seinen Lauf – mit zum Teil verheerenden Konsequenzen.

Die richtige Balance

Aufgrund heutiger Lebensgewohnheiten ist unser Gleichgewicht an Freien Radikalen in eine gefährliche Schieflage geraten.

Freie Radikale sind nicht vergleichbar mit Bakterien oder anderen Krankheitserregern, die man vielleicht ein für alle Mal vernichten könnte. Als natürliche Produkte unseres Stoffwechsels begleiten sie uns zeitlebens. Sie sind ständig präsent – schließlich erfüllen sie auch positive Aufgaben. Diese Doppelrolle gilt es zu verstehen, wenn wir Schäden durch Sauerstoffmoleküle wirklich effektiv vorbeugen wollen. Dazu müssen wir ihre Kräfte in der Balance halten – langfristig. Und das wird auf Grund unserer modernen Lebensgewohnheiten immer schwieriger. Damit unsere Gesundheit trotzdem keinen Schaden nimmt, habe ich das vorliegende Schutzprogramm entwickelt.

Denn eines steht fest: Sobald wir unsere Gesundheit vernachlässigen, gewinnen die zerstörerischen Kräfte der Freien Radikale an Boden, und es wird immer schwieriger, Defizite im Stoffwechsel wieder wettzumachen. Die folgenden Beispiele zeigen, welche gravierenden Folgen Freie Radikale für den Körper haben können. Mittlerweile werden in der Fachliteratur bereits über 100 verschiedene Krankheiten mit diesen instabilen Sauerstoffmolekülen in Verbindung gebracht.

Immunsystem

Unsere Körperabwehr ist ein höchst komplexes System. Sie besteht aus unzähligen spezialisierten Immunzellen, die im Verbund agieren und in Windeseile auf jede noch so kleine Veränderung im Organismus reagieren müssen.

Zu diesen Immunzellen gehören auch die Lymphozyten, ein Teil der weißen Blutkörperchen – davon gibt es in unserem Organismus sage und schreibe eine Billion!

Lymphozyten werden in den Stammzellen des Knochenmarks gebildet, um sich später, jeder auf seine Weise, zu spezialisieren: Auf ihrer Oberfläche tragen sie Rezeptormoleküle – eine Art Erkennungsstruktur, die man auch Antikörper nennt –, mit denen sie ganz bestimmte Viren oder Bakterien erkennen, an sich binden und unschädlich machen können.

In welch gewaltigen Dimensionen unser Immunsystem arbeitet, wird deutlich, wenn man weiß, dass es innerhalb weniger Minuten zehn Millionen neue Lymphozyten und das Milliardenfache an Antikörpern bilden kann!

Wie das Abwehrsystem funktioniert

Geraten nun so genannte B-Lymphozyten mit einem Antigen – so nennt man die Eiweißbruchstücke von fremden Eindringlingen – in Kontakt, werden sie aktiviert: Die Lymphozyten vergrößern sich und wandeln sich zu Plasmazellen, die sich mehrfach teilen und als identische Kopien, als Klone, weiter existieren können. Sie alle produzieren jetzt Antikörper, die in Blut oder Lymphe abgegeben werden. Diese Antikörper neutralisieren nicht nur die Gifte, die von Bakterien ausgehen, sondern heften sich auch an die Oberfläche der Eindringlinge und machen sie so unschädlich. Gleichzeitig locken sie Fresszellen an, die die Störenfriede abräumen sollen. Und das Faszinierende ist: Ein Teil der klonierten B-Lymphozyten bleibt als Gedächt-

Ideal: ein Abwehrsystem mit Gedächtnisspeicher

nisträger erhalten. Kommt es zu einem neuerlichen Kontakt mit einem speziellen Antigen (Viren, Bakterien), wird sich der Organismus das nächste Mal noch schneller zur Wehr setzen.

Spezialeinheiten auf Mission

Killerzellen gegen fremde Eindringlinge

Ein anderer Teil der Lymphozyten wandert kurz nach ihrer Entstehung erst einmal in den Thymus, ein Lymphorgan, in dem die Immunzellen – vermutlich mithilfe eines Hormons – auf ihre künftige Mission vorbereitet werden. Diese T-Lymphozyten sind regelrechte Killerzellen, die fremde Zellen direkt angreifen und töten. Sie sind auch für jene Abstoßungsreaktionen verantwortlich, mit denen der Körper auf transplantiertes Gewebe reagiert, weil sie das Gewebe eines neuen Organs als fremd erkennen. Im Thymus werden T-Lymphozyten zu einer von drei ganz unterschiedlichen Immunzellarten, die sich alle auf eine andere Aufgabe spezialisiert haben:

- Zytotoxische Zellen bekämpfen lebende Zellen, die zum Beispiel von einem Virus infiziert wurden.
- T-Helferzellen geben Interleukin 2 ab, einen Stoff, der die Bildung der oben genannten, zytotoxischen T-Zellen unterstützt.
- T-Suppressor-Zellen dagegen hemmen bei Bedarf die Ausbildung zytotoxischer Zellen und B-Lymphozyten. Sie dienen dazu, die einmal in Gang gesetzte Immunreaktion des Körpers bei Bedarf wieder abzubremsen.

Auch T-Lymphozyten können Gedächtniszellen bilden, die sich an überstandene Konflikte erinnern und so den chemischen Code für die Abwehr eines erneuten Angriffs besitzen.

Warum Antigene gefährliche Eindringlinge sind

Nicht nur Krankheitserreger sind Antigene, sondern auch viele körperfremde Stoffe, die in unserer Nahrung enthalten sind. Doch da diese im Magen-Darm-Trakt verdaut und umgewandelt werden, lösen sie in der Blutbahn keine Immunreaktion mehr aus. Erst wenn sie ungefiltert, zum Beispiel über eine

Wunde, aufgenommen werden, schlägt das Immunsystem Alarm. Aber auch ungewohnte molekulare Strukturen, die durch krankhafte Veränderungen wie chronische Entzündungen oder Krebs entstanden sind, sind Antigene, auf die unser Immunsystem reagiert: Wo Veränderungen der Erbsubstanz nicht durch körpereigene Reparaturmechanismen wieder in Ordnung gebracht werden können, erkennt es deformierte Zellen und räumt sie aus dem Weg.

Wann ist das Immunsystem überfordert?

Oxidativer Stress überfordert das Immunsystem.

Bei anhaltendem oxidativem Stress (siehe Seite 25) wird das Immunsystem jedoch überfordert. Zunächst wird es in erhöhte Alarmbereitschaft versetzt und zu mehr Leistung angespornt. Auf den ersten Blick eine gute Sache: Bei Ratten wurde nachgewiesen, dass sie mit einem steigenden Sauerstoffanteil in ihrer Umgebung zunächst ganz gut zurechtkommen, weil ihre Lunge Schutzenzyme entwickelt. Doch auf diese Weise lässt sich der Zusammenbruch ihres Organismus nur hinausschieben – nicht verhindern. Denn durch den Angriff der Freien Radikale kommen immer mehr Zellschäden hinzu. Vor allem die empfindliche DNS, Trägerin der Erbsubstanz, scheint Brüche zu erleiden, noch bevor Proteine oder Fettsäuren überhaupt irgendwelche Schäden aufweisen. Im schlimmsten Fall führt der oxidative Stress bis zum Zelltod: Die Zelle schwillt an, platzt und ergießt sich in angrenzendes Gewebe (man nennt das Nekrose), wobei sie neue Schäden verursacht.

Was oxidativer Stress anrichtet

Immunzellen reagieren vor allem deshalb derart sensibel auf oxidativen Stress, weil sie immer mit einer Art janusköpfigen Taktik leben müssen: Auf der einen Seite produzieren Immunzellen aggressive Sauerstoffmoleküle, um Krankheitserreger abzuwehren, auf der anderen Seite werden sie aber auch schnell Opfer ihrer eigenen Waffen. Denn ihre Zellmembranen reagieren äußerst empfindlich auf die zerstörerische Kraft Freier Radikale, weil sie überwiegend aus ungesättigten Fettsäuren beste-

Aus meiner Praxis — Strapazen am Ende der Welt

Ein Tennisprofi fliegt für ein Turnier von Europa nach Australien. Als Erstes zehrt der lange Flug an seinen Kräften. Vom deutschen Winter wird er direkt in den australischen Hochsommer katapultiert und muss dann alle zwei Tage in eine mehrstündige Hitzeschlacht – es geht schließlich um die Australian Open.

Wer hier nicht auf der Hut ist und Vorsorge trifft, muss mit einem folgenschweren Leistungsabfall, mit Muskel- und Konzentrationsschwäche, gestörter Koordination, erhöhter Verletzungsgefahr und verzögerter Regeneration rechnen. Zeit- und Klimaumstellung, Schlafmangel und eine extreme psychische Belastung führen zu oxidativem Stress. Der Aminosäurepool (wichtig für Energie- und Muskelstoffwechsel sowie bei der Bildung von Neurotransmittern) droht zu erschöpfen. Der Verbrauch an Spurenelementen (Kupfer, Eisen, Zink) steigt entscheidend:

- Infolge Eisenmangels leidet die Energiespeicherung und -bereitstellung.
- Kupfermangel beeinträchtigt die Bindegewebssynthese, die Erholung des Immunsystems sowie die Energieproduktion.
- Fehlt Zink, leiden der Eiweißstoffwechsel sowie das gesamte Immunsystem. Darüber hinaus verbraucht man mehr Mineralstoffe. Das betrifft besonders das Leistungsmineral Magnesium, das die Vorgänge der Energiespeicherung in jeder Zelle stabilisiert und die Wirkung des Calciums als eine Art Gegenspieler reguliert. Calcium seinerseits hat neben wichtigen Aufgaben im Knochenaufbau eine geradezu lebenswichtige Funktion für die Blutgerinnung, hilft bei der Muskelkontraktion und der Erregungsübertragung. Es ist eine Art Bote zwischen den Zellen, ohne den wichtige Steuerimpulse nicht an den Zellkern weitergeleitet werden.
- Bei einem Mangel an dem Leistungsmineral Kalium schließlich ist ebenfalls die Energiespeicherung gestört.
- Wegen des erhöhten Bedarfs an Antioxidantien werden darüber hinaus Betacarotin, Vitamin C und E sowie Vitamin B3 zugeführt.

hen. Diese sind für Freie Radikale gewissermaßen ein gefundenes Fressen. Genau aus diesem Grund haben Immunzellen – wie auch viele andere Körperzellen – Strategien entwickelt, um sich zu schützen und sich nicht selbst umzubringen: Antioxidantien fangen als Schutzsubstanzen Freie Radikale ab.

Je nachdem, welche Zellen betroffen sind, kann eine Überforderung des Immunsystems zu den verschiedensten Organstörungen und schließlich Krankheiten führen. Eine der gefährlichsten ist die Verkalkung der Arterien, die das Blut in die Herzmuskulatur pumpen: Arteriosklerose der Herzkranzgefäße.

Arteriosklerose

An den Folgen dieser lebensbedrohlichen Ablagerungen in den Arterien sterben allein in Deutschland jährlich 440 000 Menschen, von den darauf zurückgehenden 90 000 tödlichen Herzinfarkten einmal ganz zu schweigen. Schon lange macht man das Cholesterin für die schleichende Entwicklung dieser Krankheit verantwortlich. Doch zu Beginn der Achtzigerjahre stellte Daniel Steinberg, Mediziner an der University of California, die Theorie auf, dass nicht das Blutfett an sich gefährlich sei, sondern erst dessen Oxidation. Durch Sauerstoffradikale verändertes Cholesterin, so glaubt man heute, führt also zur Arteriosklerose.

Wie ist das mit dem Cholesterin?

Cholesterin und Freie Radikale – eine tödliche Mischung

Das Blutfett Cholesterin wurde 1910 entdeckt. Es ist einer der wichtigsten Bestandteile der Zellmembran, bildet die Gallensäuren und ist Vorstufe des Vitamins D3. Darüber hinaus hat Cholesterin eine zentrale Bedeutung für die Produktion der Nebennierenrinden- und Sexualhormone und ist selbst ein wichtiger Radikalfänger, ein Antioxidans. Cholesterin wird zu 95 Prozent in der Leber hergestellt, aber auch aus der Nahrung aufgenommen – aus tierischen, besonders fettreichen Produkten. Im Blut kursiert Cholesterin als Lipoprotein in zwei verschiedenen Varianten: Es gibt dicht gepacktes HDL (high density lipoprotein) und solches mit niedriger Dichte, das LDL (low density lipoprotein). Blutuntersuchungen messen das Verhältnis der beiden Lipide: Ist der LDL-Anteil erhöht, steigt auch das Risiko von Gefäßveränderungen. Doch das »böse« LDL-Cholesterin, so weiß man heute, ist nicht allein für die Entstehung von Arteriosklerose verantwortlich. Wie Forscher herausfanden, entsteht sie erst in Verbindung mit Freien Radikalen:

Theorie Nr. 1

Freie Radikale verändern das Blutfett und bilden Schaumzellen, die unsere Gefäße verstopfen.

Stehen die Fettpartikel unter Beschuss von aggressiven Sauerstoffmolekülen, funktionieren die chemischen Codes nicht mehr, die dafür sorgen, dass der Stoffwechsel nach Plan abläuft. Vor allem ein Mechanismus scheint dann zu versagen: LDL-Rezeptoren, die sich in der Zellmembran befinden und die Aufnahme von Cholesterin in die Zellen regulieren, kommen ihrer Aufgabe nicht mehr nach. Weil das veränderte Blutfett nun nicht mehr von den Zellen verarbeitet werden kann, aktiviert das Immunsystem weiße Blutkörperchen. Fresszellen – Makrophagen genannt – versuchen, die geschädigten Fette zu vernichten. Schaffen sie dies nicht, weil sie auf eine zu große Anzahl von defekten Fettpartikeln treffen, füllen sie sich mit immer mehr Cholesterin und schwellen an. Anstatt das Fett »aufzufressen«, bilden sie nun so genannte Schaumzellen und setzen sich in der Arterienwand fest: Immer mehr solche gefürchteten Ablagerungen entstehen.

Theorie Nr. 2

Es gibt noch eine zweite Theorie, nach der die Reaktion von Zucker (Glukose) und Proteinen zu Molekülklumpen (Advanced Glykosylation Endproduct, AGE) führt. Wenn sich diese mit benachbarten Proteinen oder Nukleinsäuren vernetzen, entsteht etwas, das man, was den Organismus anbelangt, getrost als Sondermüll bezeichnen kann.

Theorie Nr. 3

Außerdem wird spekuliert, dass das Fehlen von Methionin, einer wichtigen Aminosäure, die Verarbeitung von Eiweiß stört, sodass das toxische Stoffwechselprodukt Homocystein entsteht: Homocystein wiederum ist ein starkes Oxidans und verändert unter anderem das Blutfett LDL.

So unterschiedlich diese drei Theorien auf den ersten Blick auch scheinen mögen – eines haben sie doch gemeinsam, betont der deutsche Mediziner Bodo Kuklinski: Die Freien Radikale verursachen ein Übermaß an Oxidationsprozessen.

Wie entsteht eigentlich ein Infarkt?

Die aggressiven Sauerstoffmoleküle überfordern das Immunsystem bei seiner Aufgabe, die überzähligen Blutfette zu vernichten. In der Folge setzen die gestressten Fresszellen einen Faktor frei, der die Muskelzellen der Arterienwand zum Wachstum anregt: Die Arterien werden enger. Gleichzeitig werden Blutplättchen (Thrombozyten) aktiviert, miteinander zu verklumpen. Doch anstatt ihrer Bestimmung nachzugehen und auf diese Weise bestehende Blutungen zu stillen, führen sie zu Blutgerinnseln, die die Gefäße zusätzlich verengen. Reißen sich diese Gerinnsel von der Arterienwand los, können sie in der immer enger werdenden Blutstrombahn zu Gefäßverschlüssen führen, was einen Infarkt des vom Blutstrom abgeschnittenen Gewebes zur Folge hat.

Das ist der eigentliche Prozess, der zur Verengung der Arterien und im weiteren Verlauf eventuell zu einem Herzinfarkt oder Schlaganfall führt.

Kann man das »böse« Cholesterin bändigen?

Eine cholesterinsenkende Diät oder medikamentöse Behandlung allein kann die Entstehung weiterer Oxidationsprodukte nicht aufhalten, da sie selbst nicht antioxidativ wirkt. Dem Risikofaktor der ungebremsten Nachbildung von Freien Radikalen kann auf diese Weise nicht begegnet werden.

» Das Geheimnis der Eskimos
Nur mit der gleichzeitigen Gabe von Antioxidantien wie Selen, Vitamin E, C und dem Coenzym Q10 kann weiteren Ablagerungen vorgebeugt werden (siehe Seite 176). Im übrigen ist das auch des Rätsels Lösung, warum Eskimos kaum herzkrank werden, obwohl sie sich sehr fettreich ernähren: Nicht nur die entzündungshemmenden Omega-3-Fettsäuren aus dem Fisch sind die Erklärung, wie man lange Zeit annahm, sondern auch die Tatsache, dass die Eskimos überwiegend rohen Fisch und rohes Fleisch essen – mit einem hohen Anteil an Vitaminen und anderen Antioxidantien. «

Bei hohem Blutdruck oder brüchigen Zellmembranen zum Beispiel kann es zu Verletzungen in der Arterienwand kommen. In diesem Fall ist das LDL geradezu lebensnotwendig, da es auf dem schnellsten Weg den Baustoff Cholesterin für die Reparatur liefern muss. Doch wird es unterwegs von Freien Radikalen oxidiert, wird es nicht nur handlungsunfähig, sondern bildet nur einen weiteren Problemherd im Körper.

Dasselbe gilt für das HDL, das im Prinzip imstande wäre, das unverdauliche Cholesterin aus den Schaumzellen auszubauen und zu entfernen. Wenn es allerdings mit dieser Aufgabe überfordert ist, passiert etwas viel Schlimmeres: Die aus den abgestorbenen Schaumzellen freigesetzte LDL-Fettsäure oxidiert direkt in der Arterienwand. Das macht neue Reparaturen notwendig. Wieder wird LDL mit dem Reparaturmaterial Cholesterin losgeschickt, und der verhängnisvolle Kreislauf beginnt von vorn. Auf diese Weise steigt der Cholesterinspiegel.

Vorschnelle Alterung

Unser biologisches Alter hat mit der Frage, wann wir geboren wurden und wie lange wir schon leben, nur zum Teil etwas zu tun. Es hängt entscheidend von der Funktionsfähigkeit unserer Zellen ab – also auch von der Qualität ihres Stoffwechsels. Vereinfacht lässt sich sagen: Je umfangreicher die Schäden durch Freie Radikale, desto weiter fortgeschritten ist das biologische Alter. Warum ist das so?

Wie und warum altern wir?

Darum läuft unsere biologische Uhr eines Tages ab.

Ein weit verbreiteter Erklärungsansatz ist, dass Altern genetisch festgelegt, der Prozess des Alterns also gewissermaßen von der Empfängnis an vorbestimmt sei. Bereits Anfang der Sechzigerjahre hatte der amerikanische Mikrobiologe Leonard Hayflick, heute Präsident der Gerontologischen Gesellschaft der USA, entdeckt, dass die Teilung der Bindegewebszellen genetisch festgelegt ist. Nach 50 Zellgenerationen, stellte er fest, waren sie am Ende – und das, ohne von außen irgendwie beeinflusst worden zu sein. Als ob es eine Art innere Uhr gäbe, die den Zellen den Befehl erteilt, »Schluss zu machen«.

Einer der Entdecker der Erbsubstanz DNS, James Watson, vermutete zehn Jahre später, dieser Zeitmechanismus könne mit dem Kopiervorgang der DNS zusammenhängen: Denn bevor sich eine Zelle teilt, muss sie ihre Erbsubstanz verdoppeln.

Dazu öffnen Enzyme die Doppelhelix der DNS wie einen Reißverschluss und lesen die darin verborgenen Gen-Sequenzen der Reihe nach ab. Dieser Kopiervorgang hat jedoch einen Haken: Den Startschuss dazu gibt ein Primer-Enzym, das sich an den Anfang der DNS setzt und sie an genau dieser Stelle blockiert. Erst der Abschnitt danach wird bei der Verdoppelung abgelesen – das Chromosom wird also bei jeder Zellteilung ein winziges Stückchen kürzer, bis die DNS schließlich vollständig aufgebraucht ist.

Lassen sich die natürlichen Grenzen hinausschieben?

Zum Glück bestehen die Enden des Chromosoms aus endlos langen Wiederholungen derselben Basensequenzen. Diese Chromosomenenden, *Telomere* genannt, werden im Lauf des Lebens immer kürzer. Erst wenn diese Puffer aufgebraucht sind, werden die Gene selbst angegriffen und die Zelle massiv geschädigt. Lediglich Keimzellen, aber auch Krebszellen sind in der Lage, mithilfe eines bestimmten Proteins, der Telomerase, ihre Enden wieder zu ergänzen und sich so nahezu unsterblich zu machen.

Der Traum vom ewigen Leben

Moderne Biotech-Firmen, die an einer Verlängerung des Lebens forschen, arbeiten daran, die Telomere künstlich zu verlängern oder aber die Rate der Zellteilung zu senken.

Je intensiver der Stoffwechsel, desto schneller der Alterungsprozess

Aber welche Faktoren führen zu einer häufigen Zellteilung? Ein besonders intensiver Stoffwechsel. Der Körper nehme »mit jedem Atemzug und mit jeder Kalorie Schaden«, meinen Altersforscher wie der Amerikaner Richard Weindruch. Drakonische Diäten bei Ratten und Mäusen bewiesen, dass die Tiere rund 30 Prozent länger lebten, wenn sie ihre Körperfunktionen mangels Kalorien auf das pure Überleben reduzieren mussten.

Umgekehrt führt eine sehr kalorienhaltige Ernährung zu einer Überproduktion des Hormons Insulin. Je mehr Insulin vom Körper ausgeschüttet wird, desto intensiver werden die Zellen angeregt zu wachsen. Der Körper gerät unter Stress. Um zu verstehen, was das bedeutet, müssen wir uns den Stoffwechsel einer Zelle noch einmal genauer ansehen:

Was genau passiert in der Zelle?

DNS – der Bauplan für die nächste Zellgeneration

Auch in der Zelle herrscht Arbeitsteilung – die verschiedenen Aufgaben werden von unterschiedlichen Strukturen wahrgenommen: dem Mitochondrium zum Beispiel, einer Art Miniaturkraftwerk. Daneben gibt es noch die Lysosomen, die der Verdauung dienen, sowie das Retikulum, das dafür verantwortlich ist, einzelne Eiweiße zu produzieren und in der Zelle zu verteilen. Umgeben ist jede Zelle von einer Membran.

Diese Zellmembran kontrolliert nun die Stoffe, die von außen an die Zelle geliefert werden, und schützt das Zellinnere und den Kern. Dort nämlich werden alle Baupläne der Zelle in Form des Erbmoleküls DNS verwaltet. Diese Baupläne sind für die nächste Zellgeneration unerlässlich.

Original und Kopie

Der natürliche Abnutzungsprozess

Was das nun mit dem Altern zu tun hat? Je höher die Kalorienzufuhr, desto intensiver der Stoffwechsel. Je intensiver der Stoffwechsel, desto schneller teilt sich die Zelle. Haben Sie schon einmal eine Fotokopie von einem Bild gemacht, vielleicht von Ihrem eigenen Passfoto? Dann haben Sie vermutlich bemerkt, dass die Qualität der Kopie nicht mit dem Original vergleichbar ist. Wiederholen Sie diesen Vorgang und machen Sie eine Kopie von der Kopie und dann noch eine und noch eine – nach der zwanzigsten werden Sie Ihr eigenes Gesicht kaum wiedererkennen.

Ähnlich verhält es sich, wenn die Körperzellen kopiert werden. Wenn das Zellmilieu, die technische Voraussetzung für den Kopiervorgang, in Ordnung ist, wird die Zellteilung eine gut lesbare Kopie der Vorgängerzelle hervorbringen. Wenn sämtliche Körperzellen eines Organs fehlerfrei reproduziert werden, ist das erneuerte Organ so funktionstüchtig wie das alte. Doch das ist selten der Fall.

Wie lange leben einzelne Zellen?

Der menschliche Körper – ständig runderneuert

Immerhin besteht unser Körper aus 70 Billionen Körperzellen – eine schier unvorstellbare Menge. Kaum eine Zelle unseres Körpers ist älter als 120 Tage. Die roten Blutkörperchen, die dieses Alter erreichen, sind da schon regelrechte »Methusalems«. Andere, wie die Zellen der Magenschleimhaut, existieren sogar nur 1 bis 2 Tage lang. In nur 60 Minuten erneuert der Körper 1 Milliarde Zellen. Teile des Skeletts bilden sich alle 4 Jahre neu. Tag für Tag pumpt das menschliche Herz 7500 Liter Blut durch unseren Körper. Im Laufe eines Jahres tauschen wir unser Blut (durch Zellerneuerung) vollständig aus.

Da unsere Zellen im Laufe eines Lebens also mehrfach erneuert werden, ist die körpereigene Kopiertechnik mit den Jahren »veraltet«.

Sind einige wenige Körperzellen abgestorben, dann leiden anfangs und unbemerkt nur die äußeren Konturen des Organs. Greift der Zelltod aber weiter um sich, hat das gravierende Folgen für die notwendige Zellerneuerung. Ein Zellverbund, der nicht mehr richtig funktioniert, zieht andere in Mitleidenschaft: Nachlassende Organfunktionen sind das erste wahrnehmbare Zeichen der Alterung.

Was haben die Freien Radikale damit zu tun?

Freie Radikale sind ein natürliches Nebenprodukt des Stoffwechsels. Doch im Übermaß beschleunigen sie das Altern.

Bei der Energieproduktion in der Zelle verbrennt Zucker (Glukose) mithilfe von Sauerstoff zu Wärme. Während dieses Vorgangs entstehen Freie Radikale. Ein körpereigenes antioxidativ wirksames Schutzschild soll größere Schäden verhindern. Wenn es ihm aber nicht gelingt, die Freien Radikale rasch einzufangen und zu neutralisieren, kommt es zu der berüchtigten Kettenreaktion. Wie Magnete heften sich die reaktionsfreudigen Bruchstücke an die verschiedensten Zellbestandteile (Aminosäuren, Fettsäuren oder Eiweiße). Damit werden diese Stoffe wertlos. Aus Fetten entsteht zum Beispiel der Malondialdehyd, der als Maß für oxidierte Fette gilt und im Blut bestimmt werden kann.

Auch Eiweiße können oxidieren. Ein Beispiel sind die so genannten Altersflecken, Pigmente der Haut, die durch körpereigene Enzyme nicht abgebaut werden können.

Wie kann unser Gedächtnis zum Sieb werden?

Gedächtnisschwäche durch oxidierte Körperfette

Den verheerendsten Schaden aber richten die Freien Radikale bei der Oxidation mit ungesättigten Fettsäuren an – zum Beispiel in der Zellmembran. Sauerstoff-Radikale können dort regelrecht Löcher hineinfressen, durch die Enzyme aus den Zellen entweichen können. Die Konsequenz? Das Zellmilieu bricht zusammen, die Zelle stirbt ab. Deshalb sind vor allem solche Organe bedroht, die überwiegend aus Fetten bestehen. Dazu zählt das Nervensystem mit seinen Sinnesorganen. Aus diesem Grund lassen bekanntlich das Gedächtnis, die Augen und das Hören mit zunehmendem Alter nach.

Wie kann ich vorschnelles Altern stoppen?

Schon 1956 hatte der amerikanische Biochemiker Denham Harman die These aufgestellt, dass Altern die Folge oxidativer Schäden an Geweben sei. Unter anderem glaubt er, dass die Freien Radikale, die der Körper als Teil seiner Immunabwehr selbst produziert, im Laufe der Jahre ihren biologischen Sinn verlieren – schließlich hat sich der Organismus inzwischen gegen die meisten Infektionen gewappnet. Stattdessen wendeten sich, so Harman, die Radikale gegen körpereigenes Gewebe – was zum Beispiel auch den Anstieg an Autoimmunerkrankungen wie Rheuma oder aber Schilddrüsenleiden erklären würde.

Tierversuche weisen darauf hin, dass einige antioxidative Schutzmechanismen des Körpers im Alter nachlassen, zum Beispiel die Produktion von Superoxid-Dismutase (SOD), einem wichtigen Entgiftungsenzym. SOD zerlegt Superoxid-Radikale, sie gehören zu den der aggressivsten Radikalen, und macht sie unschädlich. Gestörte SOD-Enzyme werden außerdem verdächtigt, im Gehirn Nervenzellen zu schädigen.

Harmans Theorie des Alterns durch Oxidation vereint die verschiedensten modernen Erklärungsansätze. Sowohl bei den genetischen Faktoren als auch bei den wachsenden Zellschäden spielen Freie Radikale eine bedeutende Rolle. Ob sie allerdings die Ursache des Alterns selbst sind oder nur eine Begleiterscheinung, ist noch nicht geklärt.

Um diese Organschäden durch Oxidation einzudämmen und vorschnelles Altern zu vermeiden, empfehle ich dringend, die Produktion der Freien Radikale einzudämmen und das Potential der Gegenspieler, der Antioxidantien, zu erhöhen.

Bindegewebsschwäche

Mittlerweile haben wir einen tieferen Einblick in die Zelle und das Stoffwechselgeschehen bekommen. Einen grundlegenden Faktor für unsere Gesundheit, der durch Freie Radikale beeinträchtigt wird, haben wir dabei jedoch bisher außer Acht gelassen: das Bindegewebe. Felix Perger, ein österreichischer Ganzheitsmediziner, hat es gemeinsam mit einem Experten für die Biologie des Feingewebes, dem Histologen Alfred Pischinger, auf seine Funktion hin untersucht. Beide Forscher schreiben dem Bindegewebe entscheidende Aufgaben bei der Steuerung zellulärer Vorgänge und der Koordination der Organe zu. Es habe eine ähnliche Bedeutung wie das Gehirn und das Rückenmark.

» Ernährung und Bindegewebe
Die Ernährung beeinflusst den Zustand unseres Bindegewebes ganz erheblich. Denn wer zu viel Fleisch und Milchprodukte wie Käse und Joghurt isst, übersäuert sein Bindegewebe. Dann wird es weniger durchlässig für Nähr- und Schlackenstoffe, es kommt zu einer regelrechten »Versulzung«. Seine Elastizität sowie die Fähigkeit, hormonelle und zwischenzelluläre Reize zu übertragen, lässt nach, sodass es seine Funktion als Kommunikationsnetz und Nährstofffilter nicht mehr wahrnehmen kann: Chronische Erkrankungen können entstehen. «

Welche Aufgabe hat das Bindegewebe?

Wie sein Name schon sagt, verbindet es – und zwar alle Zellen unseres Körpers! Man nennt es deshalb auch Zwischenzellgewebe. Beim Erwachsenen hat dieses Maschenwerk aus Zucker-Eiweiß-Komplexen ein Gewicht von etwa 12 Kilogramm. Es befindet sich ständig im Umbau und besteht aus verschiedenen Fasertypen.

Das Bindegewebe bewirkt aber weit mehr, als die Zellen nur zusammenzuhalten. Die Gesundheit hängt, wie wir bereits gesehen haben, von der perfekten Kommunikation zwischen Zellen und Organen ab. Diese Signalübermittlung funktioniert auf elektro-chemischem Weg – über das Medium des Bindegewebes. Auch jeder Nährstoff wird dort hindurchgeleitet. Man muss sich das Bindegewebe vorstellen wie eine Transitstrecke, auf der Nähr-, aber auch Schlackenstoffe transportiert werden. Effizient arbeiten kann dieses beanspruchte Organ aber nur, wenn es elastisch ist. Und das hängt von mehreren Faktoren ab: vom Anteil der jeweiligen Fasertypen (Kollagen, Elastin u. a.) ebenso wie von seinem Wassergehalt und den darin gelösten Nährstoffen.

Zu welchen Störungen kann es kommen?

Gerät der Körper aufgrund unterschiedlichster Faktoren (siehe auch Seite 62 bis 98) unter oxidativen Stress, kann er die vielen notwendigen Um- und Abbauvorgänge nicht vollständig durchführen: Das kann zu einem Überschuss an Säuren in den Zellen führen. Diese schützen sich, indem sie Säure abgeben. Wird diese nicht über Nieren, Lungen und Darm ausgeschieden, bleibt sie im Bindegewebe – es verschlackt. Das hemmt seine Elastizität. Die Zellen werden schlechter mit Nährstoffen versorgt, weitere Schlacken lagern sich ab. Es kommt zu Blockaden, zu Strukturveränderungen und zu akuten Entzündungen. Wird das Bindegewebe langfristig geschädigt, verliert es sein Leistungsvermögen, seine Elastizität und beeinträchtigt auch den Stoffwechsel der Zellen. Dies hat verheerende Folgen für die nunmehr mit Nährstoffen unterversorgten Organe: chronische Erkrankungen wie zum Beispiel Arthrose stellen sich ein.

» Radikalfänger in Kosmetika

Die Kosmetikindustrie ist schon weiter, wenn es um den Schutz der Haut geht. Denn welke und schlaffe Haut hängt mit einem mangelhaften Stoffwechsel und meistens auch mit zu viel Sonneneinstrahlung zusammen. Die intensiven UV-Strahlen der Sonne führen nämlich ebenfalls zur Bildung von Freien Radikalen und dadurch zu oxidativem Stress, der Kollagen, Elastin und andere strukturgebende Gewebeanteile der Haut schädigt. Moderne Anti-Faltencremes und Make-ups enthalten deshalb Antioxidantien. **«**

Kein kosmetischer Schaden

In der Medizin wird die Bedeutung von Bindegewebsschwäche noch unterschätzt. Als Orthopäde und Sportmediziner werde ich jedoch täglich mit ihren Folgen konfrontiert. Das betrifft nicht nur Verletzungen von Sehnen (sie bestehen im Wesentlichen aus Kollagenfasern, sind also Teil des Bindegewebes): Fassungs-

Aus meiner Praxis – Problemfall Bandscheibe

Eine junge Frau kommt in die Praxis. Seit Wochen quälen sie unerträgliche Rückenschmerzen. Im Sitzen, beim Stehen – sie weiß kaum noch, wie sie sich halten soll.

Als ich sie untersuche, stelle ich drei (!) abgenutzte Bandscheiben fest – und das in einem Alter von Anfang 30! Ein Fall, der gar nicht so selten ist: Patienten mit Bandscheibenproblemen, ja sogar mit Bandscheibenvorfällen, werden immer jünger. Warum?

Wie die meisten von uns ging auch meine Patientin einer sitzenden Tätigkeit nach und bewegte sich dementsprechend wenig. Hinzu kam eine einseitige Ernährung. Beide Faktoren beeinträchtigen die Zellaktivität. Wenn wichtige Nährstoffe fehlen, können sich lebenswichtige Eiweißstrukturen wie Knorpel- oder auch Bandscheibengewebe nicht mehr ausreichend regenerieren.

So stellte ich bei der Blutanalyse meiner Patientin einen Zinkmangel fest, ein Spurenelement, das bei enzymatischen Reaktionen notwendig ist und im Bindegewebe als Katalysator bei der Kollagenfasersynthese eine zentrale Funktion erfüllt. Aus diesem Grund sorgte ich bei der Patientin wieder für eine ausreichende Versorgung mit dem Radikalfänger Zink und verordnete zusätzlich essentielle Aminosäuren, die vor allem bei der Bindegewebsregeneration wichtig sind, wie Lysin, Cystin und Methionin.

Natürlich wird der Patientin erläutert, dass Bewegung an frischer Luft sowie regelmäßige (2- bis 3-mal pro Woche) Behandlung und Training der Rückenstrecker absolut notwendig sind (zum Beispiel durch Krankengymnastik, Yoga, Rolfing[1], Brügger-Therapie[2], MedX-Training[3], Gyrotonic[4], Pilates[5]). Je mehr dabei die tiefer gelegene Rückenmuskulatur angesprochen wird, desto effektiver ist die Behandlung.

Tabletten allein sind nicht der Weg zur Gesundheit! Das ist nicht meine Auffassung von medizinischer Hilfe. Der Patient muss selbst Verantwortung übernehmen und aktiv zur Gesundung beitragen, also üben, üben und nochmals üben.

los stehe ich vor der wachsenden Zahl immer jüngerer Patienten, die mit Bandscheibenschäden und -vorfällen zu mir kommen: Bewegungsmangel, Umweltbelastung, negativer Stress u.a. haben dazu geführt, dass die Vitalität und die Elastizität des Bindegewebes nachgelassen haben, genauso wie die Kraft und Leistungsfähigkeit der Rückenmuskulatur, sodass der ausreichende Schutz der Wirbelsäule mit ihren Gelenken, Bändern und Bandscheiben nicht mehr gewährleistet ist.

Wie können Radikalfänger schützen?

Da durch die Bindegewebsschädigung die Wirkung therapeutischer Maßnahmen deutlich verringert ist, achte ich bei meinen Patienten verstärkt auf eine ausreichende Versorgung mit Radikalfängern: Untersuchungen haben nämlich ergeben, dass sich ein Mangel an Radikalfängern auf das Bindegewebe besonders negativ auswirkt: Erhält der Körper nicht genügend Zink und Kupfer, wird die zelluläre Reizübertragung des Bindegewebes erheblich beeinträchtigt. Dasselbe gilt für andere Antioxidantien wie Vitamine und bestimmte Aminosäuren, die ebenfalls Bindegewebe und Organe vor Freien Radikalen schützen können. Zur Kräftigung des Bindegewebes, zum Beispiel der Sehnen, Muskeln, Knorpel und Bandscheiben, empfehle ich daher, vorbeugend Radikalfänger und Aminosäuren einzunehmen. Empfehlenswert ist hier eine Laboruntersuchung, um Mängel oder eine gestörte Balance unter den Spurenelementen aufzuspüren und dann entsprechend auszugleichen.

Regenerierung mit Zink und Kupfer

1 Rolfing ist eine Technik zur Beeinflussung des Bindegewebes und eine Körperschulung zur Vorbeugung von Rückenschmerzen.
2 Ziel von Brügger ist es, bestehende Funktionsstörungen zu erkennen, zu beseitigen sowie eine Korrektur der Körperhaltung zu erreichen.
3 MedX-Training beruht auf der Erkenntnis, dass bei Rückenschmerzen gerade unterentwickelte Muskelpartien trainiert werden müssen.
4 Gyrotonic ist ein ganzheitliches Bewegungskonzept, in dessen Mittelpunkt die Wirbelsäule steht. Hierbei werden dreidimensionale Bewegungsabläufe verwendet, die kreisend ohne Unterbrechung gegen einen gleichmäßigen Widerstand durchgeführt werden.
5 Auf Joseph Pilates zurückgehende Trainingsmethode, die Physiotherapie und Kraftsport mit Elementen aus Tanz und Ballett, Yoga und Tai Chi kombiniert. Dabei werden eigens konstruierte Holzrahmen mit Stahlfedern eingesetzt.

Erhöhtes Krebsrisiko

Freie Radikale als Krebsauslöser

Eine der gefährlichsten Krebsarten, das Melanom, ein bösartiger Tumor der Haut, wird durch Zellschäden ausgelöst: Durch intensive Sonnenstrahlung entsteht ein Zuviel an Freien Radikalen. Aber auch bei anderen Krebsleiden spielt ein Überschuss an Oxidantien eine Rolle. 215 000 Todesfälle in Deutschland gehen jährlich auf Tumorerkrankungen zurück. Bei etwa drei Viertel aller Krebserkrankungen sieht der Ernährungswissenschaftler Stefan R. Voges Freie Radikale als Auslöser. Krebs ist eine »multifaktorielle Krankheit« – er hat viele Ursachen. Im Laufe unseres Lebens werden wir mit vielen krebserregenden Einflüssen konfrontiert: Radioaktive und ultraviolette Strahlung, aromatische Kohlenwasserstoffe in Ruß und Teer wirken ebenso kanzerogen wie Viren. Diese krank machenden Faktoren sind entweder selbst Freie Radikale oder führen im Organismus zu reaktionsfähigen Stoffwechselprodukten, die Zellbausteine und Zellprodukte angreifen. Meist werden die Schäden erst nach vielen Jahren sichtbar.

Wie wird die Erbsubstanz geschädigt?

Wenn die Erbsubstanz betroffen ist, die in jedem Zellkern als DNS gespeichert ist, wird der Schaden besonders gefährlich. Dann kann der Steuermechanismus verloren gehen, der die Zellteilungen normalerweise begrenzt. Solche Fehler treten auf, werden aber in der Regel durch eine Vielzahl von Reparaturmechanismen ausgeglichen. Doch wenn diese versagen, geht die veränderte Information auf die nächste Zellgeneration über.

Warum steigt das Krebsrisiko mit den Jahren?

Die steigende Anzahl an DNS-Schäden durch zelleigene Freie Radikale ist vermutlich die Ursache für das deutliche Ansteigen der Krebshäufigkeit im Alter. Oxidative Schäden an Lipiden und Proteinen können ebenfalls erbgutverändernd wirken. Mit 60 Jahren wächst das Risiko für einen Tumor signifikant, mit 85 Jahren hat jeder Dritte ein Krebsleiden.

Freie Radikale: Mittäter und Täter

Freie Radikale sind an allen Stadien der Krebsentwicklung beteiligt, sie können ein entsprechendes Umfeld schaffen, die Umwandlung von gutartigem Gewebe in einen bösartigen Tumor auslösen oder aber direkt an der Tumorbildung mitwirken. Zum Beispiel gibt es kaum Zweifel, dass wiederholte Entzündungen wie eine chronische Gastritis krebsfördernd wirken. In den Mitochondrien von Tumorzellen zeigt sich, dass dort das körpereigene Antioxidans Superoxid-Dismutase (SOD) deutlich reduziert ist. Andere Studien weisen nach, dass Fettsäuren im Tumorgewebe auffallend oft oxidiert wurden.

Was richten Freie Radikale in den Zellen an?

Freie Radikale fördern unter anderem auch die Infektion der Zelle mit krebserregenden Viren. Sie beeinträchtigen das Signalsystem der Zellen, sodass diese vorzeitig zur Teilung gezwungen werden. Das schwächt das Immunsystem. Ionisierende Strahlung kann in der Zellflüssigkeit Wasser in hochgefährliche Spaltprodukte verwandeln.

»Der Sauerstoff, der uns umgibt und für uns lebensnotwendig ist, ist wahrscheinlich – paradoxerweise – krebserregend«, schreiben die englischen Radikal-Forscher Barry Halliwell und John M. C. Gutteridge.

» Antioxidantien für eine stabile Abwehr

Antioxidantien senken das Risiko einzelner Krebsarten. Doch sie können nicht den einzelnen Tumor bekämpfen, sondern nur die Körperabwehr stärken. Die amerikanische Krebsgesellschaft empfiehlt deshalb täglich 200 bis 800 mg Vitamin E, 1000 mg Vitamin C sowie 50 bis 200 Mikrogramm (µg) Selen zur Krebsvorbeugung. Doch der komplexe Mechanismus konnte bis heute noch nicht genau geklärt werden. **«**

Wie viele Kanzerogene ist er nicht direkt gefährlich, sondern erst in einer abgewandelten Form, die ihn aktiv macht. Auch andere Kanzerogene wirken nicht direkt auf die DNS, fördern aber trotzdem die Ausbildung von Tumoren, indem sie den Enzymstoffwechsel der Leber beeinflussen.

Was kann und muss ich tun?

Einzelne Tumoren speichern sogar Radikalfänger wie das Vitamin E, um sich gegen Angriffe des Immunsystems zur Wehr zu setzen, zum Beispiel Bauchspeicheldrüsenkrebs, Melanome und einige Leberzellkarzinome. Das Fazit: Die einfache Lösung, um dem komplexen Geschehen der Tumorentstehung vorzubeugen, gibt es noch nicht – und damit auch kein Patentrezept.

Krebs hat eine lange Latenzzeit, das heißt, ihm geht eine Reihe von krankhaften Veränderungen voraus, die so geringfügig sind, dass wir sie zunächst gar nicht bemerken. Eines wird dabei deutlich: Nur wer langfristig seine Gesundheit stärkt und negative Einflüsse abwehrt, kann sich vor diesem Leiden schützen. Eine ausreichende Versorgung mit Radikalfängern ist dafür unerlässlich.

Diabetes

Als Stoffwechselkrankheit wird auch Diabetes zunehmend mit Freien Radikalen in Verbindung gebracht. Doch was besagt die Diagnose »zuckerkrank« eigentlich?

Diabetes beruht auf einer gestörten Produktion oder fehlerhaften Verarbeitung des Hormons Insulin. Dieses Hormon wird in der Bauchspeicheldrüse gebildet, genauer gesagt in den Beta-Zellen der dort befindlichen »Langerhans-Inseln«. Seine Aufgabe ist es, den Blutzucker zu regulieren: Je mehr Insulin gebildet wird, desto stärker sinkt der Blutzuckerspiegel: Das Insulin hat die Zellmembranen für Glukose, also für Zucker, so durchlässig gemacht, dass sie aus dem Blut in die Körperzellen gelangt und dort verwertet werden kann.

Wird dagegen nicht genügend Insulin gebildet, steigt der Blutzuckerspiegel an. Das erklärt auch den lateinischen Namen: Diabetes »mellitus«, das bedeutet »honigsüß«. In diesem Fall kann die Glukose nicht in ausreichender Menge in die Zelle gelangen und wird teilweise mit dem Harn ausgeschieden.

Sind Folgeschäden zu erwarten?

Etwa zehn bis 15 Jahre nach Beginn des Diabetes können Spätfolgen auftreten: Nieren- und Netzhautschäden, Arteriosklerose, koronare Herzerkrankung, Funktionsstörungen der Nerven.

Wie weit Diabetes durch oxidativen Stress ausgelöst wird, ist noch wenig erforscht. Dafür konnte nachgewiesen werden, dass die insulinproduzierenden B-Zellen durch bestimmte Gifte stark oxidativ geschädigt werden. Eine derart giftige Substanz ist Alloxan, das entstehen kann, wenn bei der Weißbrotherstellung Bleichmittel mit Proteinen reagieren. Im Tierversuch stört Alloxan empfindlich den Blutzuckerspiegel. Zugleich sinkt auch der Vitamin-C-Spiegel im Blutplasma – so wird dem bereits erkrankten Organismus auch noch die Schutzfunktion dieses wichtigen Radikalfängers entzogen!

Der Entstehung von gefährlichen Folgeschäden wird durch diese Stoffwechselstörungen erheblich Vorschub geleistet, sodass Diabetiker häufig auch mit Arteriosklerose, Nieren- und Nervenschäden sowie Augenproblemen zu kämpfen haben, da die Augenlinse Freien Radikalen gegenüber empfindlicher wird. Gerade weil in diesem Zusammenhang viele Fragen noch nicht geklärt sind, betonen die englischen Biochemiker Barry Halliwell und John M. C. Gutteridge, ist es bei Diabetes sinnvoll, einen Status der Oxidationsschäden zu erheben.

Chronische Entzündungen

Zahlreiche Hinweise sprechen dafür, dass Freie Radikale auch bei Autoimmunerkrankungen eine große Rolle spielen. Dazu zählen viele chronische Entzündungen, zum Beispiel die rheumatische Arthritis.

Aus meiner Praxis Schmerzende Achillessehne

Eine chronische Entzündung der Achillessehne beeinträchtigte mehrere Monate lang die sportliche Karriere eines Tennisspielers. Trotz vieler Therapien schritt die Heilung nicht voran. Was konnte die Ursache sein?

Fehlten vielleicht Nährstoffe, die für die Regeneration der Kollagenfasern der Sehne verantwortlich sind? Musste der Körper bei der Neubildung Kompromisse eingehen, die mit dem Hochleistungssport nicht zu vereinbaren waren? Bei schlechter Heilungstendenz von Verletzungen, bei chronischen Erkrankungen oder Verletzungen lege ich Wert auf die Erstellung eines so genannten Aminogramms, bei dem die essentiellen Aminosäuren gemessen werden. In der Tat stellte ich bei meinem Patienten Mängel fest. Nun galt es, die fehlenden Aminosäuren dem Organismus genau dort zur Verfügung zu stellen, wo er sie zur Heilung und Regeneration des Gewebes benötigt. Der Körper konnte sich dann sozusagen »bedienen«. Ich entschied mich für eine Infiltration zwischen Sehne und dem umliegenden Sehnengleitgewebe, die ich dreimal wiederholte. Unterstützt durch ein Infusionsgemisch aus Antioxidantien wie essentiellen Aminosäuren, Vitaminen und dem Spurenelement Zink sowie physikalische Therapie und maßgeschneiderte Einlagen konnte ein rascher Rückgang der Entzündung erreicht werden.

Normalerweise kann sich das körpereigene Immunsystem gegen Entzündungen wehren. Wie wir schon gesehen haben, treten in diesem Fall die Fresszellen, eine spezielle Form von Immunzellen (neutrophile Granulozyten), in Aktion: Sie umfließen die Erreger und verschlucken sie. Anschließend produzieren sie Freie Radikale, um die Erreger zu töten. Bei chronischen Entzündungen kommt es jedoch zu einer Überlastung dieses Abwehrmechanismus – es werden zu viele Freie Radikale gebildet. Diese greifen dann nicht nur fremde Eindringlinge an, sondern auch den eigenen Körper.

Was passiert eigentlich bei Rheuma?

Bei der rheumatischen Arthritis, so vermutet man heute, wehrt sich der Körper gegen ein nicht vorhandenes, also imaginäres Antigen: Weiße Blutkörperchen dringen in den Gelenkspalt ein und produzieren Superoxid-Radikale und Wasserstoffperoxid, um den »Erreger« zu eliminieren. Leider trifft der Angriff die Hyaluronsäure in der Gelenkschmiere. Das Enzym Superoxid-Dismutase (SOD), ein vom Körper produziertes Antioxidans gegen Superoxid-Radikale, kann in diesem Fall nur wenig ausrichten, weil es hauptsächlich in Gewebezellen wirkt.

Eine Form der Therapie ist die Gabe entzündungshemmender Arzneien wie Aspirin. Diese scheinen dadurch zu wirken, dass sie die Zahl der Fresszellen senken und damit auch die Produktion Freier Radikale abnimmt. Gelingt es, die Freien Radikale zurückzudrängen, bessert sich der Zustand. Deshalb stellt man bei solchen Patienten einen besonders großen Bedarf an Antioxidantien fest.

» Schwachstelle Bewegungsapparat

In Deutschland klagen jährlich mehr als zwei Millionen Menschen über Gelenkschmerzen. Es handelt sich dabei um eine Abnützungserscheinung, eine Degeneration, nicht in erster Linie um eine Entzündung. Auch die Beschaffenheit des Knorpelgewebes bei älteren Patienten könnte mit der Aktivität Freier Radikale zusammenhängen: Sie sorgen indirekt dafür, dass der Körper weniger Gelenkschmiere produziert. Auch hier wirkt sich eine erhöhte Zufuhr an Radikalfängern positiv aus. Spezielle Empfehlungen für Patienten mit Gelenkbeschwerden finden Sie auf Seite 180. **«**

Bei Rheumakranken zum Beispiel versucht der Körper all seine Radikalfänger-Reserven zu mobilisieren, sodass erhöhte Konzentrationen von Dehydro-Ascorbinsäure – einem Folgeprodukt von Vitamin C – direkt im Blut nachgewiesen werden können. Hohe Vitamin-E-Gaben von 1000 mg pro Tag und mehr können langfristig Rheumabeschwerden lindern.

Chronische Darmleiden

Auch im Fall von chronischen Darmleiden wie Morbus Crohn scheinen übermäßige Oxidationsprozesse wesentlich zu den schwerwiegenden Zellschäden beizutragen. Die Krankheit äußert sich in krampfartigen Bauchschmerzen, blutigem Durchfall und Gewichtsabnahme. Eine verhängnisvolle Entwicklung nimmt ihren Lauf: Um die Entzündung zu bekämpfen, werden so viele Freie Radikale produziert, dass sie dem eigenen Körper gefährlich werden. Wichtige Radikalfänger, die dies ausgleichen könnten, stehen nicht mehr zur Verfügung, weil die über die Nahrung aufgenommenen Vitamine, Mineralien und Aminosäuren infolge des Darmleidens vorschnell abgeführt wurden. Immer größere Teile der Darmschleimhaut entzünden sich, die Darmwand vernarbt. Zu allem Überfluss steigt auch das Risiko, an Darmkrebs zu erkranken.

Asthma und andere Störungen der Atemwege

Wie wir bereits wissen, ist Sauerstoff nicht nur überlebensnotwendig, sondern kann auch Schäden anrichten.

Gefahren aus der Luft

Freie Radikale und Atemgifte

Am meisten betroffen ist demnach die Lunge, die ja den intensivsten Kontakt mit diesem Gas hat. Hinzu kommt, dass dieses Organ über die Atmung auch noch mit vielen Schadstoffen konfrontiert wird, die ebenfalls zur Bildung Freier Radikale führen. Eine Bedrohung, die nicht zu unterschätzen ist: Im Lauf eines durchschnittlichen Lebens inhaliert der Mensch etwa 400 Millionen Liter Luft!

Tatort Lunge

Die Lunge besteht aus unterschiedlichen Geweben, die nicht alle gleich auf oxidativen Stress reagieren. Zu ihrem besonderen Schutz verfügt sie über eigene Fresszellen (Makrophagen), die immer dann aktiv werden, wenn es Fremdkörper wie Fasern und Bakterien zu beseitigen gibt. Dafür setzen sie Freie Radikale ein. Die ständige Konfrontation mit Giftstoffen kann zur Erweiterung der Lungenbläschen, zu einem Emphysem, oder aber zu Krebs führen.

Tatort Bronchien

Bei Asthma ist die Bronchialschleimhaut betroffen, häufig sogar entzündet. Dass Freie Radikale an dem Krankheitsbild beteiligt sind, konnte einwandfrei nachgewiesen werden: In der Atemluft von Asthmapatienten wurde ein Übermaß von Freien Radikalen gemessen. Ein zu niedriger Vitamin-C-Spiegel erhöht deutlich das Risiko, an Atemwegsstörungen zu erkranken.

» Freie Radikale und AIDS

AIDS-Kranke, bei denen das HI-Virus das Immunsystem immer mehr außer Gefecht setzt, sind besonders anfällig gegenüber Bakterien, Viren, Pilz- und Protozoeninfektionen – auch das Krebsrisiko ist stark erhöht. Untersuchungen haben ergeben, dass die Patienten einen extremen Mangel an Antioxidantien aufweisen und vor allem das körpereigene Glutathion fehlt.

Therapeutisch verabreichte Radikalfänger können die Aktivität der T-Lymphozyten bei AIDS-Kranken nach wenigen Wochen steigern und ihre Abwehrkräfte entsprechend stabilisieren. **«**

Erhöhte Infektionsanfälligkeit

Jede Virusinfektion kann ebenso wie Bakterien, Pilze oder andere Erreger zu oxidativem Stress führen. Der Mechanismus ist immer der gleiche: Das Immunsystem aktiviert zur Abwehr der Eindringlinge eine Armada von Immunzellen und setzt Radikale frei. Diese Abwehrreaktion beeinträchtigt auch unser Allgemeinbefinden und führt zum Beispiel zu den typischen Grippesymptomen.

Werden diese Virusinfektionen chronisch, stören die Freien Radikale das Immunsystem derartig, dass bösartige Zellveränderungen nicht mehr in Schach gehalten werden können. Der Krebs beginnt.

Degenerative Erkrankungen

Angriffsziel Gehirn

Das Gehirn ist für oxidative Schäden besonders empfindlich, da es besonders stark auf eine gute Sauerstoffversorgung angewiesen ist. Obwohl unser Gehirn nur einen geringen Anteil des Körpergewichts ausmacht, verbraucht es immerhin 20 Prozent des Sauerstoffumsatzes. Viele Neurotransmitter - Botenstoffe zwischen den Nervenzellen - können mit Sauerstoff reagieren.

Hinzu kommt, dass die Zellmembranen der Nervenzellen einen besonders hohen Anteil ungesättigter Fettsäuren haben. Das macht sie sehr anfällig für den Angriff Freier Radikale. Schutzsysteme gegen Oxidantien sind im Gehirn im Vergleich zu anderen Teilen des Organismus nur in geringem Ausmaß vorhanden. Oxidativer Stress zerstört die Wände der Gehirnzellen, beschädigt ihre Erbinformation und ihren Proteinhaushalt - in letzter Konsequenz stirbt die Zelle ab.

Bei Verletzungen des Hirngewebes werden große Mengen von Eisen- und Kupferionen frei, die die Radikalbildung wie ein Katalysator zusätzlich beschleunigen. Anders als das Blut ist die Hirnflüssigkeit nicht in der Lage, diese Ionen zu binden und zu neutralisieren.

Bei Verletzungen des Gehirns durch mangelnde Durchblutung oder äußere Verletzungen kann es ebenfalls zu Schäden durch Freie Radikale kommen, Das ist insbesondere dann der Fall, wenn vormals unterversorgte Regionen nach einer Behandlung plötzlich wieder mit Blut versorgt werden.

Parkinson

Freie Radikale werden zunehmend auch mit degenerativen Erkrankungen des Gehirns in Zusammenhang gebracht. So auch beim Morbus Parkinson, einer Schüttellähmung, die zum ersten

Mal 1817 von dem englischen Arzt James Parkinson beschrieben worden ist. Die Krankheit tritt meistens erst in höherem Alter auf, dafür aber bei zehn Prozent aller Menschen über 65 Jahren. Ausgelöst wird Parkinson durch Zelldefekte in der »Substantia nigra«, einer Region im unteren Hirnstamm, die viele schwarze Pigmente enthält. Durch die Krankheit wird die Substantia nigra durch faserige Einschlüsse verändert. Wodurch sie ausgelöst werden, ist noch unbekannt. Bei der Obduktion von Patienten, die unter Parkinson gelitten hatten, fand man jedoch deutliche Anzeichen von oxidativem Stress. Ob es sich dabei um die Ursache oder aber um eine Nebenwirkung der Krankheit handelt, konnte noch nicht geklärt werden.

Alzheimer

Ursachen sind neben einer ererbten Disposition auch oxidative Vorgänge und Abbaumechanismen, die durch Freie Radikale unterhalten werden. 1906 wurden die zerstörerischen Symptome dieses Leidens erstmalig vom deutschen Psychiater Alois Alzheimer beschrieben: Verlust der Erinnerung, der Emotion, der Bewegungsfähigkeit – der Persönlichkeit. Die Plaques in den Hirnzellen, so weiß man inzwischen, werden aus einem Protein, dem Amyloid, gebildet.

Augenerkrankungen

Das Auge ist ein besonders verletzliches Sinnesorgan – empfindlich gegenüber äußeren Einwirkungen, aber zentral für unsere Wahrnehmung der Welt. Erst wer seine Sehkraft einbüßt oder vielleicht sogar verliert, realisiert, wie wertvoll sie ist.

Altersblindheit

Nicht nur Überanstrengung oder Unfälle gefährden unsere Augen, sondern auch Freie Radikale. Sie sind die Ursache für den Grauen Star, auch Katarakt oder Linsentrübung genannt, der weltweit über 17 Millionen Menschen hat erblinden lassen.

Und sie führen zu einer Verkümmerung der Makula, der Netzhautmitte, wo der schärfste Punkt des Sehens liegt. Diese so genannte Makuladegeneration ist in den Industrieländern die häufigste Ursache für altersbedingte Blindheit: Ab dem 60. Lebensjahr muss jeder Zwanzigste damit rechnen, seine Sehschärfe auf diese Weise einzubüßen. Erschreckende Zahlen, die sehr schnell deutlich machen, wie wichtig Antioxidantien für den Erhalt unserer Sehkraft sind.

» Wenn Freie Radikale ins Auge gehen
Das Auge ist besonders anfällig für oxidative Prozesse: So enthält das Augeninnere, der so genannte Glaskörper, Hyaluronsäure, die leicht mit Sauerstoff reagiert. Dasselbe gilt für die Fette, die beispielsweise in den Stäbchenzellen der Netzhaut enthalten sind. Ultraviolettes Licht oder ionisierende Strahlung führt im Auge zur Bildung Freier Radikale. Zudem kann das im Auge vorkommende Pigment Rhodopsin in Verbindung mit Licht in der Linse selbst Sauerstoffmoleküle entstehen lassen, die eine ähnlich schädliche Wirkung haben. **«**

Wie gefährlich Sauerstoff für das Auge ist, zeigt das erhöhte Risiko von Netzhautschäden bei Frühgeborenen. Durch die Erfindung des Brutkastens in den Vierzigerjahren verbesserte sich zwar deren Lebenserwartung, gleichzeitig stieg aber auch das Risiko zu erblinden (Frühgeborenen-Retinopathie). Erst Mitte der Fünfzigerjahre realisierten die Ärzte, dass zu hohe Sauerstoffdosen die Ursache für die Augenschäden waren. Durch die ständige Überwachung des Sauerstoffgehalts im Blut der Frühgeborenen, und die Gabe des Radikalfängers alpha-Tocopherol konnte das Risiko erheblich verringert werden.

Grauer Star

Die Entstehung des Grauen Stars ist medizinisch noch nicht bis in alle Details geklärt. Man weiß jedoch, dass oxidativer Stress eine der Ursachen ist. So führt die UV-Strahlung der Sonne zu einer erhöhten Konzentration von Sauerstoff-Radikalen im Auge. Diese schädigen die Proteine und Lipide in der Linse und machen sie grau, trüb und undurchsichtig. In südlichen Ländern mit viel Sonneneinstrahlung ist die Häufigkeit von Grauem Star erhöht.

Durchblick mit Radikalfängern

Als natürlichen Schutz enthält die Linse besonders viel Vitamin C und Glutathion – 40- bis 60-mal mehr, als sich im Blutplasma findet. Menschen mit Vitamin-C-Mangel haben ein vierfach höheres Risiko, an Grauem Star zu erkranken. Untersuchungen konnten außerdem bestätigen, dass sich eine erhöhte Vitamin-C-Versorgung auch im Auge messen lässt – wer also auf eine ausreichende Zufuhr dieser wichtigen Radikalfänger achtet, kann sichergehen, dass sie auch dorthin gelangen, wo sie gebraucht werden. Auch das in der Netzhaut vorkommende Pigment Melanin schützt das Auge, indem es Eisen bindet und so antioxidativ wirkt. Doch es gibt noch einen Radikalfänger, der für das Auge eine besonders wichtige Rolle spielt: Betacarotin. Als Vorstufe des Vitamins A ist es zentral für die Sehkraft. Vitamin-A-Mangel kann auf Dauer zu Blindheit führen.

Makuladegeneration

Die Makula (der »Gelbe Fleck«) ist jener Teil der Netzhaut, auf dem der Punkt des schärfsten Sehens liegt. Im Alter verkümmert diese Region oft: Die Zellschicht, die zwischen den Lichtrezeptoren der Netzhaut und dem benachbarten Netzwerk der Blutgefäße liegt, wird zunehmend abgebaut, sodass die Sehschärfe der Betroffenen immer mehr abnimmt – bis hin zu Blindheit. Gleichzeitig wird auch der Stoffwechsel der Netzhaut gestört. Abfallstoffe komprimieren die Blutgefäße und verändern die Form der Netzhaut.

Wie schütze ich meine Augen am besten?

Doch diesem Alterungsprozess können Sie mithilfe der Radikalfänger Lutein und Zeaxanthin entgegenwirken: Wer mit seiner Nahrung einen hohen Anteil carotinoidreichen Gemüses zu sich nimmt, scheint ein geringes Risiko für eine Makuladegeneration zu haben. Vor allem Spinat ist eine ausgezeichnete Quelle für die Makula-Carotinoide Lutein und Zeaxanthin. Um das Auge zu schützen, sollten Sie außerdem natürlich eine Sonnenbrille mit qualitativ guten Gläsern tragen.

Was fördert das Entstehen Freier Radikale?

Essen als Medizin: Unten stehende Tabelle zeigt, dass ein hoher Obst- und Gemüseverzehr das Risiko, an Krebs zu erkranken, eindeutig senkt – Zahlen, die zu denken geben!

Falsche Ernährung

»Lass das Essen deine Medizin sein und die Medizin deine Nahrung!« (Hippokrates). Die alten Griechen hatten Recht: Seit Hippokrates diesen Lehrsatz 400 Jahre vor Christus niederschrieb, hat er nichts an Aktualität verloren: Gesundheit und Ernährung hängen eng zusammen.

Essen als Medizin

Dass Obst und Gemüse besonders gesund sind, wissen wir. Leider ziehen wir daraus häufig nicht die richtigen Konsequenzen. Inzwischen konnten Wissenschaftler nämlich beweisen, dass diese Lebensmittel nicht nur generell gut tun, sondern auch vor Krankheit schützen: Aufgrund des hohen Anteils von Radikalfängern senken sie das Risiko für Herz-Kreislauf-Erkrankungen und Krebs deutlich! Bei welchen Erkrankungen diese Schutzwirkung besonders effektiv ist, zeigt die Übersicht links.

Auf einen Blick Essen gegen Krebs

Art der Krebserkrankung	Anzahl Studien	Schutz belegt
Lunge	25	24
Kehlkopf	4	4
Speiseröhre	16	15
Magen	19	17
Darm	27	20
Blase	5	3
Bauchspeicheldrüse	11	9
Rückenmark	8	7
Eierstock	4	3
Brust	14	8
Prostata	14	4

Nach: Halliwell/Gutteridge 1999.

Vermutlich sind es nicht nur Vitamine, die diese Schutzwirkung entfalten. Der volle Effekt entsteht erst im Zusammenspiel mit anderen bioaktiven Substanzen, die ebenfalls in Obst und Gemüse, aber auch in Grünem Tee, Kakao, ja sogar in Wein vorkommen. Wie es diesen so genannten Sekundären Pflanzenstoffen im Einzelnen gelingt, Krankheiten zu verhindern, sehen wir auf den Seiten 220 bis 222.

Doch leider gilt auch der Umkehrschluss: Falsches Essen ist gefährlich.

Wer seinen Körper tagtäglich unzureichend mit Nährstoffen versorgt oder ihn mit unausgewogener und mangelhafter Nahrung regelrecht vergiftet, richtet auf Dauer Schäden an, die nur noch schwer korrigiert werden können!

Was ist eigentlich noch gesund?

Eine Frage, die sich so mancher Verbraucher angesichts der hochindustriellen Herstellung und Verarbeitung moderner Lebensmittel stellt. Vieles belastet den Körper mehr, als dass es ihn unterstützt, und ist somit Ursache vieler Leiden.

Das fängt an bei der Landwirtschaft: Wir alle sind es mittlerweile gewohnt, jedes erdenkliche Nahrungsmittel unabhängig von der Saison kaufen zu können – und zwar billig. Während sich die Lebenshaltungskosten in den letzten 50 Jahren verzehnfacht haben, gilt diese Entwicklung nicht für Lebensmittel. Ein Landwirt bekommt heute für ein Kilo Fleisch nur etwa doppelt so viel wie vor einem halben Jahrhundert, und die Preise für Eier sind überhaupt nicht gestiegen!

Der Preis des Fortschritts

Weil die Lebensmittelketten kaum noch Spielraum bei der Preisgestaltung haben, führen sie einen harten Konkurrenzkampf. Dieser enorme Druck hat dazu geführt, dass die Mehrheit der Bauern intensiv und ohne Rücksicht auf die natürlichen Kreisläufe wirtschaften muss. Auch wenn vom Verbraucher immer wieder umweltfreundlich erzeugte und giftfreie Produkte gefordert werden, machen Bio-Produkte noch gerade einmal zwei Prozent der in Deutschland erzeugten Nahrungsmittel aus.

Denn Qualität fordert ihren Preis und der liegt nun einmal ungefähr 20 Prozent über dem, was der Verbraucher für konventionell erzeugte Lebensmittel ausgeben muss.

Was die Landwirtschaft verändert hat

Der Anbau von Pflanzen entzieht dem Boden Nährstoffe, hauptsächlich Stickstoffe, Kalium und Phosphor. Die traditionelle Landwirtschaft hat Methoden entwickelt, die benötigten Nährstoffe zu ersetzen: durch Düngung mit Stallmist oder durch Zwischenkulturen mit stickstoffhaltigen Pflanzen, die den Boden wieder anreichern.

Doch was seit Jahrtausenden so praktiziert wurde, hat sich seit 1913 radikal geändert – denn da trat der Kunstdünger auf den Plan. Mithilfe des so genannten Haber-Bosch-Verfahrens gelang es, den Stickstoff direkt aus der Luft zu synthetisieren und in billigen Dünger zu verwandeln. Eine Methode, deren Entwicklung nicht aufzuhalten ist: Auf nur einen Hektar Nutzfläche werden heute etwa 100 Kilogramm Kunstdünger ausgebracht – das Vierfache der Menge von 1950.

Hinzu kommen die giftigen Pestizide, die nicht nur dem Unkraut und den Schädlingen, sondern auch dem Menschen schaden: Fast 50 Milliarden Mark beträgt der jährliche Weltmarktumsatz an »Pflanzenschutz«.

Die angestrebte Ertragssteigerung sollte aber eigentlich nicht auf Kosten der Qualität, das heißt von Geschmack und Nährstoff- und Nährwertgehalt der Pflanzen gehen. Ein besonderes Problem stellt dabei die Verfügbarkeit des wichtigen Radikalfängers Selen dar.

Wie belastet die Böden sind

Durch die Intensivlandwirtschaft werden die Böden regelrecht ausgelaugt. Langzeitversuche in England und den USA haben gezeigt, dass in 50 Jahren Kunstdüngung 50 bis 65 Prozent des organisch gebundenen Kohlenstoffs und Stickstoffs aus den Böden verschwunden sind.

Der auf hohen Schadstoffausstoß zurückzuführende saure Regen tut ein Übriges, die ökologischen Kreisläufe zu stören und den Boden zu verändern. Zum Beispiel führt er dazu, dass nicht mehr der lebenswichtige Mineralstoff Selen von den Pflanzen aufgenommen wird, sondern stattdessen giftige Schwermetalle – unter anderem Cadmium, das im Körper besonders viele Freie Radikale produziert. Das ist deshalb besonders kritisch, weil der Radikalfänger Selen normalerweise ein natürliches Gegenmittel zu Schwermetallen ist (siehe auch Seite 229). Wir alle nehmen mit der Nahrung täglich 45 bis 64 Mikrogramm giftige Metalle auf, schreibt der Rostocker Ernährungswissenschaftler Bodo Kuklinski, aber nur 15 Mikrogramm Selen. Auch wenn sich die Zahlen nicht eins zu eins gegeneinander aufrechnen lassen, so zeigen sie doch das bedenkliche Ungleichgewicht in unserer Nahrung.

Was Tierfabriken anrichten

Ein weiterer Negativfaktor ist die Massentierhaltung. In ihren Zentren wie dem belgischen Flandern, der französischen Bretagne oder dem niedersächsischen Bezirk Vechta-Cloppenburg fällt so viel Gülle an, dass sie der Boden nicht mehr verkraftet und ins Grundwasser entlässt.

So gelangen die Rückstände von Medikamenten nicht nur in das Fleisch, sondern auch in die Böden. Besonders beliebt ist die Gabe von Antibiotika. Diese bekämpfen nicht nur Krankheiten: Da die Wirkstoffe die Darmflora der Tiere zerstören, führen sie zu schnelleren Gewichtszunahmen – die Aufzucht wird rentabler.

Noch leichter lässt sich derselbe Effekt mithilfe von Hormonen erreichen. Die sind in der EU offiziell zwar nach wie vor verboten, doch die USA und andere fleischproduzierende Länder üben bereits starken Druck auf die Gemeinschaft aus, dieses »Handelshemmnis« fallen zu lassen – zum Schaden unser aller Gesundheit.

Rinderwahnsinn – »hausgemacht«

Doch nicht nur Medikamente werden dem Tierfutter beigemischt – dort landet so ziemlich alles: mit Agrargiften verseuchte Schalen von Getreide und anderen Pflanzen, Fettreste und Schlachtabfälle. Selbst was eigentlich schon als Sondermüll deklariert war, wie zum Beispiel Klärschlamm oder sogar Dioxin, gelangt wieder in die Nahrungskette. Wohin das führt, hat uns das Beispiel BSE auf grausame Art vor Augen geführt: Dadurch, dass der Pflanzenfresser Kuh mit verarbeiteten Tierleichen seiner eigenen Art gefüttert wurde, konnte sich der gefährliche Rinderwahnsinn überhaupt erst entwickeln und bedroht nun auch den Menschen.

Lange Transportwege

Rinder und Schweine werden heute höchst arbeitsteilig produziert und Hunderte oder sogar Tausende von Kilometern transportiert, bevor sie geschlachtet werden. Dass eine derartige Belastung auch für das Fleisch nicht ohne Folgen bleiben kann, ist offensichtlich: Stresshormone und die Reste von Beruhigungsmitteln verderben seine Qualität.

Doch lange Transportwege fordern auch bei anderen Lebensmitteln ihren Tribut: Waren faulen, wenn sie nicht mithilfe bestimmter Zusatzstoffe haltbar gemacht werden. Das belastet sie nicht nur mit Chemikalien, sondern birgt auch Konsequenzen für die darin enthaltenen Nährstoffe. Kopfsalat beispielsweise verliert schon nach zwei Tagen Lagerung bei Zimmertemperatur fast die Hälfte seines Vitamin-E-Gehalts, bei Spinat sind es sogar rund 80 Prozent und bei Blumenkohl immerhin ein Viertel des Vitamin-C-Gehalts. Die Vitamin-C-Verluste im Gemüse sind allgemein um so größer, je höher die Lagertemperatur und je länger die Lagerzeit.

Hohe Nährstoffverluste durch lange Lagerzeiten

Bestrahlte Lebensmittel

Besonders negativ wirkt sich die radioaktive Bestrahlung von Lebensmitteln aus: Sie zerstört die Vitamine. Kartoffeln verlieren – je nach Dosis – über 50 Prozent des Vitamin-C-Gehalts, bei Erdbeeren sind es 20 und bei Weintrauben sogar 60 Prozent. Auch Fettsäuren und Proteine verändern sich. So konnte man in bestrahlten Konserven über drei Jahre lang erhöhte Radikalspiegel nachweisen – mit den bekannten Konsequenzen für unsere Gesundheit.

In Deutschland ist die Bestrahlung zwar verboten – doch importierte Waren können nur stichprobenartig kontrolliert werden. Immerhin rund 40 Länder der Welt wenden diese Konservierungsmethode an. Auch in der Europäischen Union ist sie bei zahlreichen Lebensmittelgruppen wie Garnelen, Trockengemüse, getrockneten Kräutern und Gewürzen sowie entbeintem Geflügel erlaubt. Wussten Sie, dass vor allem so beliebte Fertigwaren wie Gefrierpizzen und Sofort-Menüs derartig bestrahlte Bestandteile enthalten?

Was ist eigentlich noch naturbelassen?

Die industrielle Verarbeitung schränkt die Qualität unserer Lebensmittel weiter ein. Unverarbeitet, also naturbelassen, werden in Deutschland nämlich nur noch vier Prozent der landwirtschaftlichen Erzeugnisse an den Endverbraucher verkauft. Der Rest macht den Umweg über die verarbeitende Industrie. Paprika, Zwiebeln, Kartoffeln oder Karotten werden eingefroren oder landen als Konserve oder praktische Tütensuppe im Einkaufskorb, gefriergetrocknet, sterilisiert und mit Zusatzstoffen versetzt. Das bleibt nicht ohne Folgen: Tiefkühlkost zum Beispiel verliert beim Einfrieren fast die Hälfte des darin enthaltenen Vitamins B6. Und schneidet damit gar nicht einmal so schlecht ab: Dosengemüse oder schlecht gelagerte Ware, die bereits seit Wochen im Supermarktregal auf einen Käufer wartet, weist noch weniger Radikalfänger auf.

Vorsicht: Konservierungsfalle!

Geschmack aus dem Chemielabor

Was dem Naturprodukt während der Verarbeitung entzogen wird, muss zum Schluss durch Imitate ersetzt werden: zum Beispiel der Geschmack. Die meisten empfindlichen Aromen werden durch Hitzebehandlung zerstört. Über 12 000 künstliche Geschmacksstoffe sollen dieses Defizit wieder wettmachen. Oder aber die Aromen werden vor der Weiterverarbeitung extrahiert, zu ihrem Schutz mit Kunstharz umhüllt und schließlich wieder beigemischt. Das nennt man dann »Food-Processing«, eine Methode, die auch andere Nahrungsbestandteile wie Fette, Kohlenhydrate und Proteine nicht verschont: erst chemisch zerlegen und dann hinterher wohlschmeckend zusammenfügen. Der menschliche Geschmackssinn lässt sich so überlisten, nicht aber die komplexe biochemische Maschinerie, die unseren Körper gesund erhalten soll.

Warum Aufklärung not tut

Wer beherrscht sie noch, die Kunst des Kochens?

Nur noch jeder fünfte Erwachsene, so zeigen Umfragen, kocht selbst – 80 Prozent der Deutschen ernähren sich in der Kantine oder Zuhause von Fertigprodukten. Selbst Spitzenköche in Hotels und Restaurants stellen ihre Menüs aus vorgekochten und portioniert abgepackten »Convenience«-Produkten (englisch für »bequem, angenehm«) zusammen. Kein Wunder, dass das Wissen über den richtigen Umgang mit Lebensmitteln sowie die Kunst des Kochens dabei längst verloren gegangen sind. Lebensmittel werden falsch gelagert und unsachgemäß zubereitet. Und das, obwohl die Wissenschaft heute so viel über die Wirkung von Lebensmitteln auf den Körper weiß wie nie zuvor.

Räuchern, Grillen, Braten, Frittieren

Was uns schon beim bloßen Lesen das Wasser im Mund zusammenlaufen lässt, ist in Wahrheit gesundheitsschädlich. So steht zum Beispiel fest, dass Fette in Kombination mit Rauchstoffen oder beim Grillen absolut gesundheitsschädlich sind: Nur ein einziger Tropfen Fett, der vom Fleisch in die Glut fällt, dort verdampft und sich dann wieder auf dem Grillgut niederschlägt, enthält so viele Kanzerogene wie 600 gerauchte Zigaretten. Das glauben Sie nicht? Wissenschaftler sehen das anders: Im Erbmaterial der Blutzellen konnten sie die Spuren der krebsauslösenden Substanzen eindeutig nachweisen – und das noch sieben Tage nach dem Verzehr der ursprünglich doch so leckeren Mahlzeit! Radikalfänger sind hier zur Schadensbegrenzung unerlässlich: Wer für eine erhöhte Zufuhr von Antioxidantien sorgt, kann die DNS-Reparatur um fünf Tage verkürzen.

Lange Zeit ging man davon aus, dass mehrfach ungesättigte Fettsäuren – also in der Hauptsache pflanzliche Fette – »gesünder« seien als andere, ja dass sie sogar Arteriosklerose verhindern können. Heute sehen dies Ernährungswissenschaftler differenzierter: Ungesättigte Fettsäuren sind, wie ihr Name schon sagt, instabil und deshalb besonders anfällig für Oxidation. Nur wenn der Körper über genügend Antioxidantien verfügt, um Fette richtig abzubauen und zu verwerten, sind sie bekömmlich. Eskimos zum Beispiel leben nicht nur deshalb so gesund, weil sie über zahlreiche Fischmahlzeiten viele Omega-Fettsäuren aufnehmen. Dass sie den Fisch, aber auch Fleisch roh essen, dürfte eine mindestens ebenso große Rolle spielen – denn nur dann bleiben besonders viele der wertvollen Vitamine und Radikalfänger erhalten.

» Das Angenehme und das Nützliche

Auch für mich gibt es nichts Schöneres, als im Sommer mit Freunden im Garten ein Barbecue zu veranstalten. Doch zu einem richtigen Grillfest gehören bei mir immer auch Alu-Grillbleche, die vor den gefährlichen Verbindungen des verbrannten Fettes schützen, und eine große Auswahl an leckeren Salaten, zum Beispiel mit Thunfisch, Oliven, Tomaten, Eiern und Zwiebeln, gut gewürzt mit Olivenöl, Balsamico und einer Prise Pfeffer. Welche Lebensmittel besonders viele der wertvollen Radikalfänger enthalten, lesen Sie auf den Seiten 113 bis 118 und ab Seite 197. «

Vorsicht vor oxidierten Fetten!

Durch falsche Zubereitung können krebsgefährliche Nitrosamine entstehen.

Oxidierte Fette wie ranziges Speiseöl und alte Butter sollten aus der Küche verbannt und Frittierfett nicht aufgehoben werden. Da beim Erhitzen mehrfach ungesättigter Fettsäuren aromatische Kohlenwasserstoffe entstehen, die giftig sind und möglicherweise sogar Krebs erzeugen, sollte man zum Backen, Braten und Frittieren besser gesättigte, also tierische Fette verwenden. Aber auch damit sollte man sparsam umgehen und sich vor allem bei gebratenem Fleisch zurückhalten. Durch das Braten verändert sich das Eiweiß und entwickelt zellschädigende Giftstoffe, die in letzter Konsequenz Darmkrebs erzeugen können – im übrigen ein typisches Berufsrisiko für Köche.

Nicht so hitzig!

Achten Sie auch auf die Temperatur beim Kochen, denn die spielt eine entscheidende Rolle: Pflanzenöle wie Sonnenblumen-, Soja- und Leinöl sollten wegen ihrer starken Hitzeempfindlichkeit nicht zum Braten verwendet werden. Öle über lange Zeit zu erhitzen ist generell ungesund.

Radikalfänger schützen Speiseöle.

Auch auf die Verpackung und Aufbewahrung kommt es an: Öl sollte stets luftdicht, dunkel und kühl aufbewahrt werden. Wenn Sie wirklich etwas für Ihre Gesundheit tun wollen, dann kaufen Sie sich spezielle Radikalfänger, die Sie im Naturkosthandel finden. Nur wenige Tropfen davon genügen, und das Öl ist etwa sechs Monate lang vor der gefährlichen Oxidation geschützt.

Ist Margarine gesünder als Butter?

Viele von uns sind von Butter auf Margarine umgestiegen. Nicht nur wegen der schlanken Linie, sondern im vermeintlichen Glauben an die »gesünderen« pflanzlichen Fette. Die Realität sieht anders aus: Um Margarine überhaupt streichfähig zu machen, werden die ungesättigten Fettsäuren gehärtet. Durch diese strukturelle Veränderung entstehen so genannte Transfette – Verbindungen, die vom Körper regulär in die Zellwand eingebaut werden. Doch anstatt dort ihre ursprüngliche Filter- und Schutzfunktion zu erfüllen, belasten sie den Organismus.

Auf einen Blick — Verlust von Nährstoffen

Lebensmittel	Verarbeitung	Nährstoffe	Verlust
Hülsenfrüchte	gekocht	Kupfer, Eisen, Zink	15–30 %
		B-Vitamine	35–50 %
Huhn	tiefgekühlt	Vitamin B1, B2 und Niacin	20–40 %
Fisch	Konserve	B-Vitamine	70 %
Milch	pasteurisiert	Vitamin C und B-Vitamine	10–25 %
	ultrahomogen.	Vitamin C und Folsäure	15–30 %
Rindfleisch	gebraten	Vitamin B1, B6, Pantothensäure	35–60 %
Schweinefleisch	gebraten	Kalium, Magnesium	25–30 %
Erdbeeren	tiefgekühlt	Vitamin C	45 %
Aprikosen	tiefgekühlt	Vitamin C	25 %
Gemüse	gekocht	Vitamin B1, B2, Folsäure, Vitamin C	50–75 %
		Carotinoide	20–35 %
		Magnesium, Zink, Calcium	25–40 %
	gedämpft	Vitamin B1, Folsäure, Vitamin C	30–40 %
	Konserve	Vitamin A	20–30 %
Reis, poliert	gekocht	Vitamin B1, B2, B6	50 %
Pflanzenöle	raffiniert	Vitamin E	70 %
	Lichtexposition f. mehr. Monate	Vitamin E	30–60 %
Vollkornteig-waren	gekocht	Eisen, Magnesium, Kalium	25–40 %
Brot	gebacken und 3 Tage gelagert	Vitamin B1, B6	25 %
Weizenmehl	raffiniert	Vitamin E, B-Vitamine, viele Mineralstoffe und Spurenelemente	50–95 %

Quelle: Biesalski, H.K. et el.: Vitamine. Georg Thieme Verlag, Stuttgart 1997

Wann gehen wertvolle Antioxidantien verloren?

Kochen ist gleichbedeutend mit dem Erhitzen von Lebensmitteln. Dadurch geht eine Menge wertvoller Antioxidantien verloren. So verliert Blumenkohl beim Kochen 50 Prozent seines ursprünglichen Vitamingehalts, Spinat büßt ebenfalls 50 und Wirsing sogar 69 Prozent ein.

Auch Luft und Licht wirken sich negativ auf den Nährstoffgehalt aus: Eine nur dreistündige Lagerung von Gemüse vernichtet – je nach Temperatur und Helligkeit – bis zu 60 Prozent an Vitamin C und Betacarotin. Spinat hat vier Tage nach dem Kauf nur noch 44 Prozent Vitamin C, Mangold 13 Prozent. Und Orangensaft aus dem Supermarkt, sauber in Flaschen abgefüllt, ist nahezu frei von Vitamin C, egal was auf dem Etikett steht. Nur wenn der Saft durch dunkle Flaschen vor Licht geschützt ist, bleiben noch Vitamine erhalten.

Warum sind Ballaststoffe wichtig?

Freie Radikale im Darm

Nach dem Essen beginnt der Körper mit der Verdauung. Währenddessen bilden sich im Darm ständig Freie Radikale. Die dabei entstehende Strahlendosis, so eine verblüffende Zahl des Ernährungswissenschaftlers Kuklinski, liegt bei 40 000 rad und erreicht damit beinahe die Dosis am Rande einer Atombombenexplosion. Dass wir diese Strahlung überhaupt überleben, ist nur der Arbeit unseres Darms zu verdanken, denn solange der beschäftigt ist, werden diese negativen Kräfte durch unzählige chemische Kettenreaktionen neutralisiert. Dazu braucht er Ballaststoffe. Fehlen diese und er wird träge, erhöht sich seine Temperatur und die Radikale können die Darmwand unter Beschuss nehmen.

Wie können Radikalfänger drohende Defizite beheben?

Frische Produkte der Saison enthalten die meisten Radikalfänger.

Moderne Ernährungsgewohnheiten haben dazu geführt, dass wir uns alle nicht mehr ausreichend mit Nährstoffen versorgen. Doch Sie haben es in der Hand. Bevorzugen Sie regionale Produkte der Saison. Halten Sie sich an Blaubeeren, Himbeeren,

Aus meiner Praxis | **Mysteriöse Schulterschmerzen**

Eines Tages konsultierte mich ein englischer Kricket-Spieler wegen chronischer Schmerzen in der Schulter. Alle bisherigen Therapieversuche waren ohne Erfolg geblieben.

Nach einer sorgfältigen Untersuchung konnte auch ich mir die mysteriösen Schmerzen zunächst nicht erklären. Um der Sache auf den Grund zu gehen, forderte ich die üblichen Laborwerte an. Und in der Tat: Erst die Blutuntersuchung erbrachte den entscheidenden Hinweis: Der Patient hatte auffällige Harnsäurewerte – mit anderen Worten: Er litt an einer latenten Form von Gicht. Wie sich herausstellte, war eine genetisch bedingte Eiweißstoffwechselstörung die Ursache. Die Belastung durch den Leistungssport hatte zu einer Übersäuerung der das Schultergelenk umgebenden Weichteile geführt: Harnsäurekristalle hatten sich dort abgelagert und eine chronische Kapselentzündung verursacht. Neben lokalen Therapiemaßnahmen half hier nur eine Senkung des Harnsäurespiegels. Diese wird durch Medikamente erreicht, hauptsächlich jedoch durch eine Ernährungsumstellung, bei der der Verzehr von sehr purinhaltigen Lebensmitteln wie Innereien oder Fleisch stark eingeschränkt wird. Auch der Alkoholkonsum muss reduziert werden.
Auf Grund seiner Veranlagung machte ich ihn darauf aufmerksam, dass er diese Diät ein Leben lang beibehalten müsse, denn nur so könne er sich vor einem Wiederaufflammen der Beschwerden schützen.

Erdbeeren, aber auch an Trockenpflaumen und Rosinen. Knabbern Sie knackige Karotten und Brokkoli, genießen Sie herzhafte Tomatensuppen und -soßen. Was Sie noch tun sollten, um Ihre Gesundheit durch Radikalfänger zu schützen, lesen Sie ab Seite 99.

Alkohol

Zuerst die gute Nachricht. Ein Glas guten Rotweins ist nicht nur ein Genuss, sondern auch gesund – das wussten schon die alten Ägypter. So finden sich unter den etwa 900 ärztlichen Rezepten des »Papyrus Eber« (um 1550 v. Chr.) insgesamt zwölf Rezepte, die seine Anwendung bzw. Verabreichung als Heilmittel empfehlen.

Auch der griechische Arzt Hippokrates (460 bis 375 v. Chr.), Begründer einer weithin bekannten Medizinschule, untersuchte die Wirkungen des Weins und kam zu der Erkenntnis, dass der Wein in bestimmten Dosierungen gesundheitsfördernd ist.

Eine Erkenntnis, die der berühmte griechische Philosoph Plutarch (50 bis 125 n. Chr.) sehr schön zusammengefasst hat. So soll er gesagt haben: »Wein ist unter den Getränken das nützlichste, unter den Arzneimitteln das süßeste, unter den Speisen die angenehmste«.

Seine Bedeutung wurde auch vom Hl. Augustinus (354 bis 430 n. Chr.) mit den Worten zitiert: »In vielen Fällen braucht der Mensch den Wein. Er stärkt den schwachen Magen, erfrischt die ermatteten Kräfte, heilt die Wunden an Leib und Seele, verscheucht Trübsal und Traurigkeit, verjagt die Müdigkeit der Seele, bringt Freude und entfacht unter Freunden die Lust am Gespräch.«

Im Wein liegt nicht nur die Wahrheit, sondern auch wertvolle Polyphenole – hochwirksame Radikalfänger aus der Familie der Pflanzenschutzstoffe.

Was macht Rotwein denn gesund?

Heute stehen andere diagnostische Möglichkeiten zur Verfügung, und so weiß man, dass ein naturbelassener, im Fass gelagerter Rotwein eine beachtliche Menge an Radikalfängern enthält, die chronischem oxidativem Stress entgegenwirken. So konnte in Studien nachgewiesen werden, dass durch mäßigen, aber durchaus regelmäßigen Rotweinkonsum Herz- und Kreislauf-Krankheiten vorgebeugt werden kann.

Beachten sollte man jedoch: Wein allein vermag seine potentiell gesundheitsfördernde Wirkung nicht zu entfalten, wenn die anderen Rahmenbedingungen nicht stimmen: Man sollte sich auch sonst antioxidantienbewusst ernähren. Die neuen Erkenntnisse sind also keine Rechtfertigung für übermäßigen Alkoholgenuss. Doch welche Radikalfänger stecken nun im Wein?

Power durch Polyphenole

Wein enthält organische Verbindungen, zu denen auch die natürlichen Gerb- und Farbstoffe gehören. In der Natur schützen sie die Pflanze vor Pilzen. Beim Menschen können sie das Immunsystem stärken und krebsverhütende Enzyme mobilisieren.

Im Wein übernehmen vor allem Polyphenole diese Rolle, die im Rotwein allerdings in zehnfach höherer Konzentration zu finden sind als im Weißwein. Eines davon, das Resveratrol zum Beispiel, erweitert und entspannt die Gefäße und mindert so die Neigung zu Blutgerinnseln und Thrombosen.

Mit Polyphenolen Herz-Kreislauf-Krankheiten vorbeugen

Aggressiver Alkohol

Doch bevor Sie jetzt gleich zur Flasche greifen: Mit dem guten Tropfen verhält es sich wie mit den Freien Radikalen selbst: Eine ausgewogene Menge dient dem Organismus, ein Zuviel dagegen ist schädlich, ja produziert sogar Radikale, die in Leber und Gehirn ihre verheerende Wirkung entfalten. Der morgendliche Kater nach einem feucht-fröhlichen Abend signalisiert uns, welch gewaltige Anstrengungen der Körper unternehmen muss, um den Organismus wieder ins Lot zu bringen.

»Alkoholfabrik« Darm

Eigentlich ist der Körper auf den Abbau von Alkohol als natürlichem Produkt eingestellt: Wenn die im Darm angesiedelten Mikroorganismen Zucker vergären, entsteht nämlich auch Alkohol – selbstverständlich nur in sehr geringen Mengen. Abgebaut wird er von zwei Stoffen, von ADH (Alkoholdehydrogenase) und MEOS (mikrosomales äthanol-oxidierendes System).

Ernüchternde Enzyme

Die Enzyme ADH sowie MEOS sorgen im Körper für den Alkoholabbau.

Das Enzym ADH wirkt vor allem in der Leber, aber auch in der Darmschleimhaut: Dort baut es bis zu 90 Prozent des Alkohols ab. Bei Frauen wird ADH allerdings in geringeren Mengen produziert, was erklärt, warum Männer mehr Alkohol »vertragen«.

MEOS baut nur etwa 5 Prozent des Alkohols ab. Anders als bei ADH kann seine Leistung jedoch durch häufigen Alkoholgenuss angekurbelt werden – und zwar bis zu 30 Prozent. Der Restalkohol wird über Urin, Schweiß und Lungen ausgeschieden.

Wo Alkohol wirkt

Alkohol aus Getränken geht schnell ins Blut über: Etwa ein Fünftel wandert vom Magen direkt in den Kreislauf. In Verbindung mit Kohlensäure und Zucker steigt dieser Anteil deutlich – daher also die besonders anregende Wirkung von Sekt.

Der größte Teil des Alkohols wird jedoch erst im Dünndarm verarbeitet. Deshalb verändert sich der Promille-Gehalt im Blut innerhalb einer Stunde erheblich. Erst nach weiteren 30 Minuten hat sich der Alkohol im ganzen Körper verteilt und findet sich vor allem in den stark durchbluteten Organen.

Es gibt mehrere Alkohole mit jeweils unterschiedlicher Wirkung: Am häufigsten ist Äthylalkohol (Äthanol) – für den Körper weniger belastend als Methylalkohol (Methanol), der vor allem bei der Destillation harter Getränke oder bei unsachgemäßer Gärung entsteht.

Wie Alkohol abgebaut wird

Das Enzym ADH ist auf den Abbau von Äthanol spezialisiert. In einem ersten Schritt zerlegt es diesen Alkohol in harmlosen Wasserstoff und Acetaldehyd. Letzteres ist ein Radikal, das von einem weiteren Enzym, der Aldehyddehydrogenase, verarbeitet und in Schach gehalten werden kann. Trinken wir zu viel, ist dieser Mechanismus jedoch heillos überfordert. Dann verwandelt ADH den Alkohol schneller in Acetaldehyd, als dieses abgebaut werden kann. Und das Radikal hat alle Zeit, Leber, Herz, Immunsystem, ja sogar das Gehirn anzugreifen: Dort verändert es die Chemie der Botenstoffe, sodass suchterzeugende morphiumartige Substanzen entstehen.

Zu viel Alkohol ist Gift: Freie Radikale attackieren Leber, Herz und Hirn.

Methanol, das bis zu 0,4 Prozent in handelsüblichen Getränken vorhanden sein darf, bildet ein ebenso giftiges Abbauprodukt: Formaldehyd. Eine Substanz, die die Aktivität der Freien Radikale noch beschleunigt.

Warum Alkohol die Bildung Freier Radikale fördert

Über seinen hohen Anteil an Kalorien fördert Alkohol auch indirekt die Entstehung von Freien Radikalen: Er erhöht den Anteil von Triglyzeriden im Blut. Die Leber kann den Körper nur noch eingeschränkt von Chemikalien, Medikamenten und Schwermetallen befreien. Ihre Schwächung wiederum führt zu einem niedrigen Blutzuckerspiegel, was Erschöpfungszustände, Reizbarkeit und Konzentrationsprobleme zur Folge hat. Gleichzeitig stört Alkohol die Aufnahme wichtiger Mineralien: Der Organismus verfügt nicht mehr über genügend Zink, Calcium und Magnesium – alles wichtige Radikalfänger. Für Immunzellen ist Alkohol das reinste Gift: Er verhindert die Neubildung von Immunzellen im Knochenmark, die Fresszellen sind weniger aktiv und T-Lymphozyten agieren nicht aggressiv genug gegen Krankheitskeime.

» Alkohol und Gesundheit

Wenn Sie häufiger Alkohol trinken, ist es auf jeden Fall sinnvoll, sich mit Radikalfängern vor seinen negativen Wirkungen zu schützen. Wesentlich sinnvoller ist es natürlich, den Alkoholkonsum einzuschränken, da er, wie führende Krebsärzte betonen, das Tumorrisiko deutlich erhöht. Vor allem Frauen sollten sich wegen ihrer höheren Empfindlichkeit einschränken: Wie viel dem Körper noch zuträglich ist, darüber gibt es interessanterweise höchst unterschiedliche Meinungen, die mit Sicherheit stark von der jeweiligen Landeskultur geprägt sind. Darf »Mann« bei uns täglich bis zu 2,5 Gläser Wein trinken, gönnen sich unsere rumänischen Nachbarn fragwürdige 7 Gläser pro Nase und Tag. «

Auf einen Blick Gegen Kater

Radikalfänger	Dosis
Vitamin C	1000 mg
Vitamin E	300 mg
Betacarotin	15 mg
Selen	50 µg
Zink	40 mg
Vitamin B1/Thiamin	50 mg
Vitamin B6	25 mg
Folsäure	0,5 mg
Magnesium	400 mg
Carnitin	1000–2000 mg

Kampf dem Kater

In Australien wird alkoholischen Getränken Vitamin B1 zugesetzt, um ihre schädigende Wirkung abzumildern. Doch auch wissenschaftlich konnte der positive Einfluss von Radikalfängern bereits nachgewiesen werden: Der amerikanische Mediziner Herbert Sprince verabreichte Ratten eine große Dosis des Radikals Acetaldehyd, worauf 90 Prozent der Tiere starben. Eine Vergleichsgruppe erhielt die gleiche Dosis – allerdings gemeinsam mit einer Nährstoffkombination aus Vitamin B1, Vitamin C und Cystein. Diese Ratten überlebten. Natürlich können Tierversuche nicht einfach auf den viel komplizierteren menschlichen Organismus übertragen werden. Man kann daraus jedoch schließen: Bei einer schlechten Ernährung – die im Übrigen bei Alkoholkranken fast die Regel ist – verursacht Alkohol noch einen weitaus gravierenderen oxidativen Stress.

Rauchen

Das komplexe Gemisch giftiger Stoffe, Freier Radikale, Zellgifte im Zigarettenrauch sorgt dafür, dass jährlich in Deutschland etwa 100 000 Menschen an Krebs oder Herz-Kreislauf-Krankheiten sterben. Was macht es eigentlich so schwer, mit dem Rauchen aufzuhören? 95 Prozent der Raucher, die irgendwann einmal aufgehört haben, beginnen wieder zu rauchen, und zwar innerhalb von 12 Monaten. Warum? Die Substanz, die Tabak überhaupt erst zum Suchtmittel macht, heißt Nikotin, ein starkes Nervengift. Eine einzige Zigarette kann, gegessen und nicht geraucht, ein kleines Kind töten und bei einem Erwachsenen zu

Nikotin – ein gefährliches Nervengift

schweren Vergiftungserscheinungen führen. Nikotin verstärkt die Adrenalinproduktion im Körper: Pulsfrequenz und Blutdruck steigen. Das Arterioskleroserisiko ist stark erhöht, und am Ende wartet der Herzinfarkt.

Was ist dran an der »Zigarettendiät«?

Manche behaupten, mit dem Rauchen nur deshalb nicht aufzuhören, weil sie um ihre schlanke Linie fürchten. Doch dafür zahlen sie einen hohen Preis: Denn warum haben Raucher meist weniger Probleme, ihre Figur zu halten? Weil ihr Körper durch Oxidation doppelt so viel Fett verbrennt wie der von Nichtrauchern. Das klingt gut, doch leider greifen Freie Radikale nicht nur unerwünschte Körperfette an.

Was macht Rauchen so gefährlich?

Atemgifte im Tabakrauch blockieren wichtige Stoffwechselprozesse.

Eine der vielen giftigen Verbindungen im Tabakrauch ist Kohlenwasserstoff, der als Atemgift die Produktion von Freien Radikalen ankurbelt. Mit Benzpyren, einem der bekanntesten Stoffe dieser Gruppe, löst man im Tierversuch gezielt Tumoren aus! Besonders gefährlich ist es, wenn Alkohol und Zigaretten zusammenkommen. Die krank machenden Faktoren beider Suchtmittel addieren sich nicht nur, sie vervielfachen sich: Trifft das Alkohol-Abbauprodukt und Radikal Acetaldehyd auf den giftigen Kohlenwasserstoff im Tabakrauch, entstehen Riesenmoleküle, genauer gesagt Epoxidharze, eine Art Kunststoff, der wichtige Stoffwechselfunktionen blockiert.

Wie die Bildung Freier Radikale begünstigt wird

Auch Kohlenmonoxid begünstigt die Produktion von Freien Radikalen: Immerhin enthält das Blut eines Rauchers 10 bis 15 Prozent davon. Weil sich dieses Gas zwei- bis dreihundert Mal leichter als Sauerstoff mit dem Blutfarbstoff verbindet, leiden Raucher unter ständigem Sauerstoffmangel, zumal sie wegen ihres erhöhten Blutdrucks mehr davon benötigen. Um den Sauerstofftransport zu verbessern, produziert der Körper mehr Blutkörperchen. Die Folge: Das Blut wird dicker, die Thrombosegefahr steigt.

Mit Radikalfängern gegen chronischen Sauerstoffmangel bei Rauchern

Hier hilft der Radikalfänger Vitamin E: Laborexperimente mit Tieren haben gezeigt, dass sich die Sauerstoffversorgung der Zellen unter Vitamin E erhöht.

Doch es kommt noch schlimmer: Um diese Bereiche vor dem schädlichen Kontakt zu schützen, beginnt der Körper jetzt selbst Oxidantien zu produzieren: Die Reizgase provozieren das Immunsystem, mehr Fresszellen zu aktivieren – wie wir wissen, bedeutet das: noch mehr Sauerstoff-Radikale.

Was Vitamin C für Raucher bringt

Um sich gegen sie zur Wehr zu setzen, werden dem Körper alle verfügbaren Vitamine als Radikalfänger entzogen. So findet sich in der Lungenflüssigkeit von Rauchern eine deutlich erhöhte Konzentration an Vitamin C – und das ist nur einer der Nährstoffe, die dem Organismus jetzt an anderer Stelle nicht mehr zur Verfügung stehen.

Auf Grund dieses Mehrbedarfs sind die Blutspiegel an Vitamin C und Betacarotin bei Rauchern bis zu 40 Prozent niedriger als bei Nichtrauchern. Die Deutsche Gesellschaft für Ernährung empfiehlt Rauchern deshalb sicherzustellen, dass sie täglich 100 Milligramm Vitamin C zu sich nehmen.

Dass es wesentlich sinnvoller ist, mit dem Rauchen aufzuhören, versteht sich von selbst.

» Radikale Raucher

Gehören Sie zu den 25 Millionen Menschen, die trotzdem weiterrauchen? Dann sollten Sie Folgendes wissen: Schon ein einziger Zug aus der Zigarette enthält hundert Billionen an Freien Radikalen.
Wo sie einwirken, ist der Raucher unmittelbar von Krebs bedroht, nämlich an Lunge, Bronchien, Kehlkopf und Mundschleimhaut. «

Belastende Medikamente

Aus dem vorigen Kapitel wissen wir: Viele Erkrankungen stehen in einem ursächlichen Zusammenhang mit Freien Radikalen. Doch im Grunde genommen verstärken alle Krankheiten das Potential an Freien Radikalen im Organismus: Im Versuch, Infektionen und Zellschäden rechtzeitig abzuwehren, läuft das Immunsystem auf Hochtouren und produziert vermehrt Oxidantien. Schlägt dieser Versuch fehl, bekämpfen wir die Krankheitssymptome mit Medikamenten - nicht immer zu unserem Vorteil!

Mit Radikalfängern Ursachen bekämpfen statt nur gegen Symptome vorzugehen.

Was die chemische Keule im Körper kaputt macht

Leider werden auch bei leichteren Erkrankungen immer häufiger Medikamente wie Antibiotika oder Cortison verschrieben - was die Situation oft eher verschlimmert als verbessert. Denn die Arzneimittel stören den antioxidativen Haushalt durch Beeinflussung der Aufnahme von Vitamin A, C, E, B6 und Folsäure. Auch Magnesium und die Spurenelemente Selen und Zink werden dem Organismus durch die Medikamente entzogen.

Vor allem nicht verschreibungspflichtige Medikamente werden geradezu maßlos konsumiert: Nach den Statistiken der Krankenkassen nimmt jeder im Laufe seines Lebens etwa 100 000 Pillen, Tabletten und Ampullen zu sich - eine schier unvorstellbare Zahl!

Die Deutschen sind ein Volk von Pillenschluckern.

Gibt es harmlose Medikamente?

Selbst das scheinbar harmlose Aspirin, häufig sogar vorbeugend gegen Herzkrankheiten eingenommen, wird kritisch gesehen, was seine Wirkung auf Radikale angeht. Da Aspirin die Wirkung von Radikalfängern reduziere, so der amerikanische Mediziner und Erfolgsautor James Balch (»The Superantioxidants«), sei seine Einnahme gerade eben kein Schutz für das Herz, sondern bedeute im Gegenteil eine Gefährdung der Gefäße.

Harmlose Schmerzmittel gibt es nicht.

Ähnliches gilt für das häufig genommene Schmerzmittel Paracetamol, das die Zellen für den Angriff oxidativer Substanzen besonders empfindlich macht. Das »New England Journal of Medicine«, eine angesehene amerikanische Fachzeitschrift, hat sogar errechnet, dass Nebenwirkungen von Schmerzmitteln zu den fünfzehn häufigsten Todesarten gehören.

Rheumamittel

Viele Medikamente sorgen nachweislich für oxidativen Stress.

Patienten mit rheumatischer Arthritis kommen häufig gar nicht ohne Medikamente aus. Diese sind zwar hoch wirksam, haben aber gleichzeitig deutliche Nebenwirkungen, die eine langfristige Einnahme erschweren. Hinzu kommt, dass viele der gegen Rheuma verschriebenen Arzneimittel wie Kortikosteroide (unterdrücken die Autoimmunreaktionen des Körpers), Antibiotika (gegen Bakterien, die rheumatisches Fieber auslösen können) oder Diclofenac (schmerzlindernd und entzündungshemmend) den Körper zusätzlich unter oxidativen Stress setzen.

Chemotherapie gegen Krebs – Fluch oder Segen?

Wie stark die Auswirkungen von Freien Radikalen auf den Organismus sind, zeigt das Beispiel der Chemotherapeutika: Diese wirken nur deshalb gegen Krebs, weil sie die Bildung von Freien Radikalen auslösen, die dann den Tumor bekämpfen – leider aber auch gesunde Zellen. Dabei sind besonders diejenigen Gewebe betroffen, die sich oft und rasch teilen, wie Haarwurzeln, Schleimhaut, Samenzellen oder Knochenmark. In diesem Fall gilt es, die Schäden auf ein Mindestmaß zu begrenzen (siehe dazu auch Seite 184).

Narkotika

Halothan, ein Narkosemittel, führt durch sein oxidatives Potential bei immerhin 20 Prozent der behandelten Patienten zu vorübergehenden Leberfunktionsstörungen. Einer von 35 000 erleidet schwerere Schäden. Werden Kranke mehrfach mit dieser Substanz anästhesiert, erhöht sich das Risiko sogar auf 1:3700. Chloroform, früher zur Anästhesie und heute nur noch in der industriellen Produktion als Treibgas verwendet, erhöht ebenfalls das Potential an Freien Radikalen und wird für schwere Leberschäden verantwortlich gemacht.

Psychopharmaka

Clozapin, ein Neuroleptikum, das gegen Psychosen verschrieben wird, kann das Knochenmark angreifen. Diese gefährliche Nebenwirkung ist vermutlich die Folge verschiedener Wechselwirkungen, in deren Folge Freie Radikale entstehen.

Keine Dosis ohne Wirkung

Jeder, der über einen längeren Zeitraum hin Medikamente einnehmen muss, weiß, dass damit auch Nebenwirkungen verbunden sind. Ein ausgewogener Oxidantien- und Antioxidantienhaushalt kann diese mildern oder sogar aufheben – das gilt besonders für ältere Menschen, deren Bedarf an Vitaminen und Spurenelementen zusätzlich erhöht ist. Wie Sie das tun können, lesen Sie auf den Seiten 184 bis 187.

Wer regelmäßig Medikamente nimmt, muss Nährstoffverlusten mit Radikalfängern gegensteuern.

Negative Umwelteinflüsse

Jeden Sommer macht es wieder negative Schlagzeilen. Seine Folgen sind für jedermann spürbar:

Ozon

Ozon ist eine besondere Form von Sauerstoff. In der oberen Atmosphäre schirmt dieses Gas die Erde vor der aggressiven Sonneneinstrahlung ab. In Bodennähe jedoch verkehrt sich seine positive Wirkung ins Gegenteil: Das instabile, aggressive dreiatomige Sauerstoffmolekül wird zur Bedrohung von Mensch und Tier.

Allein über die Atmung nehmen wir täglich Freie Radikale auf.

Seine genaue biologische Wirkung ist nicht bekannt. Fest steht jedoch, dass Ozon bis in die feinsten Lungenbläschen vordringt und diese genauso schädigt wie die Zellmembranen der

Schleimhaut. Bei Einwohnern stark ozonbelasteter Gebiete wurden sogar DNS-Veränderungen nachgewiesen. Durch Temperatur und Feuchtigkeit der Luft wird die biologische Wirkung des Ozons beeinflusst.

Smog

Probleme treten besonders während der warmen Jahreszeit auf: In Gebieten mit starker Luftverschmutzung entsteht durch die starke Sonneneinstrahlung aus Stickoxiden und Kohlenwasserstoffen des Smogs Ozon. Schon ein kurzer Aufenthalt in der Mittagshitze führt dann zu Atemproblemen und Kreislaufstörungen. Kinder sind besonders betroffen. Das liegt daran, dass sie immer in Bewegung sind und daher viel Ozon über die Atemluft aufnehmen. Hinzu kommt, dass ihr Immunsystem noch in der Entwicklung ist, auch das Wachstum der Lungen ist nicht abgeschlossen. Mein Tipp: Wer seine Kinder an heißen Sommertagen nicht in der Wohnung halten kann, sollte sie ins Schwimmbad schicken: Über dem Wasser sind die Ozonwerte niedriger.

Wann wird Ozon zum Risiko?

Ozon greift auch die Haut des Menschen an: Das radikale Gas zerstört Kollagen und Elastin und lässt das Gewebe schneller altern. Für die Ozonbelastung am Arbeitsplatz legte die Deutsche Forschungsgemeinschaft eine »Maximale Arbeitsplatzkonzentration (MAK)« von 200 Mikrogramm pro Kubikmeter Luft fest. In manchen Großstädten lässt sich jedoch im Sommer das Zwei- bis Dreifache messen. In Los Angeles wurden auch schon 700 Mikrogramm verzeichnet!

Die Schäden durch Ozon hängen klar von der Dosis ab: Bereits bei 160 Mikrogramm pro Kubikmeter Luft verändert sich die Lungenfunktion, die Atemwege verkrampfen sich. Ist ein Mensch mehrere Stunden an der »frischen« Luft und hält sich noch dazu in Bewegung, reagiert das Gewebe schon mit Entzündungen. Ab 200 Mikrogramm treten dann deutlichere

Atembeschwerden, Kopfschmerzen und Husten auf. Bei über 240 Mikrogramm kommt es zu einem Anstieg der Asthmaanfälle. Die körperliche Leistungsfähigkeit geht weiter zurück.

Paradoxe Belastungswerte

Ozon, so schätzt der Umweltexperte Dieter Teufel vom Heidelberger Umwelt- und Prognose-Institut (UPI), ist jährlich für rund 4000 Todesfälle verantwortlich.

Besonders Bewohner von Ballungsräumen sollten wegen der Smog- und Ozonbelastung vermehrt antioxidative Vitamine zu sich nehmen. Aber Vorsicht: Ozon baut sich zwar vor allem in abgasreichen Gegenden auf, aber wegen der Vielzahl möglicher chemischer Reaktionen auch rascher wieder ab. In Wald und Flur kann es deshalb paradoxerweise zu höheren Belastungen kommen als in der Großstadt.

Gesundheitsrisiko Ozon – nicht nur für Großstadtbewohner

Wie kann ich mich schützen?

In Tierversuchen wurde eine schützende Wirkung der Antioxidantien Vitamin A, C, E und Betacarotin festgestellt. Auch Paraaminobenzoesäure (PABA), ein Teil der Folsäure (Vitamin B9) in Fleisch, Weizen und Milchprodukten, hilft.

Mit den Vitaminen A, C, E und Betacarotin Ozonschäden vorbeugen

Ultraviolettes Licht

Das Beispiel Ozon hat uns gezeigt, welche Kraft Sonnenlicht entfalten kann. Sein Zerstörungspotential ist noch gewachsen, seit die schützende Ozonschicht durch vom Menschen freigesetzte Treibgase angegriffen wird und je nach Jahreszeit zu den Polen hin stark ausdünnt.

Trotzdem reicht sie noch immer aus, das besonders gefährliche ultraviolette C-Licht (100 bis 290 Nanometer [nm]) aus dem solaren Spektrum herauszufiltern. Die Erde erreichen nur UV-A (320 bis 400 nm) und UV-B (290 bis 320 nm). Von der UV-B-Strahlung dringen etwa zehn Prozent durch die obere Hautschicht zur darunter liegenden Bindegewebsschicht. Bei dem

UV-A-Licht sind es sogar 20 Prozent. Und da sie einen größeren Anteil des Sonnenlichts ausmacht, ist es vor allem die UV-A-Strahlung, die gefährliche Zellschäden, Verbrennungen, Hautkrebs und Augenschäden verursacht. UV-B-Strahlung hat andere Nachteile: Sie schwächt die Immunabwehr und den Schutz vor Infektionskrankheiten.

Alarmsignale

Dies sind alles Schäden, die sich auf Freie Radikale zurückführen lassen, denn intensive UV-Strahlung führt zu oxidativem Stress: Dieser zeigt sich in erhöhten Mengen an Malondialdehyd (MAD) im Blut, die sich noch zwei Wochen nach einem einmaligen sechsstündigen Strandaufenthalt messen lassen. Wer schon einmal Lippen-Herpes hatte, weiß, wie sehr Sonnenlicht das Immunsystem schwächt. Die Viren, die zurückgezogen in Nervenknoten existieren, werden aktiviert und rufen schmerzende Bläschen hervor.

Sonnenallergien durch Freie Radikale?

Jeder Fünfte reagiert inzwischen besonders empfindlich auf Sonnenlicht: Die Betroffenen bekommen juckende Pusteln, eine so genannte »Lichtdermatose«.

Sicher durch Sonnenschutz

Menschen mit normaler Haut sollten mindestens einen Sonnenschutz mit Lichtfaktor 15 verwenden. Empfindliche Personen brauchen Faktor 20 oder mehr. Achten Sie darauf: In einigen Cremes ist bereits der Radikalfänger Vitamin E enthalten – das wirkt der Hautalterung entgegen.

» Besondere Vorsicht ist im Frühjahr geboten, wenn die Ozonschicht noch dünn ist und vermehrt UV-Strahlen durchlässt. «

Wie viel Sonne tut gut?

Reduzieren Sie Ihren Aufenthalt in der Sonne auf kurze Perioden, möglichst früh am Tag. Vermeiden Sie Sonnenbrände. Wenn Sie sich der Sonne aussetzen, schützen Sie vor allen Dingen Ihr Gesicht, das am anfälligsten für Hautkrebs ist, besonders die Nase. Tragen Sie eine Kleidung, die schützt; am besten sind Seide und Baumwolle, vorzugsweise in weißen oder hellen Farben.

Sonne in Maßen – das sollten wir aber nicht vergessen – ist gesund: Sie macht nicht nur gute Laune, sondern regt auch die körpereigene Produktion von Vitamin D an, das wichtig für den Mineralhaushalt ist. Es festigt Zähne und Knochen und schützt die Gefäße. Starke Sonneneinstrahlung jedoch ist nicht zu unterschätzen, auch wenn sie nicht die Kraft hat, einzelne Elektronen aus einem Atom zu lösen.

Radioaktive Strahlung

Doch ionisierende Röntgen- oder Gammastrahlung, wie sie in der Medizin, bei der Lebensmittelbestrahlung oder bei der atomaren Energieerzeugung vorkommt, ist dazu in der Lage und ist auf Grund ihrer energiereichen Teilchen (Ionen) besonders gefährlich. Sie spalten Wasser im Gewebe und erzeugen dabei Freie Radikale. Da Wasser überall im Körper vorhanden ist, können alle Zellen und Organe betroffen sein.

Radioaktive Strahlung spaltet Wasser im Gewebe und setzt so eine verhängnisvolle Kettenreaktion in Gang.

Neben der natürlichen Radon-Strahlung des Gesteins, die abhängig von geographischen Gegebenheiten und verwendeten Baumaterialien (Naturgestein, Dämmung) unterschiedlich stark ist, trägt auch die kosmische Strahlung zur Belastung bei. Die Dosis steigt mit der Höhe – sie verdoppelt sich etwa alle 1500 Meter.

Was Vielflieger beachten sollten!

Gefährdet sind besonders Flugreisende: Wissenschaftler vom Forschungszentrum für Psychobiologie und Psychosomatik der Universität Trier untersuchten die Auswirkungen eines Langstreckenflugs von Frankfurt nach San Francisco. Verschiedene Studien deuteten darauf hin, dass Flugpersonal einem erhöhten Krebsrisiko ausgesetzt ist. Nun wollten die Forscher herausfinden, ob ionisierende Strahlung dafür verantwortlich sein kann

Aus meiner Praxis **Leiden der Vielflieger**

Ein Mann, Mitte 40, kommt in meine Praxis. Er klagt über Gelenkentzündungen und Knorpelschäden – für sein Alter eigentlich ungewöhnlich. Woher kommt dieser verfrühte Verschleiß, die Unfähigkeit des Körpers, der Entzündungen Herr zu werden?

Die Lösung des Rätsels lieferte der Patient selbst: Als erfolgreicher Geschäftsmann fliegt er etwa 35-mal im Jahr von Deutschland nach Hongkong. Schon nach jeweils drei bis vier Tagen fliegt er wieder zurück. Das heißt, er ist etwa 70-mal im Jahr der Belastung eines Langstreckenflugs von etwa 12 Stunden ausgesetzt.

Mir war sofort klar: Das lange Sitzen in unbequemer Haltung, die nicht optimale Sauerstoffversorgung an Bord, die eingeschränkte Ernährung, der körperliche, aber auch psychische Stress, vor allem aber die ionisierende Strahlung in 12 000 Meter Höhe, belasten den Organismus aufs Äußerste – und das regelmäßig. Als ich die Blutwerte meines Patienten überprüfte, stellte ich sofort eklatante Nährstoffmängel fest, insbesondere der Zinkspiegel war sehr niedrig. Der Spurenelementehaushalt war im Ungleichgewicht. Die ionisierende Strahlung erzeugte massenhaft Freie Radikale, die seinem Immunsystem und Gewebe ständig zusetzten. Schäden wie Gelenkentzündungen und Knorpelschäden sind bei diesem Lebensstil mehr oder weniger unvermeidlich, wenn dem Körper nicht gezielt und ausreichend Radikalfänger zugeführt werden.

– und stießen dabei auf Freie Radikale. Sie fanden nämlich Anzeichen von Lipidperoxidation, einer mehrstufigen chemischen Reaktion zwischen ungesättigten Fettsäuren, Sauerstoff und Wasserstoff. Fettsäuremoleküle werden dabei in ihrer Funktion behindert und zerstört.

Langstreckenflüge fördern also Oxidationsprozesse im Körper. Da ich selbst viele tausend Kilometer im Flugzeug zurücklege – häufig auch nach Übersee –, achte ich genau darauf, diese Belastung auszugleichen. Dann steht besonders viel Obst und Gemüse auf dem Speiseplan. Vor allem die Aminosäureverbindung Glutathion scheint sich positiv auf das Reparieren von Strahlenschäden auszuwirken. Hier helfe ich auch mit Nahrungsergänzungsmitteln nach.

Mit Glutathion gesundheitlichen Schäden durch Langstreckenflüge vorbeugen

Wie gefährlich ist Elektrosmog?

Die gesundheitlichen Auswirkungen elektromagnetischer Strahlung, wie sie vor allem von Handies, aber auch von Sendemasten, Hochspannungsleitungen und elektrischen Geräten wie Heizdecken oder Rasierapparaten ausgeht, werden seit einigen Jahren äußerst kontrovers diskutiert. Ihr werden die verschiedensten Krankheiten zugeschrieben – von Leukämie über Gehirntumoren bis hin zu Allergien und Immunschwächen.

Auch wenn ein genauer Nachweis noch auf sich warten lässt, scheinen hier Freie Radikale des Rätsels Lösung zu sein. Vielleicht reagieren Personen unter oxidativem Stress sensibler auf elektromagnetische Felder. Wissenschaftler des Forschungszentrums Jülich fanden heraus, dass mit Anwachsen des magnetischen Feldes auch der Anteil Freier Radikale im Körper wächst. Die Atome und Moleküle unserer Zellen verhalten sich dann unter dem Einfluss eines elektromagnetischen Feldes nämlich wie die bekannten Eisenspäne aus dem Physikunterricht: Sie richten sich dem Feld entsprechend aus. Das führt dazu, dass sich gegensätzliche Pole weit häufiger gegenüberliegen als sonst und somit leichter falsche Verbindungen eingehen können.

Elektromagnetische Felder können Moleküle destabilisieren und lösen so Attacken durch Freie Radikale aus.

Außerdem kann die Energie eines elektromagnetischen Feldes den Aufbau der Atome selbst ändern und zum Beispiel ein Elektron anregen, in eine andere Umlaufbahn zu springen. Dabei entsteht eine Elektronenlücke, das Atom wird instabil und kann als Freies Radikal die verschiedensten Schäden anrichten – wenn der Organismus nicht über genügend Gegenkräfte verfügt.

Doch es gibt noch viele weitere Faktoren, die unseren Bedarf an Radikalfängern drastisch erhöhen.

Chemikalien

Rund vier Millionen chemische Verbindungen, so schätzt man, existieren auf der Erde, aber nur von wenigen hundert sind die Eigenschaften hinlänglich bekannt. Vor allem die unüberschaubare Zahl möglicher Wechselwirkungen stellt Chemiker und Mediziner immer wieder vor neue Fragen.

Gibt es wirklich die rätselhafte »Multiple Chemikalien-Sensitivität (MCS)«, an der 100 000 Deutsche leiden? Ein bis zwei Prozent der Bevölkerung reagieren auf mindestens eine bestimmte Chemikalie höchst allergisch. Bei diesen Personen ist das Potential an Freien Radikalen deutlich erhöht.

Unsere tägliche Dosis Gift

In Kosmetika und Reinigungsmitteln verbergen sich zahlreiche Radikale bildende Schadstoffe.

Die Liste der Radikale bildenden Schadstoffe ist in der Tat endlos: Die Übeltäter stecken in Tensiden und Phosphaten der Reinigungsmittel ebenso wie in arsenhaltigen Kosmetika, in Nagellacken mit Formaldehyd oder Deos oder aber in Hexachlorophen, in Schuhcremes, Lacken, in Baustoffen und Textilzusätzen. Einige der wichtigsten Gifte sollen hier noch einmal genannt werden.

Lösungsmittel

Zum Beispiel Tetrachlorkohlenstoff (CCl_4), das erste Gift, von dem bekannt wurde, dass es voll und ganz über die Bildung Freier Radikale wirkt. Die farblose Flüssigkeit, die sich nicht mit Wasser mischt, wird in der Industrie als Entfetter und organisches Lösungsmittel verwendet. Früher wurde CCl_4 sogar als

Narkosemittel oder aber zur chemischen Reinigung von Kleidungsstücken verwendet. Seine Abbauprodukte greifen die Zellwände an, zerschlagen deren Fettmoleküle und führen zur Bildung von langlebigen Radikalen. Der Protein- und Enzymstoffwechsel wird gestört und der Organismus wird nicht mehr ausreichend mit Nährstoffen versorgt. Langfristig führt das zum Zelltod und zu organischen Störungen.

Ethylenbromid kommt in Benzin, als industrielles Lösungsmittel, aber auch in landwirtschaftlich verwendeten, pilztötenden Mitteln zur Anwendung. Die giftige Substanz greift besonders Glutathion an, das sich u.a. auch in den roten Blutkörperchen befindet. Auf diese Weise schädigt sie unter anderem die damit versorgten Organe Niere und Leber. Hinzu kommt, dass Glutathion selbst ein Radikalfänger ist. Wird es zerstört, nehmen die Freien Radikale umso mehr Überhand.

Abgase

Die Luftschadstoffe Schwefeldioxid, Stickoxide und Ozon wirken einzeln und in Kombination als Freie Radikale. Unter den Abgasen ist Dieselruß besonders gefährlich, weil er weit mehr Schwebeteilchen als etwa Benzin enthält. Diese können tiefer in die Lunge eindringen und greifen dort die Zellwände an.

Schwermetalle

Dass Schwermetalle für den Organismus giftig sind, ist bekannt. Ihre biologische Wirkung ist unterschiedlich und noch längst nicht in allen Punkten erforscht. Doch vor allem Titan, Aluminium, Blei, Vanadium, Molybdän, Chrom, Nickel, Kobalt, Quecksilber, Cadmium und Arsen werden in Verbindung mit oxidativem Stress diskutiert.

Nur wer Bescheid weiß, kann sich schützen. Deshalb habe ich eine Liste zusammengestellt, die die wichtigsten Quellen Freier Radikale im Alltag aufführt (siehe nächste Seite).

Auf einen Blick – Quellen Freier Radikale im Alltag

Chemische Umweltgifte in

Reinigungsmitteln: **Tenside, Phosphate, Perborate**
Kosmetika: **Arsen, Blei, Barium, Formaldehyd, Hexachlorophen, Quecksilber**
Schuhcreme: **chlorierte Kohlenwasserstoffe, Tetrachloräthylen**
Lacken, Klebstoffen: **Xylol**
Pflegemitteln: **Benzol**
Baustoffen: **Asbest**
Holzschutzmittel: **Pentachlorphenol (PCP)**
Trinkwasser: **Chlor**
Luft: **Blei, Kohlenmonoxid, Ruß, Quecksilber**
gegerbtem Leder, Farben, Isoliermaterial, Fliesenkleber, Pressspanplatten: **Formaldehyd**

Schwermetalle in

Farben, Rostschutzmitteln, Glasuren von importierter Töpferware, Bleikristall: **Blei, Cadmium, Quecksilber**
Benzin: **Blei**
Zahnfüllungen: **Amalgam**
Backpulver, Weißmehl, Schmelzkäse, Scheibletten-Käse, sauer eingelegten Gemüsekonserven (z.B. Gurken, Mixed Pickles), Salz und Gewürzen, Deodorants, Durchfallmitteln: **Aluminium**

Stickstoffhaltige Verbindungen, halogenierte, chlorierte Kohlenwasserstoffe in/bei

Nitratgedüngtem Gemüse (z.B. Spinat), Brunnenwasser: **Nitrat**
zahlreiche Wurst-/Fleischwaren: **Nitritpökelsalz**
Lösungsmitteln: **Trichloräthylen, Tetrachlorkohlenstoff, Perchloräthylen**
Produktion von Farben und PCB (polychlorierte Biphenyle): **Dioxin, Furan**

Verseuchtes Trinkwasser

Viele dieser Gifte landen im Grundwasser und damit in unserem Trinkwasser. Gefährlich wird es vor allem dann, wenn Trinkwasser aus hygienischen Gründen mit Chlor versetzt wird. Denn chloriertes Wasser reagiert mit organischen Stoffen und kann dabei krebserregende Substanzen bilden. Trinkwasser gehört dennoch zu den sehr gut kontrollierten Lebensmitteln und kann deshalb bessere Qualität haben als in Flaschen abgefülltes Mineral- oder Tafelwasser. Außerdem können Sie einiges tun, um die Qualität Ihres Wassers zu verbessern: Aktivkohlefilter verringern den Anteil organischer Stubstanzen wie Chlor und Pestizide ganz beträchtlich – bis zu 90 Prozent. Kleinere Teilchen wie Chrom, Nitrat, Phosphat, Bakterien oder Schwermetalle passieren jedoch den Filter.

Zur Wasserenthärtung bis hin zur vollständigen Entsalzung dienen aufwendigere Ionenaustauscher, mit denen zum Beispiel Nitrat oder Schwefel ausgefiltert werden können. Nicht-ionische Verbindungen wie Blei und Asbest sowie chlorierte Kohlenwasserstoffe werden allerdings nicht entfernt. Beide Systeme können kombiniert werden. Ein unerwünschter Nebeneffekt ist dann allerdings, dass der Natriumgehalt des Wassers steigt.

Stress

Dass seelische Vorgänge sich auf die Gesundheit auswirken, ist zwar eine banale Volksweisheit, wurde aber von der Wissenschaft lange Zeit ignoriert. Als Hans Selye, ein in die USA emigrierter österreichischer Arzt, in den Fünfzigerjahren den Begriff »Stress« prägte, wurden seine Erkenntnisse von den meisten seiner Kollegen als Humbug abgetan. Die breite Öffentlichkeit dagegen erkannte sich in den von ihm beschriebenen körperlichen Symptomen für seelische Anspannung wieder. Das Phänomen »Stress« machte ihn berühmt und seine Bücher zu Bestsellern.

Aus meiner Praxis Migräne

Sie kann vier, sie kann aber auch bis zu 48 Stunden dauern. Migräne ist ein anfallartiger, pulsierender Kopfschmerz. Hinter den Augen baut sich Druck auf. Übelkeit. Brechreiz. Konzentrations- und Gedächtnisschwäche. Antriebsschwäche.

Eine Patientin litt elend lange 15 Jahre. Lange Zeit wurde Migräne als, naja, typisches Frauenleiden verkannt und abgetan. Von wegen eingebildete Krankheit, Migräne ist recht verbreitet. Auslöser ist häufig psychische Überforderung: Stress, Wetterumschwung, Licht oder Lärm, hormonelle Umstellung.
Migräne kann aber auch orthopädisch bedingt sein. Bei einer länger anhaltenden anstrengenden Denkleistung ist der ganze Körper in Anspannung. Das lässt sich messen. Diese Anspannung ist im Nacken und Schultergürtel zu spüren und wirkt sich auf die Halswirbelsäule aus. Es kann zu anatomischen Veränderungen kommen: Verdrehung, Verkippung zum Beispiel des 2. oder 3. Halswirbels; die Bandscheibe kommt unter höheren Kompressionsdruck.
Im Schutz der Wirbelsäule ziehen zwei Arterien zum Gehirn.
In Folge der anatomischen Veränderungen ist der Durchfluss der Arterien gestört. Das Gehirn ist unterversorgt. Die Folge: Kopfschmerzen.
Das Problem kann sich festsetzen: Fehlstellung eines Wirbels und Muskelverkürzung, die den Schmerz immer wieder entstehen lassen. Schmerz ist maximaler Stress. Schmerz macht echt fertig, frisst Power. Stress setzt in erhöhtem Maße Freie Radikale frei.
Jeder Patient bekommt zunächst Antioxidantien: Essentielle Aminosäuren, dazu Magnesium zur Muskelentkrampfung.
Manchmal muss ein Aminogramm klären, was beim Patienten defizitär ist.
Der Teufelskreis lässt sich durchbrechen. Meist verschafft eine epidurale Infiltration einen Rückgang der Schmerzen und Verspannungen.

Können wir uns gesund denken?

Seit die Molekularbiologie die Reaktionen im Körper auch auf der Ebene der Zellen als kleinster Einheit erforschen und entschlüsseln kann, ist der Stress-Begriff wieder zu neuen Ehren gekommen. Die noch junge Disziplin der Psychoneuroimmunologie befasst sich speziell mit dem Zusammenspiel zwischen Nervensystem, Immunsystem und Hormonsystem. Wie bemerkt eine Nervenzelle, dass ich gestresst bin? Oder wie beeinflusst Stress die Nervenzellen und damit die Psyche? Wie reagiert eine Immunzelle, die ja eigentlich Krankheitserreger abwehren soll, wenn ich depressiv bin?

Hinter diesen Fragen stehen neue medizinische Konzepte: Können wir uns krank oder gesund denken? Wie beeinflussen psychische Vorgänge den Körper? Viele Annahmen von Selyes lange umstrittener Theorie konnte die psychoneuroimmunologische Forschung bestätigen. Heute weiß man, dass bei gestressten Menschen der Stoffwechsel beschleunigt ist. Stresshormone erhöhen den Sauerstoffumsatz und führen so zu einer erhöhten Anzahl Freier Radikale im Körper. Darüber hinaus können sie selbst zu Freien Radikalen werden. Das Stresshormon Cortisol beeinträchtigt zum Beispiel Immunzellen massiv in ihrer Fähigkeit, den Körper vor Bakterien und Viren zu schützen, und tötet Abwehrzellen sogar ab. Die körpereigene Immunabwehr liegt brach, deshalb treten Infektionen bei langfristigem negativem Stress – egal ob im Berufs- oder Privatleben – häufiger auf. Dies führt wiederum zu einem erhöhtem oxidativem Stress für den Körper.

Bei Stress steigt der Adrenalinspiegel – als Abbauprodukt entstehen Sauerstoff-Radikale, die Gewebe und Blutgefäße angreifen.

Warum habe ich eigentlich Stress?

Ein Trick der Evolution

Stress, so Selye, hat sich im Laufe der Evolution entwickelt, um Gefahren abzuwehren. Der Körper entzieht den äußeren Extremitäten Blut (kalte Hände), um seine Organe und das Gehirn mit der notwendigen Energie zu versorgen (Herzrasen, roter Kopf), in Sekundenschnelle zu fliehen – oder zu kämpfen. Das Problem ist nur, dass heute kein Löwe mehr hinter dem Busch

Aus meiner Praxis — Leben auf der Überholspur

Wer dauerhaft körperlichen, aber auch nervlichen Höchstbelastungen ausgesetzt ist, sollte alles tun, um dieses Gesundheitsrisiko auszugleichen. Einer der berühmtesten Rennfahrer der Welt baut vor.

Formel-1-Fahrer müssen über 50 bis 60 Runden, also bis zu 2 Stunden, einer Belastung standhalten, die ihresgleichen sucht. Während des Rennens muss mein Patient jederzeit in Bruchteilen von Sekunden reagieren können. Trotz aller Routine und häufigem Training und zahlreicher Sicherheitsmaßnahmen, ist ihm doch immer gegenwärtig, dass sein Leben auf dem Spiel steht. Eine optimale Körperbeherrschung ist für ihn also wie eine Art Lebensversicherung. Deshalb lässt er sich regelmäßig von mir untersuchen. Durch die enorme nervliche Anspannung ist vor allem der Aminosäure-Haushalt betroffen. Der Verbrauch an Tryptophan und Phenylalanin, zwei Baustoffen, die nicht nur für die Immunabwehr, sondern auch für ein gut funktionierendes Zentralnervensystem und den Kreislauf von großer Bedeutung sind, ist stark erhöht. Dasselbe gilt für die Aminosäuren Leuzin, Isoleuzin und Valin.

sitzen muss, um eine ähnliche Reaktion auszulösen. Eine rote Ampel im Stoßverkehr genügt völlig, um den Adrenalin- und Cortisolspiegel hochschnellen zu lassen, wenn der Autofahrer sich gestresst fühlt. Solche einzelnen Ereignisse bleiben jedoch meist ohne Folgen. Erst der Dauerstress, den wir manchmal nicht einmal mehr selbst wahrnehmen, schädigt Leib und Seele. Der menschliche Körper ist für Dauerstress definitiv nicht geschaffen.

Was genau läuft im Körper ab?

Bei einem Gefahrensignal, so weiß man heute, sendet das Gehirn über das Rückenmark und das vegetative Nervensystem eine Botschaft an das Nebennierenmark, Adrenalin auszuschütten. Schlagartig gehen große Veränderungen im Körper vor: Der Blutdruck steigt, das Herz beginnt zu rasen, die Leber schüttet Glukose aus und mobilisiert Fettreserven, die in Energie spendende Triglyzeride verwandelt werden. Die Gefäße ziehen sich zusammen: Blut wird aus einigen Teilen des Körpers abgezogen und in andere, wichtigere gepumpt. Das Adrenalin muss danach wieder abgebaut werden. Dabei entstehen aus jedem Molekül zwei Sauerstoff-Radikale: Sie begünstigen die Schädigung von Zellmembranen.

» Bewegungsmangel stresst den Körper
Bei Patienten mit chronischen Schmerzen wie Migräne ist oft der Endorphin-Stoffwechsel gestört und muss wieder in Ordnung kommen. Das ist besonders durch gezielte Bewegung möglich. Bewegung sorgt nicht nur für Entspannung. Sie hilft vor allem, dass die körpereigenen Schmerzblocker zu den Nervenzellen transportiert werden können. **«**

Flüchten oder kämpfen?

Flüchten oder kämpfen – im Laufe der Evolution bedeutete beides Bewegung. Der moderne Mensch macht meistens das Gegenteil: Er sitzt – im Stau oder in einer Konferenz, im Flugzeug oder am Fließband. Extra mobilisiertes Fett und Glukose werden deshalb nicht verbraucht. Sie kursieren weiter im Blut und können infolge der höheren Zähigkeit des Blutes Durchblutungsstörungen verursachen oder aber zu Diabetes führen.

Beunruhigende Botenstoffe

Etwa zehn Minuten nach dem ersten »Kick« setzt eine Phase ein, die vor allem mit intellektuellem Stress und emotionalen Konflikten in Verbindung gebracht wird. Der Hypothalamus, eine zentrale walnussgroße Hirnregion, weist die Hypophyse an, einen Botenstoff zu produzieren: das adrenocorticotrope Hormon (ACTH). Dieses wiederum regt die Nebennierenrinde – also nicht das Nebennierenmark wie bei der Adrenalin-Stress-Reaktion – zur Produktion von etwa 50 verschiedenen Hormonen an: den Kortikosteroiden, von denen die bedeutendsten Cortisol und Cortison sind. In bestimmten Mengen können sie das Gehirn zu besonderen Leistungen anregen, was Denken und Erinnern angeht. Außerdem rüstet Cortisol den gesamten Körper für

Stressphasen: Es beeinflusst den Wasserhaushalt, den Kreislauf und die Skelettmuskulatur – eine Art Bewältigungsstrategie unter Belastung.

Welche Rolle spielt Cortisol?

Wie wir bereits im Abschnitt Medikamente gesehen haben, führen diese Hormone jedoch auch zu oxidativem Stress. Ein Zuviel wirkt wie Gift. Menschen, die durch einen Unfall oder im Krieg ein schweres Trauma erlebt haben, leiden oft unter Erinnerungs- und Verständnisstörungen. Cortisol kann Gehirnfunktionen beeinträchtigen, sodass Schlafstörungen und verminderte Lern- und Gedächtnisleistungen häufig Symptome bei Stressbelastungen sind. Unter normalen Bedingungen reguliert das von der Nebennierenrinde abgegebene Cortisol selbst seine Produktion. Im Gehirn bewirkt es nämlich, dass weniger ACTH von der Hypophyse in den Blutkreislauf geschickt wird, und dies führt in einem negativen Rückkoppelungsmechanismus dazu, dass weniger Cortisol gebildet wird. Bei Dauerstress ist dieser wichtige Mechanismus gestört, der Körper wird konstant mit zu viel Cortisol belastet.

Wie gefährlich ist Dauerstress?

Die Hormone schwächen das Immunsystem. Menschen im Dauerstress haben ein drei- bis fünffach höheres Risiko für Viruserkrankungen und sprechen zum Beispiel deutlich schlechter auf eine Grippeimpfung an. Außerdem neigen sie häufiger als andere Menschen zu einem Fettansatz am Bauch. Der belächelte »Rettungsring« hat wirklich etwas mit Überleben zu tun: Er formt sich aus dem Fett, das die Leber als Energiereserve für Stressreaktionen speichert! Fett ist aber ein besonders beliebtes Angriffsziel für Freie Radikale. Dass viele der negativen Stresswirkungen mit Freien Radikalen zusammenhängen, zeigen auch Tierversuche: Bei Stress hatten die Tiere einen wesentlich höheren Vitamin-C-Bedarf als unter normalen Bedingungen.

»Rettungsring« um den Bauch – ein Trick unserer Natur

Mein Schutzprogramm: Ernährung

Wie kann ich mich durch Essen von innen stärken?

Ein ausgewogener Speiseplan ist die beste Grundlage für die Gesundheit. Wer reichlich auf die pflanzlichen Fitmacher Obst und Gemüse setzt, rüstet damit auch wirksam gegen Freie Radikale auf. Wussten Sie, dass unsere südeuropäischen Nachbarn zwei- bis dreimal so viel Gemüse essen und damit von ihren Ernährungsgewohnheiten gesünder leben als wir in Deutschland? Nicht ohne Grund haben zum Beispiel italienische Fußballspieler bei einer ärztlichen Untersuchung meist bessere Laborwerte als ihre deutschen Profikollegen.

Aber nicht nur für Sportler ist eine mediterrane Küche, wie sie in den Ländern rund ums Mittelmeer üblich ist, ideal. Die Mittelmeerländerkost mit ihrer reichen Gemüsevielfalt, frischen Salaten und in Olivenöl Mariniertem, fantasievollem Kräuter- und Gemüseeinsatz sowie stets griffbereitem Obst ist zugleich Fitnessernährung für Herz und Kreislauf. Mit diesen Lebensmitteln kommt ein umfassender Antioxidantiencocktail in Form der Vitamine C und E sowie der farbigen Pflanzenschutzstoffe aus der Gruppe der Carotinoide und Flavonoide auf den Tisch. Kennen Sie eine schmackhaftere Art der Gesundheitsvorsorge?

Optimaler Antioxidantienschutz aus der Nahrung nach dem Vorbild der Mittelmeerländerküche

Warum Sie gar nicht genug Obst und Gemüse essen können

Gemüse hat als echter Fitmacher auch in der anspruchsvollen Feinschmeckerküche einen Spitzenplatz eingenommen. Es ist daher erfreulich, dass Gemüse auch in der einheimischen Küche zum gesunden Aufsteiger geworden ist. Die Mehrheit der Deutschen hält Obst und Gemüse für gesunde Lebensmittel. Entsprechend ist der Verbrauch in Deutschland in den letzten Jahren gestiegen. Die Entwicklung ist aber durchaus noch zu verbessern, denn nur etwa jeder vierte Mann bis 65 Jahre isst täglich Frischgemüse und nur die Hälfte täglich Obst. Dagegen isst mehr als jede dritte Frau bis 65 Jahre täglich Gemüse und fast 70 Prozent täglich Obst, so die Ergebnisse einer groß angelegten Ernährungsstudie. An Gemüse können wir uns satt essen, ohne befürchten zu müssen, übergewichtig zu werden. Gemüse und Obst sind Genuss ohne Reue.

»5-a-day«: Je bunter, desto besser!

Grün, gelb, rot. Die beste Ernährung ist durch die Ampelfarben gewährleistet.

Ärzte raten mittlerweile zur Ernährung nach den Ampelfarben. Genießen Sie wegen der Vielfalt der unterschiedlichen gesundheitsfördernden Inhaltsstoffe täglich grünes, gelbes und rotes Gemüse und Obst – am besten ergänzt durch Vitamin-E-haltiges Oliven- oder Rapsöl und einige Nuss-, Kürbis- oder Sonnenblumenkerne. So kommen viele Helfershelfer im Abwehrkampf gegen Freie Radikale zusammen.

Viele kennen sicherlich auch das englische Sprichwort: »One apple a day keeps the doctor away«, was sinngemäß bedeutet, dass der tägliche Apfel den Arztbesuch überflüssig macht. Nun, ganz so leicht wird uns die Prävention heute nun doch nicht gemacht. Immerhin wurde das Apfelzitat inzwischen abgewandelt in »Five a day«, also fünfmal täglich Obst und Gemüse. Wer täglich so viel pflanzliche Fitmacher isst, stärkt sein Immunsystem aufs Beste und baut eine optimale antioxidative Verteidigung auf.

Wie Sie einen gesunden Einstieg finden

Ich gebe meinen Patienten zumindest den Einsteiger-Tipp: Essen Sie täglich – zum Beispiel als kleine Pausensnacks – zwei Stück Obst, wie einen Apfel, eine Banane, eine Orange, eine große Scheibe Melone oder anderes frisches Obst der Jahreszeit. Das ist sozusagen das Pflichtprogramm, an dem sich keiner vorbeimogeln darf. Und wenn Sie einmal auf den Geschmack gekommen sind, dürfte auch eine Steigerung in Richtung mehr Gemüse und Rohkost nicht allzu schwer fallen.

Wie Sie mit Salat die Abwehrkräfte stärken

Folgendes abwehrstarke Salatrezept lässt sich ganz einfach zubereiten. Kombinieren Sie nach Lust und Laune Tomaten, Paprika, Blattsalate, Zwiebeln und Kresse und geben Sie etwas Olivenöl (Vitamin E) und Balsamico-Essig dazu. Eine weitere Portion Gemüse kann zum Beispiel aus gedünstetem Spinat, Karotten, Brokkoli oder herzhaftem südfranzösischem Ratatouille-Gemüse (Aubergine, Paprika, Zucchini, Tomate, Zwiebel) bestehen.

Wie Sie Radikalfänger trinken können

Schließlich können Sie sich ruhig eine der fünf Portionen Obst oder Gemüse in flüssiger Form genehmigen. So erleichtert ein Glas frisch gepresster Orangensaft oder ein hochwertiges Handelsprodukt von Obst- oder Gemüsesaft (Saft und kein Saftgetränk) die Umsetzung der Empfehlung, viel Obst und Gemüse zu verzehren. Übrigens: Vom stark antioxidativ wirksamen Tomatenfarbstoff Lykopin wissen wir, dass er aus Tomatensaft, Tomatensoßen, Tomatensuppen und Tomatenmark für den Körper besonders gut bioverfügbar ist. Es ist daher erfreulich zu sehen, dass Fluggäste, insbesondere auch vielfliegende Geschäftsreisende, immer häufiger zu Tomatensaft greifen und so ihren gerade beim Fliegen benötigten Antioxidantienschutz verbessern. Eine Gemüsesuppe (Tomatensuppe, Karottensuppe oder die italienische Minestrone) ist deshalb ebenfalls eine gute Lösung des Mengenproblems beim gewünschten hohen Obst- und Gemüseverzehr. Paprika und Spinat enthalten zwei weitere Carotinoide (Zeaxanthin und Lutein), die vor Alterssehschwäche schützen können. Der gleichzeitig hohe Vitamin-C-Gehalt der Paprika kann ferner dem Grauen Star vorbeugen. Fazit: Reichlich Gemüse und Obst auf dem Tisch hält gesund und unterstützt die Lebensqualität bis ins hohe Alter.

Nicht nur Vielfliegern sind flüssige Radikalfänger in Form von Tomatensaft anzuraten.

Warum täglich Obst und Gemüse?

Der tägliche Verzehr von reichlich Obst und Gemüse kann das Krebsrisiko deutlich – um bis zu 50 Prozent – senken. Die krebsvorbeugende Wirkung dieser Lebensmittel beruht auf einer Vielzahl von schützenden Substanzen, darunter Vitamin C und E sowie Carotinoide, Polyphenole, Spurenelemente und Ballaststoffe. Außerdem haben pflanzliche Lebensmittel wie Gemüse, Obst und die ebenfalls empfehlenswerten Vollkornprodukte eine gute Sättigungswirkung und sind relativ fettarm.

Stopp dem Krebs – durch viel Obst und Gemüse

Alles zusammen rechtfertigt die Empfehlung des National Cancer Institute in den USA, täglich fünf Portionen Obst und Gemüse zu essen. Mit der breit angelegten Kampagne »5-am-Tag« wird seit dem 1. Juli 2000 von zahlreichen Gesundheitsorganisationen (u. a. der Deutschen Gesellschaft für Ernährung und der Deutschen Krebsgesellschaft) auch bei uns für mehr Obst und Gemüse auf dem Speiseplan geworben.

»Fünf Portionen Gemüse und Obst – wie viel ist das eigentlich?«

Die Deutsche Gesellschaft für Ernährung gibt folgende mengenmäßige Anhaltspunkte:

- Drei Portionen Gemüse entsprechen insgesamt 350 bis 400 Gramm, wovon etwa die Hälfte roh gegessen werden sollte.
- Zwei Portionen Obst entsprechen 250 bis 300 Gramm – am besten frisch.
- Für Obst- und Gemüserohkost gilt: »Waschen oder putzen, reinbeißen und genießen.«

Wer diese Mengen in konkrete Lebensmittelempfehlungen umrechnen möchte, kann bei einer mittelgroßen Frucht – ob Apfel, Birne, Banane oder Orange – ungefähr von 125 bis 150 Gramm je Stück ausgehen. Die von mir empfohlenen zwei Stück Obst reichen also. Und bei Beerenfrüchten und Kirschen wird eine Portion ebenfalls mit etwa 125 bis 150 Gramm kalkuliert. Eine mittelgroße Paprikaschote entspricht etwa 150 Gramm, eine Tomate etwa 50 Gramm und eine Möhre (Karotte) etwa 80

Gramm. Für einen mittelgroßen Salatkopf können Sie 125 bis 150 Gramm und für ein Bund Radieschen knapp 100 Gramm veranschlagen. Bei diesen Lebensmitteln darf es der Gesundheit zuliebe durchaus etwas mehr sein.

Fit mit dem A-C-E-Plan

A steht für Provitamin A und die ganze Gruppe der Carotinoide, die typische farbige Schutzvitamingruppe aus Gemüse. Früchte steuern hauptsächlich Vitamin C bei, während das fettlösliche Vitamin E zum Beispiel aus Salatdressing auf Pflanzenölbasis oder Nusskernen und Vollkornflocken im Müsli stammt.

Auf einen Blick – »5-a-day« im Alltag

- Beginnen Sie am besten schon beim Frühstück mit »5-a-day«, indem Sie frisches Obst mit Joghurt oder im Müsli essen.
- Essen Sie als Zwischenmahlzeit Obst. Gut geeignet sind Äpfel, Orangen, Mandarinen oder Bananen. Sie lassen sich gut transportieren oder am Arbeitsplatz bevorraten.
- Auch Gemüse wie Paprika, Möhren oder Kohlrabi können Sie gut am Arbeitsplatz aufbewahren. Geputzt und geschnitten sind sie kleine, appetitliche Sattmacher für zwischendurch.
- Geben Sie Ihrem Kind geschnittenes Obst möglichst mit Schale oder Gemüse zum Pausenbrot mit. Das ist frisch und macht Appetit.
- Essen Sie mittags zum Beispiel einen großen Salatteller oder einen kleinen Salat und eine große Portion Gemüse.
- Geschnittenes Gemüse, zum Beispiel frische Tomaten oder ein Rohkostsalat, peppen die Brotmahlzeit am Abend auf.
- Ein Glas Frucht- oder Gemüsesaft schmeckt gut, liefert wertvolle Nährstoffe und kann so maximal 1 Portion Obst bzw. Gemüse am Tag ersetzen.
- Garen Sie Gemüse schonend, zum Beispiel durch Dünsten mit wenig Fett und Salz. Kräuter und andere Gewürze machen Ihre Gemüsegerichte schmackhaft und abwechslungsreich.

Der Mensch lebt nicht von Obst und Gemüse allein: Die Lebensmittelpyramide

So gesund Obst und Gemüse auch sind, wer sich auf Dauer nur davon ernährt, wird so oder so einen Mangel davontragen. Einerseits würden lebensnotwendige Eiweißbausteine und Fettsäuren sowie einige Vitamine und Spurenelemente zu kurz kommen. Andererseits wäre diese spezielle Variante einer strengen vegetarischen Kost den meisten sicherlich auch geschmacklich zu eintönig. Zugegebenerweise macht zwar die Vielfalt der pflanzlichen Zutaten, insbesondere Gemüse und Kräuter, einen Großteil der Abwechslung beim Essen und in den Küchen aus, doch sind Fisch, Käse, Fleisch oder Eier seit jeher eine willkommene Bereicherung des Speisezettels. Und das trifft auch aus ernährungswissenschaftlicher Sicht zu.

Zu einer ausgewogenen Ernährung gehören neben Obst und Gemüse auch Fisch und Fleisch, Eier, Milch- und Vollkornprodukte.

Fisch und Fleisch sind verlässliche Quellen für die antioxidativen Spurenelemente Selen und Zink. Eier und Fleisch enthalten schwefelhaltige Aminosäuren für den Aufbau des körpereigenen hochwirksamen Antioxidans Glutathion, das Vitamin C recycelt und so sein antioxidatives Potential aufrechterhält. Glutathion macht also Vitamin C wieder einsatzfähig. Dies ist nur ein Beispiel dafür, wie pflanzliche und tierische Lebensmittel bzw. deren Bestandteile perfekt zusammenspielen, wenn es um die Radikalenabwehr des Körpers geht. Jedenfalls ist die geschickt kombinierte gemischte Ernährung jeder (hochdosierten) Einzelsubstanz um ein Vielfaches überlegen.

Wer neben reichlich Gemüse und Obst Vollkornprodukte, Hülsenfrüchte und Kartoffeln in fettarmer Zubereitung bevorzugt, fettarme Milchprodukte sowie jeweils etwa zweimal wöchentlich Fisch, Fleisch und Ei genießt, hat die besten Chancen, Genuss und Gesundheit beim Essen zu verbinden. Es kommt halt auf die richtigen Mengenverhältnisse auf dem Teller an. Und dafür kann uns die Lebensmittelpyramide einen guten Anhaltspunkt geben.

Die Mischung macht's

Wie oft wird man in der Ernährungsberatung gefragt: »Was ist denn eigentlich eine ausgewogene Ernährung?« Ich benutze dann gerne das Modell der amerikanischen Food-Pyramide, die besonders anschaulich verdeutlicht, wovon wir viel, mehr und weniger essen sollten. Die Größe der Segmente kennzeichnet in etwa den wünschenswerten Anteil der jeweiligen Lebensmittelgruppen an der Ernährung und ihr Verhältnis untereinander. Die Pyramide zeigt, dass alle Lebensmittel erlaubt sind, wenn die Verzehrmengen stimmen.

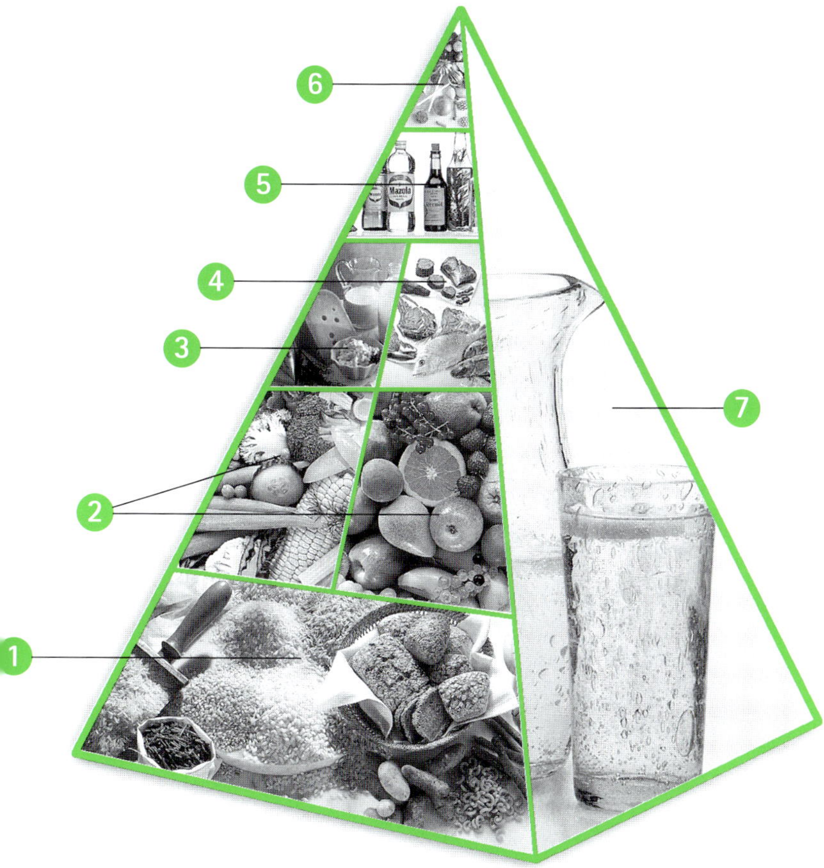

Das breite Fundament stellen Getreide und Getreideprodukte sowie Kartoffeln dar. Das sind die stärkereichen – Langzeitenergie spendenden – Grundnahrungsmittel. Ebenfalls einen großen Anteil machen die schutzstoffreichen Gemüse und Früchte aus. In der sich nach oben verjüngenden Pyramide folgen dann die eiweißreichen Ergänzungen des Speiseplans: Milch und Milchprodukte, Fleisch, Fisch und Ei. Ganz oben stehen die Lebensmittelgruppen, die wir nur mit Augenmaß essen sollten, einmal die sichtbaren Speisefette und zum anderen die Süßigkeiten & Co., die manchmal vom Kalorienanteil eher »Fettigkeiten« sind, wie zum Beispiel Pralinen oder Sahnecremetorte.

Mehr trinken als essen

Mengenmäßig den größten Anteil machen aber die Getränke aus. Immerhin müssen wir bei einem durchschnittlichen Gesamtwasserbedarf von etwa 2,5 Litern pro Tag mehr trinken als essen. Bei sportlich Aktiven kann sich der Wasserbedarf pro Stunde schweißtreibenden Einsatzes noch zusätzlich um 1 bis 1,5 Liter erhöhen!

» Richtig trinken nach körperlicher Anstrengung: Auf keinen Fall sollten Sie Ihren ersten Durst mit Limonaden oder gar alkoholischen Getränken löschen. Nach großen Anstrengungen rate ich zu Mineralwasser oder einer Apfelschorle (ein Drittel Apfelsaft, zwei Drittel Mineralwasser). Mit einem erfrischenden Bier sollten Sie mindestens zwei Stunden warten, weil gerade die Leber nach körperlicher Anstrengung ohnehin stark belastet ist. «

Das Modell der Lebensmittelpyramide wird ergänzt durch die empfohlenen Verzehrmengen bzw. Verzehrportionen der jeweiligen Lebensmittel aus den unterschiedlichen Nahrungsgruppen. So erhalten Sie eine Vorstellung davon, was und wie viel Sie konkret essen und trinken sollen, um Ihren Energiebedarf bei leichter körperlicher Arbeit (etwa 2200 bis 2400 Kilokalorien) zu decken und die Hauptnährstoffe im richtigen Verhältnis zuzuführen: Kohlenhydrate (etwa 55 Prozent der Kalorien), Fette (maximal 30 Prozent) und Proteine (10 bis 15 Prozent).

Lebensmittelgruppe	Wertgebende Inhaltsstoffe	Besonderer Tipp
1 **Getreide, Getreideprodukte, Kartoffeln** täglich z. B. 5 Scheiben Brot, 1 Portion Müsli und 1 Portion Kartoffeln, Nudeln oder Reis	Komplexe Kohlenhydrate (Stärke und Ballaststoffe), Eiweiß, Vitamine, Mineralstoffe	Mindestens die Hälfte der Getreideprodukte sollte aus Vollkorn bestehen. Ich bin ein ausgesprochener Kartoffel-Fan, weil sie mineralstoffreich ist (Kalium und Magnesium) und so wie Obst, Gemüse und Blattsalate stark basenbildend wirkt. Am besten sind Pellkartoffeln und gedämpfte Kartoffeln.
2 **Gemüse, Salate und Obst** täglich1 gegarte und 1 rohe Portion Gemüse und 1 Portion Salat; 2 Stück Obst	Vitamin C, Carotinoide, Flavonoide, Ballaststoffe, Kalium und Magnesium	Obst und Gemüse der Saison bevorzugen. Tiefgefrorenes Gemüse ist frischer als überlagerte Ware aus dem Supermarkt.
3 **Milch und Milchprodukte** täglich 2 bis 3 Portionen z. B. 1/4 Liter Milch und 1 Becher Joghurt und 1 Scheibe Hartkäse	Eiweiß, Calcium, B-Vitamine, fettlösliche Vitamine A und D, Milchzucker	Fettarme Produkte bevorzugen. Für viele sind Sauermilchprodukte besonders gut bekömmlich. Wer gar keine Milchprodukte verträgt oder mag, für den sind (calcium-angereicherte) Sojadrinks, Yofu, Tofu und Desserts auf Sojabasis eine gute Alternative. Phytohormone aus Soja sind schwach antioxidativ wirksam, beugen Krebs vor und greifen positiv in den Calciumhaushalt und Knochenstoffwechsel ein (Osteoporoseschutz).

Lebensmittelgruppe	Wertgebende Inhaltsstoffe	Besonderer Tipp
4 **Fleisch, Fisch und Ei** pro Woche 1 bis 2 Portionen Seefisch, 2- bis 3-mal Fleisch, 2- bis 3-mal Wurst und Fleischwaren, 3 Eier	Eiweiß, B-Vitamine, Spurenelemente wie Eisen, Zink, Selen und Jod (Fisch) sowie Omega-3-Fettsäuren (Seefisch)	Wegen des biologisch hochwertigen Eiweißanteils mit allen essentiellen Aminosäuren sowie den gut bioverfügbaren Spurenelementen Eisen, Selen und Zink sollten Sie 2- bis 3-mal in der Woche Fleisch möglichst aus artgerechter Haltung und mit Herkunftsgarantie genießen. 2 Seefischmahlzeiten steuern Jod, Zink und die für die Herz-Kreislauf-Gesundheit unverzichtbaren Omega-3-Fettsäuren (Eicosapentaen- und Docosahexaensäure) bei.
5 **Fette und Öle** täglich 40 g Streich- und Kochfett	Gesundheitsfördernde einfach und mehrfach ungesättigte Fettsäuren (Ölsäure, Linolsäure, alpha-Linolensäure), fettlösliche Vitamine A, D und E, Phytosterine, Polyphenole, Lezithine	Low fat heißt nicht no fat! Bevorzugen Sie Ihrer Herz-Kreislauf-Gesundheit zuliebe kaltgepresstes Oliven- oder Rapsöl. Sie sind wenig oxidationsempfindlich und daher relativ stabil in der Küche. Gehen Sie mit Streich- und Bratfetten so sparsam wie möglich um. Mehrfach ungesättigte Fettsäuren sind oxidationsempfindlich (Freie Radikale!) und müssen von einem ausreichenden Anteil Vitamin E als Antioxidans begleitet sein.
6 **Süßigkeiten & Co.** täglich erlaubt 1 kleine Portion z. B. 1 Riegel Schokolade oder 1 Stück Kuchen	Keine ernährungsphysiologische Notwendigkeit, sondern eher Nahrung für die Psyche. Körperlich Aktive dürfen sich mehr »genehmigen« als Sitzmenschen.	Rigide Verbote sind gefährlicher im Vergleich zum vernünftig dosierten Genuss ohne Reue. Bedenken Sie aber bei vielen Süßigkeiten wie Schokolade, Pralinen, Kuchen und Gebäck den hohen Fettanteil. Die gesündeste Süße steckt sicherlich in reifem Obst.

Lebensmittelgruppe	Wertgebende Inhaltsstoffe	Besonderer Tipp
7 **Wasser und Getränke** täglich mindestens 1,5 Liter Flüssigkeit z. B. Mineralwasser, verdünnte Obstsäfte und Gemüsesäfte	Wasser ist nicht nur mengenmäßig unser wichtigster Nährstoff. In Getränken kommen zusätzlich Mineralstoffe und Vitamine vor.	Drei Durstlöscher möchte ich Ihnen ans Herz legen: magnesiumreiches Mineralwasser, verdünnte Fruchtsäfte (zum Beispiel Apfelschorle) und den antioxidativ wirksamen Grünen Tee. Auch Kombucha-Tee mit Mineralwasser verdünnt ist sehr erfrischend.

Achten Sie auf das richtige Verhältnis

Wenn Sie sich an die Verzehrempfehlungen der Lebensmittelpyramide halten, sind Sie gut versorgt. Welche Lebensmittel welche Nährstoffe enthalten, zeigt die vorstehende Übersicht.

Für jeden Typ die richtige Ernährung

Persönlich richtige Ernährung muss immer der jeweiligen Situation und dem individuellen Bedarf angepasst sein. Kinder im Wachstum müssen sich anders ernähren als Erwachsene, Leichtarbeiter wiederum anders als Sportler. Schwangere haben schließlich einen anderen Energie- und Nährstoffbedarf als Senioren. Diesen jeweiligen Anforderungen kann leicht entsprochen werden, wenn die empfohlenen Lebensmittelmengen im Grundsystem der Lebensmittelpyramide leicht verändert werden.

Der Energie- und Nährstoffbedarf muss den jeweiligen Bedürfnissen angepasst werden.

Teenager und Schwangere

Sie benötigen täglich eine Extraportion Milch(produkte), um genügend Calcium zu erhalten. Eine gute Calciumversorgung in jungen Jahren ist neben körperlicher Aktivität bekanntlich der beste Schutz vor Osteoporose im Alter, da so eine ausreichende Knochendichte angelegt wird.

Körperlich schwer Arbeitende oder Sportler

Ihr Mehrbedarf an Energie wird am besten mit ein bis zwei zusätzlichen Portionen Getreideprodukte gedeckt. Mehr Obst und Gemüse verbessert den antioxidativen Schutz des Körpers. Ebenfalls ist auf eine leistungsadäquate Trinkflüssigkeitszufuhr zu achten.

Senioren

Im Alter hat man oft auf Grund der Abnahme körperlicher Aktivitäten einen niedrigeren Energieumsatz. Da aber der Bedarf an Vitaminen, Mineralstoffen und weiteren Schutzstoffen für die Gesundheit nicht ab-, sondern eher zunimmt, müssen Ältere ganz besonders auf »Qualität statt Quantität« beim Essen achten.

Schlankheitsbewusste

Dasselbe ist natürlich auch für alle wichtig, die aus Figurgründen weniger essen, aber keinen diätbedingten Nährstoffmangel erleiden wollen. In diesen Fällen empfiehlt sich ein vermehrter Verzehr von Gemüse und Obst sowie eventuell eine zusätzliche – zumindest eine zweite – Fischportion pro Woche. Der Wunsch nach einem schlanken Speiseplan lässt sich also gut mit einer schutzstoffreichen Ernährung vereinbaren, wenn sie gut geplant bzw. durchdacht ist. Schlankheitsbewusste Frauen sollten allerdings nicht auf ein hochwertiges Pflanzenöl zum Rohkostsalat verzichten, da ihnen sonst die wichtigste Vitamin-E-Quelle in unserer Ernährung fehlt. Fett sparen lässt sich besser beim verarbeiteten bzw. versteckten Fett in Wurst, Käse, Gebäck und vielen Fertiggerichten, das dann oft in gesättigter oder gehärteter Form daherkommt und sich zusätzlich negativ auf Herz und Gefäße auswirkt.

» Biobombe Banane
Bananen sind als Snack und Zwischenmahlzeit unschlagbar. Sie sind reich an Kohlenhydraten und sättigen deshalb gut. Außerdem enthalten sie viel Kalium, Magnesium, Vitamin A und C sowie verschiedene B-Vitamine. Bei Sportlern sind Bananen besonders beliebt, weil sie gut bekömmlich sind und gerade auch in Wettkampfpausen schnelle Energielieferanten sind. «

Gestresste

Mit Stressbelastungen schließlich werden wir besser fertig, wenn genügend B-Vitamine (Vollkornprodukte) und Magnesium (Gemüse, entsprechendes Mineralwasser mit ca. 100 mg Magnesium und mehr je Liter) sowie Aminosäuren aus den verschiedenen eiweißreichen Lebensmitteln auf dem Speiseplan stehen.

Oxidativer Stress verlangt dagegen ebenfalls nach ein bis zwei Extraportionen Gemüse und Obst sowie antioxidativ wirksamen Getränken wie Tomaten- oder Möhrensaft, Säften aus Beerenfrüchten und Grünem Tee. Gegen den gelegentlichen Genuss von ein, zwei Gläsern guten Rotweins – am besten aus dem Eichenfass – ist natürlich ebenfalls nichts einzuwenden.

Krankheiten vorbeugen

Gesundheit bzw. Prävention von Krankheiten und vorzeitigen Alterungsvorgängen ist jedoch niemals Resultat von Einzelmaßnahmen bzw. einzelnen Nahrungsbestandteilen. Gerade am Beispiel der Zivilisationskrankheit Nr. 1, der koronaren Herzerkrankung, zeigt sich das wohl abgestimmte Zusammenspiel von Antioxidantien, cholesterinsenkenden Ballaststoffen, einfach ungesättigten Fettsäuren sowie Omega-3-Fettsäuren maritimen Ursprungs, die das Blut dünnflüssig halten, erhöhte Blutfettspiegel und Blutdruckwerte senken können und Herzrhythmusstörungen vorbeugen.

Besonders um Herzerkrankungen vorzubeugen ist ein ausgewogener Ernährungsplan wichtig.

Warum die Nährstoffdichte der Maßstab für gesundes Essen ist

Sie kennen alle den Begriff »leere Kalorien«, der ernährungswissenschaftlich sicherlich nicht exakt ist, aber zutreffend beschreibt, dass ein Lebensmittel nur Kalorien, aber so gut wie keine lebensnotwendigen Vitamine und Mineralstoffe liefert. Die moderne Ernährungswissenschaft kennzeichnet das Verhältnis von Vitaminen und Mineralstoffen zum Kaloriengehalt eines Lebensmittels als Nährstoffdichte. Eine hohe Dichte an Vitaminen, Mineralstoffen, ergänzt durch antioxidative Carotinoide und weitere gesundheitsschützende Sekundäre Pflanzenstoffe hat zum Beispiel das Supergemüse Brokkoli. Grünkohl schneidet ebenfalls besonders gut ab, wenn da nicht die meist übliche zu fettreiche Zubereitung wäre. Unter den Obstsorten sind Beerenfrüchte Spitzenreiter bei der Nährstoffdichte. Zucker hat dagegen eine Nährstoffdichte von Null.

Bin ich sensibel für leere Kalorien?

Die Nährstoffdichte ist ein objektiver Maßstab, um den ernährungsphysiologischen Wert eines Lebensmittels darzustellen. Die hohen Kennzahlen für Gemüse und Obst bestätigen einmal mehr den Wert dieser pflanzlichen Lebensmittel für die Versorgung mit lebensnotwendigen Nährstoffen und antioxidativen Schutzstoffen für unsere Gesundheit.

Kalorienhaltige, fettreiche Lebensmittel haben meist nur eine geringe Nährstoffdichte.

Wer Lebensmittel nach einer möglichst hohen Nährstoffdichte auswählt, isst zudem von Natur aus leicht, weil ein hoher Kalorienanteil automatisch die Nährstoffdichte eines Lebensmittels herabsenkt. Viele Speisefette, fettreiche Wurst- und Käsesorten sowie Weißmehlprodukte und zuckerreiche Nahrungsmittel haben dementsprechend eine niedrige Dichte an Vitaminen und Mineralstoffen. Ein Käse mit 60 Prozent Fett i. Tr. hat zum Beispiel bezogen auf den Kaloriengehalt weniger als die Hälfte der Calciumdichte im Vergleich zu einem Käse mit unter 30 Prozent Fett i. Tr. (= in der Trockenmasse). Der fettärmere Käse ist eiweißreicher und bekommt natürlich auch unserer Figur und Fitness besser.

Power-Parameter

Im Prinzip wird die Nährstoffdichte jeweils für einen bestimmten lebensnotwendigen Nährstoff – vom Vitamin A bis zum Spurenelement Zink – berechnet und ausgewiesen. Viele Lebensmittel schneiden jedoch bei mehreren Nährstoffen günstig ab, so zum Beispiel Gemüse bei Vitamin C, Carotinoiden, Kalium und Magnesium oder fettarmes Fleisch für B-Vitamine, Eisen, Selen und Zink.

Es ist deshalb sinnvoll, eine Art Summennährstoffdichte für lebensmitteltypische Inhaltsstoffe zu ermitteln – idealerweise unter Einbeziehung des Gehalts an Sekundären Pflanzenstoffen, für die jedoch zur Zeit weder den Vitaminen vergleichbare Zufuhrempfehlungen noch eine vollständige Analytik in Lebensmitteln vorliegen.

Die besten Radikalfänger-Quellen

Die gegen Freie Radikale gerichtete Schutzwirkung von Lebensmitteln ergibt sich aus deren Gehalt an antioxidativen Mikronährstoffen wie Vitamin C, Vitamin E, Selen und Zink sowie den Sekundären Pflanzenstoffen – allen voran Carotinoiden und Polyphenolen (Flavonoide). Dabei ist die antioxidative Aktivität der schützenden Pflanzenfarbstoffe sogar höher als die der Vitamine E und C.

In einer neuen Untersuchung an der Universität Jena zum antioxidativen Effekt verschiedener Fruchtkonzentrate erwies sich beispielsweise ein Konzentrat aus roten Trauben, Kirschen und schwarzen Johannisbeeren als am wirkungsvollsten. Roter Traubensaft und Kirschsaft enthalten ebenso wie Rotwein phenolische Verbindungen, die durch ihre antioxidative Wirkung herzschützend wirken. Übrigens: auch Heidelbeeren (Blaubeeren) und Holunderbeeren schneiden recht gut ab.

Die ORAC-Methode

Laut einer wissenschaftlichen Untersuchung an der Tufts University in Boston mit einer in den USA entwickelten neuartigen Methode namens ORAC lässt sich die gesamte antioxidative Kapazität eines Lebensmittels analysieren. ORAC ist die Abkürzung von Oxygen Radical Absorbance Capacity (= Maß für die Fähig-

Auf einen Blick – Radikalfänger: natürliche Quellen

- **Carotinoide:** Gemüse wie Karotten, Tomaten, Paprika, Brokkoli, Kürbis, Grünkohl, Spinat und Mangold, Obst wie Aprikosen, Mangos und Erdbeeren
- **Polyphenole (u. a. Flavonoide):** Gemüse, Zwiebeln, Zitrus- und Beerenfrüchte, Äpfel mit Schale, Vollkorn, Gewürze, Nüsse, Grüner Tee, Schwarzer Tee, Rotwein
- **Phytoöstrogene:** Sojabohnen, Leinsamen, Roggen, Weizenkleie
- **Sulfide:** Knoblauch, Lauch, Zwiebeln
- **Phytinsäure:** Randschichten der Getreide, Hülsenfrüchte
- **Protease-Inhibitoren:** Rohe Sojabohnen, unerhitztes Getreide (Anmerkung: Keimen verringert die Enzyminhibitoren-Aktivität)
- **Vitamin E:** Keimöle, insbesondere Weizenkeim- und Maiskeimöl, Nüsse, Sonnenblumenkerne und Sesamsaat, Vollkornprodukte, Weizenkeime
- **Vitamin C:** Obst (Zitrus- und Beerenfrüchte sowie Kiwi), Gemüse (besonders Paprika), Kartoffeln (schonend gegart), Säfte
- **Selen:** Fleisch (aufgrund von Selen als Tierfutterzusatz insbesondere Schweinefleisch), Eier und Seefisch sowie in Abhängigkeit von der Bodenbeschaffenheit Vollkornprodukte
- **Zink:** Fleisch, Fisch, Käse, Weizenkeime, Haferflocken

Siehe auch das Kapitel »Radikalfänger im Einsatz«

Die neue Messmethode zur Bestimmung der antioxidativen Schutzstoffe in Lebensmitteln kommt aus den USA.

keit, als Radikalfänger zu wirken). Der Wert gibt das Ausmaß der antioxidativen Wirkung auf Grund aller diesbezüglichen Schutzstoffe in einem Lebensmittel an. Eine Steigerung des täglichen Obst- und Gemüseverzehrs auf 3000 bis 5000 ORAC-Einheiten hat bereits einen signifikanten Anstieg der antioxidativen Kraft des Blutes und in den Geweben zur Folge. Die Wissenschaftler entwickelten bei den von ihnen untersuchten Lebensmitteln folgende Rangreihe für Obst und Gemüse (ORAC-Einheiten pro 100 Gramm):

ORAC-Werte von Obst

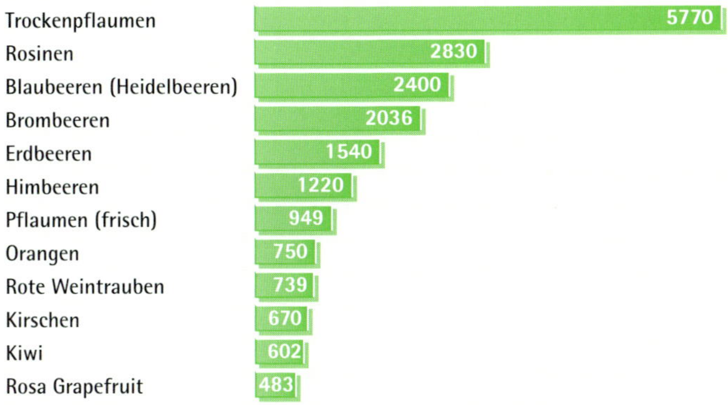

ORAC-Werte von Gemüse

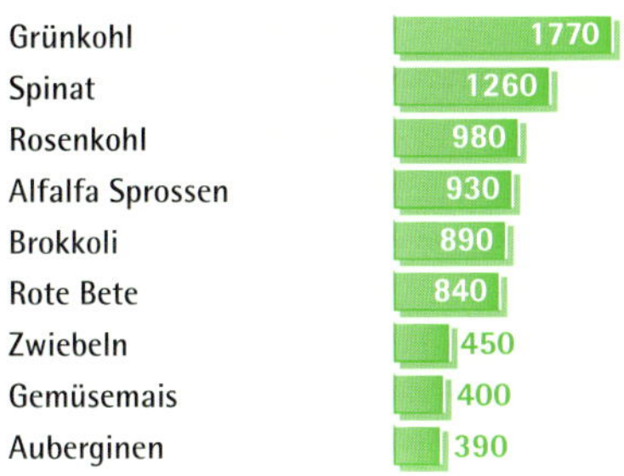

Kraftpaket Trockenfrucht

Das günstige Abschneiden von Trockenpflaumen und Rosinen überrascht nicht. Trockenfrüchte haben in Folge des Wasserentzuges und wegen der dadurch bedingten Aufkonzentration ihrer natürlichen Inhaltsstoffe (einschließlich der antioxidativen Flavonoide) ein höheres Schutzpotential.

Genießen Sie also gelegentlich Trockenfrüchte als kleinen energiespendenden Snack oder als süße Zutaten im Müsli. Auch eine so genannte Fruchtschnitte ist ein willkommener kleiner Imbiss.

Viel hilft viel!

Die Tatsache, dass weder Möhren, Tomaten oder Paprika noch Äpfel und Mangos in den Tabellen aufgeführt sind, bedeutet nur, dass (noch) keine Werte vorliegen. Essen Sie in jedem Fall Obst und Gemüse satt. Die Untersuchungen der amerikanischen Forschergruppe zeigten nämlich auch, dass bei Frauen und Männern, die ohne Berücksichtigung der ORAC-Werte eine doppelt so große Portion an Obst und Gemüse wie üblich zu sich nahmen, bereits ein Anstieg der antioxidativen Kapazität des Blutes um 13 bis 15 Prozent gemessen werden konnte.

Warum Gewürze gute Radikalfänger sind

Schon lange ist die gesundheitsfördernde Wirkung von Kräutern und Gewürzen bekannt.

Würzkräftige und heilsam wirkende Pflanzen waren der Menschheit bereits in frühesten Zeiten ihrer Kultur- und Ernährungsgeschichte bekannt. Vergleichbar mit Gemüse und Obst vereinen die Gewürze in idealer Weise gesundheitliche und kulinarische Vorzüge. Gewürze kommen zum großen Teil in getrockneter Form in den Handel, Gemüsegewürze und Gewürzkräuter (Küchenkräuter) aber auch frisch oder tiefgefroren. Frische Gewürze werden zum Teil auch eingelegt (zum Beispiel grüner Pfeffer und Kapern) und Kräuter in Öl angeboten. Gehen Sie verschwenderisch mit frischen oder tiefgefrorenen Kräutern um und seien Sie sparsam beim Kochsalz. »Kräutern« statt salzen heißt die Devise.

Antioxidantien mit Geschmack

Gewürze verbessern nicht nur Aroma und Geschmack von Speisen, sie sind auch ausgesprochen gesundheitsfördernd. Die vielen aromaträchtigen Verbindungen dieser Geschmackszutaten im Essen werden den Sekundären Pflanzenstoffen zugerechnet. Es ist der Gehalt an diesen bioaktiven Substanzen, der Kräuter und Gewürze zu altbewährten und anerkannten Naturarzneien macht. Die Sekundären Pflanzenstoffe regen die Verdauungssekretion an und wirken antioxidativ, teilweise auch antibakteriell. Sie tragen damit zur Prävention verschiedener Erkrankungen wie Herz-Kreislauf-Krankheiten und Krebserkrankungen bei. Die Gewürze wirken appetitanregend und fördern die Bildung von Speichel und Magensaft, womit wiederum die Verdauung und somit auch die Nahrungsverwertung positiv beeinflusst werden.

Rosmarin

Neben den würzenden Eigenschaften kommen einigen Gewürzen auch antioxidative, den Fettverderb hindernde Eigenschaften zu. Ein bekanntes Beispiel dafür ist Rosmarin als natürliches Antioxidans.

Ein natürliches Antioxidans mit hohem Wirkungsgrad ist Rosmarin.

Rosmarin ist eine im Mittelmeerraum beheimatete Gewürz- und Heilpflanze. Das aromatische ätherische Öl wurde bereits im Altertum zu medizinischen Zwecken (z.B. Einreibungen) benutzt. Rosmarinblätter besitzen darüber hinaus ausgezeichnete fettstabilisierende Eigenschaften, die man sich schon traditionell als Gewürzzusatz bei Fleischerzeugnissen zunutze machte. Der Zusatz von Rosmarin zu Lebensmitteln schützt die enthaltenen Fette vor Oxidation (Ranzigwerden). Verschiedene wissenschaftliche Untersuchungen der letzten Jahre konnten belegen, dass Rosmarin das am stärksten antioxidativ wirksame Gewürz ist.

Die antioxidativ wirksamen phenolischen Inhaltsstoffe des Rosmarins Carnosol und Carnosolsäure lassen sich aus den Blättern des Rosmarins auch in Form eines Rosmarinextraktes gewinnen, der ähnlich wie Vitamin E als starker Radikalfänger wirkt. Die antioxidativen Verbindungen in Rosmarin sind im Gegensatz zu den ätherischen Ölen hitzebeständig und nicht flüchtig, sodass sie auch Verarbeitungs- und Zubereitungsprozesse gut überstehen.

Was ist dran am Kräuterparadies Kreta?

Kräuter mit antioxidativer Kraft machen auch das Gesundheitsplus vieler Rezepte aus den Mittelmeerländern aus. Der Begriff

Auswahl antioxidativ wirksamer Gewürze

- *Basilikum*
- *Bohnenkraut*
- *Currypulver*
- *Gelbwurz (Kurkuma – wichtiger Bestandteil von Curry)*
- *Gewürznelken*
- *Grüne Minze*
- *Ingwer*
- *Knoblauch*
- *Lorbeerblatt*
- *Majoran*
- *Oregano*
- *Rosmarin*
- *Salbei*
- *Thymian*

Kretakost ist zu einem Inbegriff für gesunde Mittelmeerküche geworden. Ein neuer Anhaltspunkt für die besonderen gesundheitlichen Vorteile der Ernährungsweise auf dieser griechischen Insel sind neben Olivenöl drei Kräuter mit einem hohen Radikalfänger-Potential: Thymian, griechischer Salbei und grüne Minze.

Zu einem umfassenden physiologischen Antioxidantienprogramm gehört neben dem vermehrten Genuss von Gemüse und Obst und der Auswahl qualitativ hochwertiger Speiseöle (z. B. Oliven-, Raps- oder Maiskeimöl) deshalb auch der reichliche und fantasievolle Einsatz von Kräutern und Gewürzen. Dabei dürfen wir uns ruhig auch mengenmäßig an den Gewohnheiten unserer südeuropäischen Nachbarn orientieren. Während eine zusätzliche Prise Salz oder Pfeffer schon einmal zu viel sein kann, macht man selbst mit einer Handvoll frischer Kräuter nichts falsch. Wer auf Genuss und Gesundheit setzt, sollte häufiger nebenstehende Gewürze verwenden. Wohl bekomm's!

Kann Functional Food das Gesunde noch gesünder machen?

Ein neues Schlagwort ist in aller Munde: Functional Food, sozusagen maßgeschneiderte Lebensmittel mit besonderer gesundheitsfördernder Wirkung. Functional Food soll in erster Linie das Risiko für bestimmte Krankheiten senken, beugt also ernährungsbedingten Krankheiten vor.

Maßgeschneiderte Lebensmittel

In den letzten Jahren hat in der Tat ein Umdenken stattgefunden: Anstelle der »Sättigungsbeilage« oder dem »Genussmittel« ist wieder vermehrt die präventive Wirkung von Lebensmitteln in das Zentrum der Aufmerksamkeit gerückt. Dementsprechend fließen die neueren Erkenntnisse über die gesundheitsfördernde Wirkung spezifischer Lebensmittelinhaltsstoffe auch in die Entwicklung neuer Produkte ein.

Dem präventiven Potential von Ernährung und Lebensmitteln entsprechend hat man in Teilbereichen begonnen, für bestimmte Nährstoffe wie Vitamin C und E die Zufuhrempfehlungen zu erhöhen. Für viele leider immer noch viel zu zaghaft! Angesichts der veränderten Lebens- und Ernährungsbedingungen sowie der negativen Umwelteinflüsse, denen jeder von uns tagtäglich ausgesetzt ist, ist eine sichere Schutzwirkung nicht immer zu erreichen – jedenfalls nicht über die herkömmliche Ernährung. Umso wichtiger ist es, eine hohe Zufuhr an Radikalfängern und anderen wichtigen Vitalstoffen durch bewusste Lebensmittelauswahl zu realisieren – unter anderem auch mit Functional Food.

Der Trend geht zu Functional Food: Alltägliche Lebensmittel werden mit gesundheitsfördernden Zusatzstoffen angereichert.

Was muss man sich nun genau darunter vorstellen? Im Unterschied zu Nahrungsergänzungen, die meist als Kapsel, Tablette oder Pulver angeboten werden, handelt es sich bei Functional Food um alltägliche Lebensmittel, die zusätzlich mit ernährungsfunktionellen Zutaten wie Calcium, so genannten A-C-E-Vitaminen, Omega-3-Fettsäuren, probiotischen Milchsäurebakterien oder Sekundären Pflanzenstoffen angereichert wurden. Auf diese Weise werden sie zu einer Art »hypernutritious food«, was in etwa »besonders nahrhaft« bedeutet.

Bewusst Einkaufen

Um dem Verbraucher den gesundheitsbewussten Einkauf zu erleichtern, muss das gesundheitsfördernde Potential der Lebensmittel auch ausgelobt werden dürfen. Das gilt für Gemüse ebenso wie für Functional Food und gegebenenfalls auch für ein Genussmittel. Nachdem über die Medien die Botschaft von den positiven Effekte der Polyphenole aus Rotwein in den Köpfen der Verbraucher etabliert wurde, war es ein Leichtes, darauf hinzuweisen, dass Schokolade und Kakao ebenfalls nützliche antioxidative Polyphenole enthalten, die vergleichbar mit denen aus dem Rotwein wären. So wird zum Beispiel bei einer japanischen Schokolade auf der Packung ausgelobt: »Enthält einen hohen Gehalt an dem natürlichen Kakaobestandteil Polyphenol.«

» Als Schokoladengenießer können Sie auch ohne spezielle Auslobung davon ausgehen: Je höher der Gehalt an wertbestimmenden Kakaobestandteilen in einer Schokolade ist, desto mehr Polyphenole sind enthalten. Bitterschokolade hat den höchsten Gehalt an Kakaobestandteilen. «

Den Horizont erweitern

Functional Food kann durchaus dazu beitragen, das Bewusstsein des Verbrauchers für bestimmte gesundheitsfördernde Nahrungsbestandteile zu wecken. Andererseits darf die Herausstellung gesundheitlicher Vorteile von Functional Food nicht dazu führen, dass ernährungsphysiologisch ebenfalls wertvolle Lebensmittel ohne einen solchen Hinweis bei der Lebensmittelauswahl vernachlässigt werden. So liefert ein so genanntes A-C-E-Gemüsegericht unter Auswahl Vitamin-C- und carotinoidhaltiger Gemüsesorten sowie Zugabe von Vitamin-E-haltigem Keimöl durchaus einen gewissen Beitrag zur Versorgung mit den drei antioxidativen Vitaminen.

Andere frische oder erntefrisch tiefgefrorene Gemüse müssen dem aber nicht nachstehen, wenn sie mit einem hochwertigen Pflanzenöl schonend zubereitet, das heißt gedünstet werden. In jedem Fall müssen gesundheitsbezogene Informationen immer in Zusammenhang mit der gesamten Ernährung und nicht nur mit Einzelsubstanzen oder einigen wenigen Produkten gebracht werden.

Auch wenn in ausgesprochenen Genussmitteln durchaus etwas Gesundes steckt, sollte man nichts übertreiben: Bei mehr als einem Riegel Schokolade pro Tag fallen Zucker und Fett im wahrsten Sinne des Wortes mehr ins Gewicht als die positive Wirkung der Polyphenole ... Wer immer nur einige wenige Einzelsubstanzen oder eine Handvoll Lieblingsprodukte im Visier hat, schränkt die Ernährungsvielfalt ein, statt sie auszuweiten!

A-C-E-Drinks

Die eigentlichen Wegbereiter des Functional-Food-Konzeptes waren zweifellos A-C-E-Drinks und probiotische Milchprodukte. Getränke gehören zu den Lebensmitteln, die gerne und auf Grund des hohen Wasserbedarfs auch in großen Mengen konsumiert werden. Immerhin beträgt die empfohlene Wasserzufuhr über Getränke bei leichter körperlicher Arbeit durchschnittlich 1,5 Liter pro Tag.

Zu den Getränken gehören Wasser, Mineralwasser, Säfte, Kaffee und Teeaufgüsse, Erfrischungsgetränke und alkoholische Getränke. Besonders Säfte und safthaltige Erfrischungsgetränke eignen sich für die »Aufwertung« durch spezielle funktionelle Zutaten. Bekannte Beispiele sind die A-C-E-Drinks. Damit die Wirkung der Schutzstoffe möglichst lange erhalten bleibt, bitte auf dunkle Flaschen und kühle Lagerung achten!

Säfte aus Obst und Gemüse sind eine schmackhafte Quelle für antioxidativ wirkende Sekundäre Pflanzenstoffe.

Säfte auf der Basis von Früchten und Gemüsen weisen ohnehin einen günstigen natürlichen Gehalt an antioxidativen Nahrungsbestandteilen wie Sekundäre Pflanzeninhaltsstoffe (u. a. Carotinoide und Flavonoide) sowie Vitamin C auf. Ein Zusatz bzw. eine Standardisierung im Hinblick auf die antioxidativen Vitamine C, E und (Provitamin-)A trägt zur Deckung höherer präventiver Dosierungen dieser Schutzvitamine bei.

Probiotische Milchprodukte

Diese unter Auswahl besonderer Bakterienkulturen hergestellten schmackhaften Milchprodukte sind im Kühlregal allgegenwärtig. Sie sollen die Zusammensetzung der menschlichen Darmflora positiv beeinflussen – einen regelmäßigen Verzehr vorausgesetzt. Zu gesunden Verhältnissen im Darm tragen jedoch auch andere, nicht hitzebehandelte Milchsäureprodukte wie Dickmilch, Kefir, Buttermilch und so genannte milde Joghurts bei, aber auch Sauerkraut und Oliven aus dem Fass. Denselben Effekt erzielen Sie mit Ballaststoffen aus Gemüse, Obst, Hülsenfrüchten und Vollkorn – allesamt natürliche Wegbereiter für die erwünschten Bakterien im Darm.

Omega-3-Brot

Brot als Grundnahrungsmittel eignet sich besonders gut für die Zusetzung von Omega-3-Fettsäuren.

Wer beispielsweise aus welchen Gründen auch immer keinen Seefisch verzehrt, muss die Versorgung mit den für die Gesunderhaltung von Herz und Kreislauf essentiellen Omega-3-Fettsäuren auf andere Art und Weise sicherstellen. Hierzu eignet sich Omega-3-Brot und anderes mit diesen ungesättigten Fettsäuren angereichertes Functional Food. Wegen der großen Bedeutung von Omega-3-Fettsäuren für die frühkindliche Gehirnentwicklung können von diesen Produkten speziell auch Schwangere und stillende Frauen profitieren. Brot ist, wie schon das Beispiel Jodzusatz in Form von jodiertem Speisesalz zeigt, ein gutes Grundnahrungsmittel für eine Aufwertung mit funktionellen Zutaten. An diesem Beispiel wird auch deutlich, dass sich als Functional Food vor allem solche Lebensmittel eignen, die ohnehin Bestandteil einer gesunden und ausgewogenen Ernährung sind bzw. sein sollten. Weitere Beispiele für Functional Foods sind Omega-3-Eier, -Teigwaren, -Säfte und -Margarine.

Wunsch und Wirklichkeit

Functional Foods schließen also zunehmend die Lücke zwischen begründetem Wunsch und Wirklichkeit. Sie fördern das Bewusstsein für eine gesunde Ernährung und können durch ihre Radikalfänger und andere gesundheitsfördernde Zutaten wie

Ballaststoffe und langkettige Omega-3-Fettsäuren maritimen Ursprungs zu einer ausgewogenen Nährstoffversorgung auf einem höheren Niveau beitragen.

Kann Functional Food eine gesunde Lebensweise ersetzen?

Nein, natürlich nicht. Mit Functional Food kann man seinen Speiseplan zwar in Teilbereichen aufwerten – eine gesunde Ernährung kann es jedoch nicht ersetzen. Für die Gesundheit insgesamt sind niemals einzelne Nahrungsbestandteile ausschlaggebend, sondern die Gesamtheit eines vielseitigen Speiseplans, zum Beispiel nach der Lebensmittelpyramide oder nach dem Vorbild der mediterranen Ernährung.

Auf einen Blick — Bioladen oder Supermarkt?

- Was den Nährstoffgehalt anbelangt, gibt es kaum Unterschiede zwischen Lebensmitteln aus ökologischer und solchen aus konventioneller Landwirtschaft. Vielmehr sind die Unterschiede im Vitamin-C- und Carotinoidgehalt von Gemüsen in erster Linie auf den Erntezeitpunkt, Klimafaktoren (besonders von Licht), Pflanzenstand, Sortenwahl etc. zurückzuführen.
- Das bedeutet jedoch auch, dass Tomaten, die außerhalb der im Freiland üblichen Erntezeiten in Gewächshäusern gezogen und geerntet werden, auf Grund der geringen Lichteinstrahlung einen geringeren Vitamin-C- und Lykopingehalt aufweisen können. Auf der anderen Seite sind es die Gewächshauskulturen, die dafür sorgen, dass wir auf ein ganzjähriges Angebot an frischem Gemüse zurükkgreifen können – wenn auch mit einem geringen Gehalt an Radikalfängern.
- Als Orientierungshilfe für den bewussten Einkauf empfehle ich an erster Stelle frische Produkte der Jahreszeit aus ökologischem Anbau, gefolgt von konventioneller Ware vom Wochenmarkt oder aus dem Gemüseladen. Der oftmals überlagerten Supermarktware ist erntefrisch gefrostetes Tiefkühlgemüse auf jeden Fall vorzuziehen.

Wie kann ich Nährstoffverluste vermeiden?

Sekundäre Pflanzenstoffe sind zum Teil sensibel wie Vitamine. Vitamine und Mineralstoffe sind empfindliche Mikronährstoffe. Die meisten sind wasserlöslich und gehen auf diese Weise beim Waschen und Kochen von Lebensmitteln verloren. Einige Vitamine sind empfindlich gegen Licht, andere gegen Luftsauerstoff oder Wärme. Lagerung, Verarbeitung und Zubereitung von Lebensmitteln vermindern daher den Gehalt an Vitaminen.

Antioxidantien aus dem Eis

Gemüse und Obst sind empfindlich: Vitamine und Aromastoffe gehen schnell verloren.

Gemüse und Obst – gleich ob vom Gemüseladen an der Ecke oder aus dem Supermarkt – haben teilweise weite Transportwege zurückgelegt. Bei zu langer oder falscher Lagerung während des Transports und im Handel kann das Produkt bereits hohe Vitaminverluste erlitten haben.

Kopfsalat beispielsweise verliert schon nach zwei Tagen Lagerung bei Zimmertemperatur fast die Hälfte seines Vitamin-C-Gehalts, bei Spinat sind es sogar rund 80 Prozent und bei Blumenkohl immerhin ein Viertel des Vitamin-C-Gehalts. Die Vitamin-C-Verluste im Gemüse sind allgemein umso größer, je höher die Lagertemperatur und je länger die Lagerzeit.

Erntefrisch tiefgefrorene Gemüse zeigen dagegen selbst bei monatelanger Lagerung keine nennenswerten Verluste – vorausgesetzt die Tiefkühlkette wird nicht unterbrochen. Die falsche Lagerung von Obst und Gemüse – natürlich auch zu Hause – kann bereits alle Bemühungen um eine vitaminschonende Zubereitung zunichte machen, denn es gibt nicht mehr viel zu schonen.

Tatort Küche

Vitaminverluste beim Transport von Lebensmitteln und bei der Lagerung im Handel lassen sich nicht kontrollieren. Sie sind aber bei Tiefkühlkost äußerst gering. Verluste beim Kochen sind zwar unvermeidlich, lassen sich jedoch reduzieren.

Der Vitamingehalt nimmt bei der Lagerung und beim Warmhalten von Speisen ab, wasserlösliche Nährstoffe zum Beispiel – wie Kalium und Magnesium – werden ausgeschwemmt.

Auch der Verlust an wasserlöslichen Vitaminen ist umso höher, je länger das Gemüse im Wasser liegen bleibt. Fließendes Wasser »extrahiert« die Vitamine und Mineralstoffe noch schneller.

Deshalb nachfolgend einige Tipps, was Sie selbst tun können, um trotzdem gut mit Vitaminen (und auch Mineralstoffen) versorgt zu sein:

Auf einen Blick Die Vitaminversorgung sichern

- Lebensmittel erst unmittelbar vor dem Verzehr zubereiten.
- Beim Putzen und Schälen nur das Nötigste entfernen.
- Kurz, aber gründlich vor dem Zerkleinern waschen, zum Beispiel Kartoffeln und Kohlrabi.
- Lebensmittel nicht stärker zerkleinern als notwendig, bis zum Verzehr bzw. bis zur Weiterverarbeitung abdecken.
- Nährstoffschonend garen (dünsten, in Folie, im Wok oder im Tontopf garen oder dämpfen). Dünsten und Dämpfen bekommt jedem Gemüse am besten. Übrigens, genauso sanft und schonend ist die Mikrowelle.
- Temperatur und Kochzeit dem Lebensmittel anpassen, es nicht übergaren.
- Langes Warmhalten von Speisen vermeiden, lieber abkühlen lassen, dann wieder aufwärmen.
- Nicht verzehrte Lebensmittel sofort so kühl wie möglich stellen (Kühlschrank).

Roh oder gekocht?

Rohkost ist gesund, stellt aber nicht immer die Lösung des Problems dar. Zwar ist der Nährstoffgehalt in ihr am höchsten, doch müssen manche Lebensmittel, zum Beispiel Kartoffeln und Hülsenfrüchte, gegart (gekocht) werden, damit sie verträglich sind und ihre Inhaltsstoffe besser ausgenutzt werden können. Die Vitamine B1, Folsäure, Pantothensäure und C sind am empfindlichsten, wie die durchschnittlichen Vitaminverlustraten bei der haushaltsüblichen Zubereitung zeigen (siehe Seite 71).

Betacarotin ist relativ hitzebeständig – gedünstete Möhren sind also eine günstige und obendrein recht gut bioverfügbare Quelle für dieses Provitamin und wirksame Antioxidans.

Manches Gemüse braucht Hitze, um seine volle gesundheitliche Wirkung zu entfalten.

Vom Tomatencarotinoid Lykopin wissen wir ja bereits, dass es erst nach »Hitzebehandlung« und Zusatz von etwas Fett so richtig gut vom Körper verwertbar ist. Ketchup und Tomatensoße haben den größten Effekt.

Die ebenfalls zur Gruppe der Carotinoide gehörenden Xanthophylle mit spezieller Krebsschutzwirkung aus grünblättrigem Gemüse sind dagegen hitzeempfindlich. Das spricht für einen bevorzugten Rohverzehr von grünen Blattsalaten.

Längeres Warmhalten von Gerichten verursacht weitere Vitaminverluste, die zum Beispiel bei Vitamin C 50 bis 70 Prozent betragen können.

Bitte nicht schälen!

Polyphenole teilen sich in die zwei Gruppen Phenolsäuren und Flavonoide auf. Die höchste Konzentration liegt in den Schalenbereichen von Getreide, Früchten und Gemüse vor. Das Schälen von Äpfeln oder Häuten der Tomaten führt automatisch zu einem erheblich geringeren Flavonoidgehalt. Die größten Einbußen an Nährstoffen entstehen beim Schälen von Obst und Gemüse bzw. bei der Entfernung der Randschichten des Getreides.

Vollkornweizen enthält die zehnfache Menge an Polyphenolen im Vergleich zum niedrig ausgemahlenen hellen Weizenmehl.

Äpfel sind hoch protektive Lebensmittel, die ungeschält, aber sorgfältig gewaschen aus der Hand gegessen werden sollten.

Besonders viele Flavonoide stecken übrigens in der weißen Haut von Orangen und Grapefruit. Darum von Zitrusfrüchten nicht die gesamte weiße Haut entfernen!

Wie finde ich das richtige Öl?

Öle mit einem hohen Gehalt an mehrfach ungesättigten Fettsäuren sind besonders oxidationsfreundlich, werden also schnell ranzig und bedürfen deswegen eines besonderen Antioxidantienschutzes durch Vitamin E. Es wird mit einem Mehrbedarf von mindestens 0,5 mg Vitamin E je Gramm aufgenommener mehrfach ungesättigter Fettsäure gerechnet.

Pflanzenöle enthalten zum eigenen Oxidationsschutz (= Schutz vor Ranzigwerden) in der Regel genügende Mengen von antioxidativ wirksamem Vitamin E. Allerdings »verbrauchen« ja gerade die Öle mit besonders hohem Gehalt an mehrfach ungesättigten Fettsäuren auch dieses Vitamin E für ihren eigenen Oxidationsschutz, sodass zu fragen ist, inwieweit ein solches Öl dann wirklich ein guter Vitamin-E-Lieferant ist.

Hier bieten sich einfach ungesättigte Fettsäuren an, die beim Einsatz in der Küche wesentlich stabiler sind und wie sie zum Beispiel im Olivenöl vorliegen. Aber bitte kalt gepresst! Auf Grund seiner besonders günstigen Kombination von natürlichen Antioxidantien (Vitamin E, aber auch Polyphenole und Carotinoide) hat kaltgepresstes Olivenöl die beste Schutzwirkung gegen Freie Radikale. Immer vorausgesetzt, es wird in dunklen Flaschen richtig, nämlich dunkel gelagert.

Es geht nichts über kaltgepreßtes Olivenöl, aber in dunklen Flaschen gelagert.

Das Risiko des oxidativen Fettverderbs ist am größten beim lang andauernden Frittieren, vor allem bei mehrmaliger Verwendung des Frittierfettes. Stechender Geruch und Rauchbildung, dort wo mit Fett gebraten oder frittiert wird, deuten auf zu häufige und zu hohe Fetterhitzung und Fettzersetzungsprozesse hin. Verzichten Sie dann besser auf das Essen.

Auf einen Blick Zehn goldene Ernährungsregeln

1. Genießen Sie auf mediterrane Art und vereinen Sie Lebensfreude, Genuss und Gesundheit beim Essen.
2. Orientieren Sie sich bei Ihrem Speiseplan an der Lebensmittelpyramide, die die richtigen Mengenverhältnisse für die Zusammenstellung der Mahlzeiten vorgibt.
3. Machen Sie mit bei »5-a-day«, d.h. fünfmal Obst und Gemüse am Tag. In diesen Lebensmitteln sind die meisten Radikalfänger enthalten.
4. Achten Sie auf die Qualität, d.h. die Nährstoffdichte beim Essen anstatt Kalorien zu zählen.
5. Essen Sie ballaststoffreich, Ihrer Gesundheit und auch Ihrer Figur zuliebe.
6. Werden Sie zum Fischfan und genießen Sie mindestens zweimal wöchentlich Meeresfisch.
7. »Kräutern« Sie reichlich und gehen Sie sparsam mit Kochsalz um.
8. Kaufen Sie Lebensmittel bewusst ein und achten Sie auf ökologischen Anbau und die Herkunft. Nur wer regelmäßig im Fachgeschäft oder beim Erzeuger einkauft, kann ein Vertrauensverhältnis aufbauen.
9. Schonen Sie Vitamine, Aromastoffe und bioaktive Schutzstoffe im Essen durch die richtige Lagerung und Zubereitung der Lebensmittel.
10. Lassen Sie sich stets Zeit zum bewussten Genießen. Ein schmackhaftes Essen mit Freude und Ruhe gegessen ist für die Gesundheit ebenso wichtig wie der Nährstoffgehalt.

Mein Schutzprogramm: Bewegung

Manche mögen es vielleicht nicht mehr hören. Einige finden meine Empfehlung möglicherweise banal oder einfach nur unbequem. Und viele wissen es natürlich längst: Bewegen Sie sich! Das sage ich zu jedem meiner Patienten. Bewegen Sie sich! Bewegen Sie sich so viel und so oft es geht.

Wir müssen umdenken. Tägliche Bewegung sollte genauso selbstverständlich sein wie Zähne putzen. Zähne putzen ist kein besonders großer Spaß, aber es ist notwendig und gut für die Gesundheit. Keiner von uns denkt mehr darüber nach, ob er wirklich seine Zähne putzen soll – wir machen es einfach.

So sollten wir das auch mit der Bewegung halten – einfach tun.

Wie viel bewegen Sie sich eigentlich?

Uns geht es doch gut. Wir können uns viel gönnen. Gewöhnlich essen wir reichlich und trinken gern, oft auch mal einen über den Durst. Wir machen es uns gerne bequem. Unsere Mütter und Väter hatten es vielleicht noch schwer. Gewiss aber unsere Großeltern, die kannten schwere, körperliche Arbeit. Aber wir? Wir sind, was unseren Tagesablauf betrifft, oft Sitz-Riesen.

Der moderne Mensch ist zwar außerordentlich beweglich (mobil) geworden – aber die meisten bewegen sich viel zu wenig.

Viele gehen nur noch die paar Schritte zum Auto und vom Auto ins Büro. Wir müssen kaum mehr Treppen steigen, schließlich gibt es Fahrstühle. Wir sitzen den lieben langen Tag. Abends sitzen wir auch, am Esstisch, auf dem Sofa, vor dem Computer oder dem Fernseher. Schließlich bequemen wir uns ins Bett. Hilfe, geht es uns gut.

Warum fühlen wir uns eigentlich schlecht?

Es geht uns wirklich gut – aber wir fühlen uns ganz und gar nicht gut. Wir schlafen schlecht. Wir sind tagsüber häufig müde, manchmal richtig zerschlagen. Hier und da plagt uns ein

Zipperlein. Der Rücken schmerzt, es drückt bedenklich auf der Brust. Irgendwas scheint auf dem Magen zu liegen. Es knackt so komisch, wenn wir in die Knie gehen, und wenn wir wieder hochkommen, wird uns manchmal schwindelig.

Wir gehen vielleicht zum Arzt, und der Arzt kann uns etwas verschreiben, für den Kreislauf, fürs Herz, für den Blutdruck, gegen Arthrose, Insuffizienz oder weiß der Teufel was.

Aber ob wir uns dadurch wieder gesund fühlen?

Warum Bewegung nötig ist

Der Krankmacher Nummer eins hat einen hässlichen Namen: Hypokinese – Bewegungsmangel. Viele betrachten Bewegungsmangel noch schicksalsergeben als typische Zivilisationskrankheit. Viele tun immer noch so, als könnten sie nichts dagegen tun.

Wir müssen zunächst einmal einsehen: Der Mensch ist nicht dazu geschaffen, nichts zu tun.

» Jeder ist für seine Gesundheit verantwortlich. Jeder ist gewissermaßen »Produzent« seines Zustandes. Nein, Gesundheit lässt sich leider nicht bequem und passiv konsumieren oder vom Arzt verordnen, Gesundheit ist ein aktiver Prozess. «

Eine leistungsfähige Muskulatur benötigt zum Beispiel eine isometrische, aktive Grundspannung. Die wird nicht dadurch erreicht, dass wir nur sitzen – sondern erst, wenn wir uns bewegen. Erst dann erhält der menschliche Organismus – auch unser Gehirn – ganz andere Durchblutungsbefehle; der gesamte Apparat wird aktiviert, Schlackenstoffe werden abtransportiert, die Sauerstoffversorgung verbessert, der Endorphin-Stoffwechsel gesteigert.

Als Bewegungsmuffel sind wir eine Fehlkonstruktion. Das ist eine biologische Tatsache.

Für was die alten Griechen Vorbilder sind

Im alten Athen waren große Denker wie Sokrates und sein Schüler Platon ständig in Bewegung. Die Philosophen liefen herum, um die Denkprozesse zu beflügeln, und mischten sich unters Volk. Folgerichtig nannten sich später Aristoteles und seine Schüler »Peripathetiker« - abgeleitet vom altgriechischen *peripathein* - umhergehen.

Bewegung beflügelt das Denken – das haben schon die alten Griechen erkannt.

Noch ein Beispiel aus der Antike, von Heraklit, ebenfalls ein bedeutender griechischer Philosoph. Für ihn war der Fluss Sinnbild des Lebens: »Panta rhei – alles fließt.«

Wir Menschen sind tatsächlich nur gesund und in der Balance, wenn alles im Fluss ist:

- Unser Blut, das Sauerstoff bis in die kleinsten Kapillaren des Körpers flutet
- Unsere Lymphe, die Schlacken und Gifte abtransportiert
- Unsere Gehirn- und Rückenmarksflüssigkeit (Liquor), die unsere Steuerzentrale mit Nährstoffen versorgt

Wie fordert der moderne Mensch seine Muskeln?

Bewegung ist eine ultimative Forderung an alle Menschen. Wir modernen Mitglieder dieser Freizeitgesellschaft müssen allesamt lernen, einen Teil der gewonnenen Zeit freiwillig für Bewegung und körperliche Fitness aufzuwenden. Zwar hat sich unser Lebensstil in den letzten Jahren dramatisch verändert, aber nicht unser Erbgut.

Immer mussten die Menschen für ihren Lebensunterhalt schwer schuften: Nahrung sammeln, Beute schleppen, pflügen, Behausungen bauen, Holz hacken – sie waren ständig unterwegs, als Sammler, Jäger, Krieger.

Noch vor 100 Jahren war der Mensch mit seiner Muskelkraft zu 90 Prozent am so genannten Gesamtenergieaufkommen beteiligt. Und heute? Diese Marke ist unter ein Prozent gerutscht.

Immer neue Apparaturen, Motoren und Methoden wurden erfunden und ersonnen, um uns vor körperlicher Anstrengung zu schützen.

Unverändert aber unterliegt der Mensch biologischen Grundgesetzen. Eines der wichtigsten lautet: Gesundheits- und Leistungszustand eines Organismus werden bestimmt vom Erbgut, von der Umwelt – und vor allem von der Qualität und Quantität der muskulären Beanspruchung.

Bewegungsmangel und die fatalen Folgen

Bewegungsmangel kann fatale Folgen haben: Herzinfarkt, Haltungsschäden und Osteoporose, chronische Müdigkeit, Schlafstörungen oder Bluthochdruck. Ohne hinreichende Bewegung gerät unser Herz, dieser unermüdliche, faustgroße Muskel und Motor unseres Lebens, gewissermaßen in Sauerstoffnot.

» Leben ist Bewegung, Bewegung ist Leben

Zwei Radikalforscher, eine Bestätigung. Der angesehene Biochemiker Lester Packer aus Berkeley/ Kalifornien der seit vielen Jahren die Wirkung von Freien Radikalen untersucht, erklärt, dass regelmäßige, dosierte Bewegung die Radikalabwehr stärkt: »Je besser die Kondition, desto größer die Zahl der körpereigenen Schutzsysteme.« Das fand auch Dr. Kenneth Cooper heraus: »Zentraler Punkt einer auf den Schutz durch Antioxidantien ausgerichteten Lebensweise ist körperliche Aktivität.« Ohne regelmäßiges Training wird das körpereigene Abwehrsystem gegen Freie Radikale unter Umständen so marode, dass auch Zusatzpräparate nicht mehr viel ausrichten können. **«**

Wenn unsere Muskeln inaktiv sind, wird auch die Empfindlichkeit der Rezeptoren (Andockstellen) für Insulin in der Skelettmuskulatur reduziert. Dadurch muss die Insulinproduktion erhöht werden. Folge: Der Insulinspiegel im Blut steigt. Dies wiederum erhöht die Gefahr für Arteriosklerose.

Wie wirkt sich totale Bettruhe aus?

Professor Wildor Hollmann untersuchte als einer der Ersten, wie sich Bewegungsmangel auf die Gesundheit auswirkt. Für eine Feldstudie verordnete er Sportstudenten Bettruhe, neun Tage lang. Prompt ließ deren Leistungsfähigkeit (Herz, Kreislauf, Atmung,

Aus meiner Praxis Lebertran gegen Osteoporose

Die Wirbelsäule tut weh, der ganze Rücken schmerzt.
Die Zahl meiner Patienten mit diesen Symptomen nimmt zu.
Diagnose: Osteoporose - eine Erkrankung des Skelettsystems.

Osteoporose ist (leider) ein populäres Thema geworden, besonders in Frauenzeitschriften. Kein Wunder, hierzulande sind rund fünf Millionen Menschen davon betroffen. Vor allem Frauen nach dem Klimakterium. Allerdings leiden auch Männer an Osteoporose, wenn auch in einem wesentlich geringeren Prozentsatz.
Das Wesen der Krankheit: Die Knochendichte nimmt ab – über das altersbedingte Ausmaß hinaus. Es kommt damit zu einer Verminderung der Knochensubstanz. Sie wird bruchanfällig.
Was ist zu tun? Die klassische Behandlung wäre: reichlich Calcium zu geben. Doch das macht nur Sinn, wenn der Calciumspiegel im Blut zu niedrig ist. Eine Laboruntersuchung gibt darüber Aufschluss. Führt man zu viel Calcium zu, kann das bedeuten, dass die Bildung von Nierensteinen oder Kalkablagerungen in den Blutgefäßen gefördert wird.
Ich greife gern auf ein Mittel zurück, das fast schon in Vergessenheit geraten ist: Lebertran. Die Älteren werden sich noch an ihn erinnern – er schmeckt widerlich, wird heute aber verkapselt angeboten.
Außerdem verordne ich Bewegung, calciumhaltige Ernährung, Zink, B-Vitamine und hoch dosiert Vitamin C. Und das Hormon Calcitonin (Hemmung der Osteoklasten) in Form eines Nasensprays.
Weiterhin ist darauf zu achten, dass der Körper nicht übersäuert (überwiegend durch Weißbrot, Nudeln, Zucker, Kaffee, Alkokol). Unbedingt darauf achten, dass die Harnsäure nicht erhöht ist (oberer Grenzwert 5,85 mg%. Zur Entsäuerung empfehle ich basische Mineralkomplexe, die in der Lage sind, überschüssige Säuren im Gewebe abzupuffern. Die abgepufferten Säuren müssen über aktives Schwitzen (Bewegung) und reichlich Flüssigkeitszufuhr ausgeschieden werden (Niere).

Stoffwechsel) um 20 Prozent nach. Das Herz büßte ein Zehntel seiner Größe ein, die Herzschlagzahl, der Atmungsaufwand sowie der Milchsäurespiegel (Laktat) im Blut nahmen deutlich zu. Über den Urin schieden die Studenten deutlich mehr Calcium aus, was auf vermehrten Knochenabbau hinwies. Ihr Immunsystem war geschwächt.

Längere Bettruhe entlastet also nicht, sondern belastet.

Das gilt genauso für zu wenig Bewegung. Bewegung war und ist nun mal im Betriebsplan unseres Stoffwechsels vorgesehen. Der Bewegungsdrang von Kindern beweist das – unsere Erbanlagen sind unverändert.

Warum Bewegung Leben ist

»Zentraler Punkt einer auf Schutz durch Antioxidantien ausgerichteten Lebensweise ist körperliche Aktivität.« (Dr. Kenneth Cooper)

Die Notwendigkeit, sich bewegen zu müssen, packten unsere Urväter in eine einfache Formel: Sich regen bringt Segen. Das stimmt. Nach wie vor.

Professor Hollmann: »Der Mensch ist so konstruiert, dass überschwellige muskuläre Beanspruchungen in Kindheit und Jugend einer optimalen Entwicklung von Körper und Geist dienen. Beim erwachsenen Menschen hat genügend muskuläre Aktivität die Aufgabe, uns vor zahlreichen Herz-Kreislauf- und Stoffwechselkrankheiten sowie auch einigen Krebserkrankungen zu schützen. Beim älteren und alten Menschen stellt muskuläre Beanspruchung die einzige wissenschaftlich gesicherte Möglichkeit dar, sich funktionell jünger zu halten, als es dem chronologischen Alter entspricht.«

Der Mensch ist zur Bewegung geboren. Bewegung ist Leben und Leben ist Bewegung. Bewegung ist eigentlich ein Urinstinkt – nämlich zum gesunden Leben. Bewegung kann so vieles heilen: von Übergewicht bis Rückenschmerz, sogar Depression und Sucht. Bewegung bringt Lebensfreude – sie bedeutet Ja zum eigenen Körper und letztlich Ja zum Leben. Bewegung hilft, ein Gefühl für Energie und für den eigenen Körper zu entwickeln, eine Balance zwischen Körper und Seele zu finden.

Wann sind wir gesund?

Bewegung und regelmäßiges Training sind notwendig, um lebenswichtige Körperfunktionen zu erhalten. Das gilt nicht nur für das Herz-Kreislauf-System. Auch eine Sehne passt sich Belastungen an. Stellt man sie ruhig, wird sie reißanfälliger.

Ein inaktiver Knochen wird bruchanfällig (osteoporotisch), weil sich die Knochendichte vermindert. Darum geht zum Beispiel ein Skifahrer am ersten Urlaubstag ein viel größeres Risiko einer Knochenverletzung ein. Nach zehn Tagen haben sich die Knochen der erhöhten Belastung angepasst. Ein Gelenk, das

Auf einen Blick — Entspannung durch Laufen

Durch Laufen kann man wirksam Spannungen und Stress abbauen und zu einer fast verklärten Grundstimmung finden. Ich nenne diesen Zustand »Meditase«, also eine Mischung von Meditation und Ekstase. Beim Joggen fühle ich mich wie ein Tagträumer. Ich denke an Musik, ich höre Musik. Ich erinnere mich an Gespräche.
Manchmal bin ich gar nicht im Wald oder auf meinem Weg unterwegs, sondern ganz woanders auf der Welt. Und wenn ich heim komme, fühle ich mich wie ein neuer Mensch: weniger gereizt, weniger aggressiv – wunderbar entspannt.
Entspannung. Zur Ruhe kommen. Sich sammeln. Neue Energie tanken. Sich erholen, erfrischen, regenerieren – bewusste Entspannung (Sport, Sauna, Yoga, Seele baumeln lassen) gehört zu einem notwendigen Management der Kräfte. Keiner kann ständig nur auf Hochtouren laufen, voll durchpowern. Wie fast immer im Leben kommt es auf die Balance an. Achten Sie also auf ein ausgewogenes Verhältnis zwischen Arbeit und Muße, Anspannung und Entspannung.

längere Zeit ruhig gestellt werden muss, ist kaum mehr zu gebrauchen. Die »Schmierung« und der Stoffwechsel im Gelenk reduzieren sich bei eine Ruhigstellung drastisch, sodass der Knorpel seine Nährstoffe nicht bekommt und »schrumpft«. Es braucht eine geraume Zeit der Regeneration, bis alles wieder voll funktionsfähig ist.

Wenn sich die Bandscheibe rächt

Bewegungsmangel führt häufig zu Rückenschmerzen: Die Bandscheibe hat sich gemeldet.

Leider lassen viele Menschen ihren dynamischen Bewegungsapparat freiwillig in Statik verharren. Kein Wunder, wenn sich das rächt. Wenn dann zum Beispiel der Rücken schmerzt. Der Grund: die Bandscheibe.

Die Bandscheibe erwartet von uns immer noch dasselbe wie vor 5000 Jahren – einfach nur regelmäßige Bewegung. Schließlich ist es Aufgabe der Bandscheibe, die Wirbelkörper auf Distanz zu halten. Das kann nur funktionieren, wenn die Bandscheibe mit einer gallertartigen Flüssigkeit prall gefüllt ist.

Doch die Bandscheibe ist nicht wie alles andere im Körper an ein Blutgefäß angeschlossen, das ihr ständig Nährstoffe zuführt und Stoffwechselabbauprodukte abtransportiert. Die Bandscheibe muss für sich selbst sorgen. Mithilfe der Druck-Saug-Pumpe wird die gallertartige Flüssigkeit ernährt. Die wird ausgelöst, wenn wir uns bewegen.

Warum jeder Zweite Rückenschmerzen hat

Bei jedem Schritt wird die Bandscheibe belastet. Kurz darauf wird sie entlastet. Der innere Kern der Bandscheibe gleicht einem Gummibärchen. Die Druck-Saug-Pumpe drückt es ständig zusammen und lässt es wieder los. Dieses Wechselspiel zwischen Be- und Entlastung presst die Schlackenstoffe und Stoffwechselabbauprodukte aus und saugt neue Nährstoffe an.

Würden wir uns täglich acht, zehn Stunden bewegen, wie das ursprünglich in unserem Bauplan stand, bliebe die Bandscheibe

Auf einen Blick – Wenn alles in Bewegung kommt

Die positiven Auswirkungen für den Bewegungsapparat

- Die Muskulatur wird gekräftigt. Normalerweise verlieren wir zwischen dem 20. und 70. Lebensjahr bis zu 40 Prozent Muskelkraft.
- Bessere Sauerstoffausnützung durch mehr Mitochondrien.
- Überschüssiges Körperfett wird abgebaut.
- Die Knochen, Bänder und Sehnen werden belastbarer.

Die positiven Auswirkungen fürs Herz-Kreislauf-System

- Das Herz arbeitet ökonomischer, Pulsfrequenz und Blutdruck sinken, bessere Sauerstoffversorgung des ganzen Organismus.
- Die Blutgefäße werden elastischer, bessere Fließeigenschaft des Blutes, geringere Blutfettwerte, die Arteriosklerosegefahr sinkt.
- Das Gehirn wird besser durchblutet (mehr Kreativität, Denk- und Erinnerungsvermögen).

Die positiven Auswirkungen für die Atmung

- Die Vitalkapazität der Lunge steigt, ökonomischere Atmung.
- Die Lungen werden besser belüftet und mit Sauerstoff versorgt.
- Die maximale Sauerstoffaufnahme steigt (tiefere Atmung).

Die positiven Auswirkungen für den Stoffwechsel

- Das »schlechte« LDL-Cholesterin sinkt, das »gute« HDL nimmt zu.
- Der Harnsäurespiegel sinkt.
- Der Ausscheidungsstoffwechsel (Schwitzen) verbessert sich.
- Die Darmtätigkeit wird gefördert.

Die positiven Auswirkungen für die Psyche

- Das seelische Wohlbefinden, die geistige Frische und das Selbstwertgefühl nehmen zu.
- Das Gesundheitsbewusstsein wird positiv beeinflusst.
- Belastbarkeit und Stresstoleranz steigen.
- Das Körpergefühl erhöht sich – mithin auch die subjektive Lebensqualität.

jung. Doch was tun wir? Wir hocken täglich acht, zehn Stunden hinter dem Schreibtisch oder vor dem Fernseher. Da ist es dann kein Wunder, wenn jeder Zweite über 50 über Rückenschmerzen klagt.

Wie viel Bewegung ist eigentlich nötig?

Nicht nur die amerikanische Gesellschaft für Herz- und Kreislauf-Forschung und das College für Sportmedizin, inzwischen sind sich alle Experten über das minimale Maß von regelmäßigem Ausdauersport einig. Laufen, Walking, Schwimmen, Radfahren, Inline-Skating, Bergwandern – Hauptsache, Sie kommen mindestens dreimal, besser viermal die Woche ins Schwitzen. Die Belastungsintensität: um Puls 130. Die Belastungsdauer: jeweils mindestens 30 bis 60 Minuten. Dann wird der Körper optimal mit Sauerstoff geflutet, der Stoffwechsel angekurbelt. Sogar ein simples Treppen-Training ist wirksam. Eine Versuchsgruppe erstieg zehn Wochen lang täglich 25 Stockwerke. Sie bewegten sich knapp acht Minuten lang im Pulsbereich zwischen 130 und 159. Kein großer Aufwand. Dennoch nahm die maximale Sauerstoffaufnahme um erstaunliche15 Prozent zu.

Es muss nicht gleich Höchstleistung sein – regelmäßiges Treppensteigen tut es auch schon.

Muss es denn Höchstleistung sein?

Nein, Bewegung sollte absolut nichts mit Leistungswahn zu tun haben. Die Formel, der jahrelang viele Fitness-Fanatiker nachrannten, ist purer Unsinn: No pain, no gain (Wenn's nicht weh tut, bringt's nichts). Exzessives Training würde unweigerlich zu oxidativem Stress führen.

Leider nehmen immer noch viel zu viele Freizeitsportler die schönste Nebensache der Welt viel zu ernst. Sie gehen viel zu schnell in die Vollen, sie sind zu ungeduldig mit sich und ihrem Körper, sie überschätzen sich und die Leistungsfähigkeit ihres Körpers. Sie geben ihrem Körper nach einer Belastung nicht genügend Zeit, sich zu erholen. Das ist ein Vergehen am Körper.

Auf einen Blick Wann kann Sport schädlich sein?

Exzessives Training, das so genannte Distress-Training, ist gefährlich. Zahlreiche Hobbysportler, die ihren Körper plötzlich zu Höchstleistungen pushen, tun ihrem Körper nichts Gutes. Im Gegenteil.

Man soll im Leben nichts übertreiben, auch Sport nicht. Diese Ansicht vertritt selbst Dr. Kenneth Cooper, der Erfinder der Aerobic-Bewegung. Heute vertritt er ganz entschieden und engagiert die These: zu viel oder falsch betriebene Bewegung schadet dem Körper mehr als sie nützt. Begründung: Freie Radikale.

Bei ungewohnter Anstrengung wird ein Sechsfaches produziert. Warum ist das eigentlich so? Wer bis zur Erschöpfung trainiert, verbraucht in Herz und Muskeln zehn- bis zwanzigmal mehr Sauerstoff. Den notwendigen Ersatz holt sich der Körper aus Organen, die gerade nicht so beansprucht sind: Leber, Darm, Magen, Niere. Dadurch kommt es hier vorübergehend zu einem Sauerstoffmangel (Hypoxie). Wenn die Anstrengung vorbei ist, strömt vermehrt Sauerstoff in die vorher unterversorgten Gebiete. Dabei entstehen jede Menge Freie Radikale. Dieses Phänomen heißt in der Fachsprache Reperfusion nach Ischämie.

Zudem führt Überanstrengung auch zum Abbau körpereigener Radikalfänger wie Zink, Magnesium, Natrium, Selen, die teilweise auch über den Schweiß verloren gehen. Katalasen (Enzyme, die die Spaltung von Wasserstoffperoxid in Wasser und Sauerstoff in Gang setzen) und Glutathion (eine Aminosäure, die Freie Radikale abbaut) werden drastisch reduziert. Der Fettstoffwechsel wird gestört: Das blockiert die Rezeptoren und Ionenkanäle der Zellmembran, ihre Elastizität nimmt ab. Eiweißspaltende Enzyme (Proteasen) werden frei und »verdauen« Substanzen in und außerhalb der Zelle. Diverse Muskelenzyme und Hormone heizen die Radikalbildung weiter an. Die Verletzungsgefahr steigt, Muskel- oder Sehnenrisse können die Folge sein.

Aus meiner Praxis – Diagnose Muskelfaserriss

Bei einem Wettkampf passierte es: Muskelfaserriss. Normalerweise für den von mir betreuten Hochleistungssportler erst einmal das Aus. Wie konnte ich ihm helfen?

Kommt es zu einem Muskelfaserriss, zählt jede Minute. Denn schon bald nach der Verletzung zieht sich der Muskel zusammen – eine Art Schutzmechanismus. Ist der Muskel jedoch erst einmal verhärtet, wird auch die Durchblutung behindert. Der Stoffwechsel ist verlangsamt, sodass es mehrere Wochen dauern kann, ehe die Heilung eintritt.

Profisportler können sich nur selten so lange Zeit lassen. Eine schnelle und konsequente Behandlung brachte Hilfe:

Zunächst galt es, den oft nur 3 bis 5 mm großen Faserriss punktgenau zu ertasten – bei der beträchtlichen Muskelmasse meines Patienten ein Unterfangen, zu dem man Ruhe und Zeit braucht und bei dem man sich nur auf die Untersuchung konzentrieren darf. Nach einer leichten Betäubung setzte ich entlang dem betroffenen Muskelfaserbündel sechs bis acht Nadeln – die mittlere befand sich genau im Zentrum der Verletzung. Über diese Nadeln infiltrierte ich nun eine Mischung von Aminosäuren und homöopathischen Verdünnungen verschiedener Pflanzenextrakte, sodass die wichtigen Nährstoffe direkt vor Ort gelangten. Auf diese Weise wurden der Energiehaushalt und die Durchblutung angeregt, Entzündungsreaktionen des betroffenen Gewebes wurde unmittelbar entgegengewirkt und die für die Reparatur der Muskelfasern nötigen Bausteine wurden bereitgestellt. Zusammen mit Maßnahmen, die die Blutung stoppen (Druckverband und »Hot Ice«), Lymphdrainagen zum Abbau des Blutergusses, entlastenden Verbänden und einer Physiotherapie, die dem sich täglich ändernden Befund angepasst wurde, sowie mithilfe einer zusätzlichen Einnahme von Enzymen und anderen Radikalfängern, konnte ich den Heilungsprozess erheblich verkürzen – auf nur 14 Tage.

Warum Entspannung so wichtig ist

Beim Training kommt es vor allem auch auf das richtige Verhältnis zwischen Belastung und Entlastung an. Erholungspausen sind keine unnötige Zeitverschwendung. Im Gegenteil. Gerade in den Pausen stellt sich der Körper auf eine wachsende Belastung ein, wichtige Stoffwechselvorgänge (bessere Durchblutung, Abtransport von Schlackenstoffen, hormonelle Umstellungen usw.) laufen ab. Ist also die Phase der Erholung zu kurz, kehrt sich der gesundheitliche Aspekt des Trainings ins Gegenteil um: Die Leistungsfähigkeit des Körpers nimmt drastisch ab, und er wird anfällig für Krankheiten. Das wird vielfach nicht beachtet.

Neben viel Bewegung braucht der Körper auch ausreichend Entspannung.

Haben Sie wirklich Spaß an der Bewegung?

Bewegung soll Spaß machen. Bewegung sollte spielerisch sein. Bauen Sie also Bewegung in Ihr Leben ein. Aber nicht, weil Sie sollen. Sondern weil Sie wollen. Weil Bewegung gut tut. Treiben Sie Sport. Aber nicht nur, weil Sie andere besiegen wollen, sondern sich. Sich – und den inneren Schweinehund der Bequemlichkeit. Am besten: Sie bewegen sich einfach aus Lust an der Bewegung.

Hier zwei einfache Grundregeln, die bereits dauerhaft das Wohlbefinden verbessern können:
- Nicht sitzen, wenn Sie stehen können!
- Nicht stehen, wenn Sie sich bewegen können!

Wie Sie leicht mehr Bewegung in den Alltag bringen

Überwinden Sie Ihre Trägheit. Sie werden reichlich belohnt. Oft sind es wirklich nur Kleinigkeiten, die sich leicht ändern lassen.
- Auf dem Weg zur Arbeit: Lässt es sich einrichten, daß Sie mit dem Fahrrad fahren? Könnten Sie nicht, wenn Sie mit öffentlichen Verkehrsmitteln fahren, eine Station früher aussteigen?
- Stehen Sie im Bus oder in der Bahn statt zu sitzen!
- Gehen Sie Treppen statt Fahrstühle zu nehmen!
- Nehmen Sie zwei Stufen auf einmal!

- Stehen und gehen Sie beim Telefonieren!
- Stehen Sie zwischendurch immer mal auf, vertreten Sie sich Ihre Beine. Wippen Sie auf Ihren Zehen!
- Stehen und gehen Sie beim Vortragen (Konferenzen)!
- Nutzen Sie die Mittagspause zu einem Spaziergang!
- Gehen Sie zwischendurch ein paar Minuten mit höherem Tempo (Walking)!
- Gehen Sie zu Nachbarn oder Kollegen, wenn Sie sich unterhalten wollen, statt zum Telefonhörer zu greifen!
- Verzichten Sie – wenn's geht – bei Besorgungen aufs Auto. Gehen Sie zu Fuß oder nehmen Sie das Fahrrad!

Effektiv mit wenig Aufwand: Das Astronauten-Übungsprogramm hat sich bewährt.

Auch die kleinste Bewegung verbrennt Kalorien. Um die Leistungsfähigkeit zu erhalten, reichen schon täglich durch körperliche Tätigkeit verbrannte 300 Kalorien – erkannte der Sportphysiologe Professor Laurence Morehouse. Er sollte einst für die US-Raumfahrtbehörde NASA ein Fitnessprogramm entwickeln – zugeschnitten auf die schwierige, spezielle Situation weltraumreisender Astronauten.
- Das erste Problem: Sie haben unterwegs wenig Zeit.
- Das zweite Problem: Sie haben im Raumschiff wenig Platz.

Morehouse maßschneiderte ihnen ein eher dürftiges Übungsprogramm – doch es erwies sich als »effektiv«, wie Fachleute bestätigen.

Wie also kann man mit relativ geringem Aufwand den größtmöglichen Effekt erzielen?
- Täglich mindestens einmal den Körper dehnen
- Täglich zwei Stunden aufrecht stehen
- Täglich ein großes Gewicht für fünf Sekunden hochheben
- Täglich mindestens drei Minuten rasch gehen

Für jeden sicher machbar, dieses kleine »Instandhaltungs-Programm« des Astronauten-Professors. Als Einstieg.

Warum Bewegung den Stoffwechsel zündet

Bewegung hat einen Nebeneffekt, der inzwischen für viele Hauptgrund geworden ist, sich zu bewegen: Denn Bewegung ist nun mal *der* Zündfunke für den Stoffwechsel. Nur durch Bewegung verbrennt Fett.

Nein, Fett kann nicht im Knochen verbrennen, auch nicht im Gehirn oder in der Leber – Fett verbrennt einzig und allein in der Muskulatur.

Ja, wir können unseren Körper auch (wieder) zu einer Fettverbrennungsmaschine umfunktionieren. Wie? Geht ganz einfach.

Nur Fett vermeiden ist hart. Wir müssen vor allem Fett verbrennen. Möglichst viel. Möglichst oft. Möglichst regelmäßig.

Wir verbrennen Fett, wenn wir uns ganz leicht, ganz locker bewegen, wenn der Muskel dabei mit reichlich Sauerstoff versorgt wird (aerober Bereich). Denn nur bei Sauerstoffüberschuss bilden sich Millionen jener fettabbauenden Enzyme.

Kann ich zur Fettverbrennungsmaschine werden?

Wer sich bewegt, verbrennt Fett und nimmt nicht zu.

Ja. Wie, wurde eindrucksvoll bewiesen. Forscher an der Mayo-Klinik in Rochester (Minnesota) untersuchten den Zusammenhang von Gewichtsklasse und regelmäßiger Bewegung. Sie ließen 16 Probanden acht Wochen lang täglich 1000 Kalorien über ihren Bedarf essen, gleichzeitig durften die Testpersonen aber ihre Lebensgewohnheiten nicht ändern. Resultat: Manche hatten bis zu 7,4 Kilo zugenommen, andere nichts.

Jene, die ohnehin viel Bewegung in ihrem Alltag einbauen, nahmen nicht zu. Intuitiv bewegten sie sich jetzt noch mehr, verbrannten über 90 Prozent der »unnötigen« Kalorien. Die Bewegungsfaulen dagegen setzten 70 Prozent dieser Kalorien als zusätzliches Körperfett an. Warum? Sie wurden in ihrem Tagesablauf noch träger.

Die Schlussfolgerung der Mayo-Forscher überrascht nicht: Bauen Sie möglichst viel Bewegung ins Leben ein.

Wie intensiv muss ich mich belasten?

Lange waren sich Sportwissenschaftler einig: Erst nach einer halben Stunde Bewegung greift der Körper seine Fettdepots an. Professor Alois Mader (Deutsche Sporthochschule Köln) fand heraus, dass dieser von vielen gewünschte Prozess schon früher beginnt. Die Voraussetzung: Wir müssen die Belastung richtig dosieren. Was heißt »richtig«? Die Herzfrequenz, der Trainingspuls sagt es Ihnen.

Wie finde ich meine optimale Herzfrequenz?

Im Normalfall können Sie sich nach folgender Faustregel richten: 220 minus Lebensalter ergibt den Maximalpuls. Von dieser Marke sollten Sie 65 Prozent erreichen, damit das Training etwas bringt, und höchstens 85 Prozent, damit Sie sich nicht überlasten.

Bei Sauerstoffnot verbrennt der Körper Zucker

Nur bei optimaler Pulsfrequenz wird der Körper dazu veranlasst, Fett zu verbrennen.

Wenn wir aber außer Atem geraten, also in den anaeroben Bereich kommen – stellt sich im Körper ein Sauerstoffdefizit ein. Er schaltet automatisch von Fett- auf Zuckerverbrennung um. Bei Tennis, Squash oder Fußball – bei allen Stop-and-Go-Sportarten trainiert der Körper vor allem eins: Er geht an die (wertvollen) Zuckerreserven. Das lästige Fett bleibt unangetastet.

Welcher Sport ist gut für mich?

Welche Form der Bewegung Sie wählen, hängt natürlich von der Vorliebe für gewisse Sportarten ab. Vor allem aber sollte die körperliche Verfassung eine entscheidende Rolle spielen.

- Wer zum Beispiel (noch) stark übergewichtig ist, sollte (noch) nicht laufen.

• Wer zu Rückenschmerzen neigt, sollte aufs Radfahren verzichten und zunächst seine Bauchmuskeln stärken.
• Wer Knieprobleme hat, sollte Stop-and-Go-Sportarten wie Squash meiden, stattdessen seine Muskulatur beim Schwimmen trainieren.

Walking

Ein bisschen mehr als Spazierengehen, ein bisschen weniger als Jogging: Walking ist ideal, wenn man nicht laufen will.

Walking ist aufrechtes, lockeres, aber bewusstes, zügiges Gehen. Ein bisschen schneller als Spazierengehen, ein bisschen langsamer als Jogging. Arme, Beine und Becken bewegen sich in einem gleichmäßigen, harmonischen Rhythmus. Auf simple Weise wird der ganze Körper trainiert. Betonter Armeinsatz steigert den Puls um 10 bis 15 Schläge pro Minute. Beim Walking werden zwar dieselben Muskelgruppen beansprucht wie beim Laufen – aber die Stauchbelastung ist wesentlich geringer.

Walking ist sehr gut geeignet
• zum Aufwärmen vor dem Lauftraining, wenn Sie Ihren steifen, kalten Körper schonend in Gang bringen wollen
• beim Cool-down nach dem Lauftraining. Je härter Sie laufen, umso empfehlenswerter, wenn Sie zum Schluss ein paar Minuten Walking anhängen.
• als Ersatz fürs Laufen, wenn Sie sich nicht 100 Prozent wohl fühlen, aber Bewegung wollen/brauchen.
• wenn Sie längere Laufdistanzen anstreben. Gehpausen sind wirkungsvoller Teil des Intervalltrainings. Es war der Lauf-Pionier Dr. Ernst van Aaken, der diese Methode populär machte: das Lauftraining durch Gehpausen unterbrechen (mindestens vier, bis zu zehn Minuten, wenn Sie regenerieren wollen). So können Sie schneller werden, ohne sich zu überfordern, und länger laufen, ohne sich zu erschöpfen.

Radfahren

Radfahren ist ein Sport für alle Jahreszeiten des Lebens. Ein gesunder Mensch kann kaum etwas falsch machen. Wichtig ist die Beinarbeit; Unter- und Oberschenkelmuskeln werden besonders intensiv beansprucht. Aber Radfahren stärkt auch die Lungenfunktion, kräftigt das Herz und hat einen positiven Einfluss auf den Blutdruck. Ich weiß, dass Menschen nach einem Herzinfarkt durch vernünftig dosiertes Radfahren eine bessere Vitalität erlangen können als vor ihrem Infarkt. Wer Gelenkprobleme hat, kann sie beim Radeln verbessern – denn das Rad stützt das Körpergewicht ja durch Sattel und Lenker gut ab.

Radfahren sorgt für kräftige Unter- und Oberschenkelmuskeln, stärkt die Lungen- und Herzfunktion und wirkt sich positiv auf den Blutdruck aus.

- Besonderer Trainingseffekt beim Radfahren: Die Oberschenkel- und Wadenmuskulatur wird gekräftigt, die Sauerstoffaufnahme-Kapazität erhöht, die mentale Stärke ausgebildet.
- Weiterer Vorteil: Unser Stützapparat muss nicht das ganze Körpergewicht tragen – das macht der Sattel. Dadurch werden die Gelenke geringer belastet.
- Die Gelenke werden bewegt. Das führt zu vermehrter Bildung von Gelenkschmiere – was wiederum besseren Knorpelschutz bedeutet.
- Was für Gewichtige und Schwangere hilfreich ist: Sie können viel länger unterwegs sein.
- Ideal ist Radtraining, wenn Sie mal eine Fußverletzung plagt. Wenn Sie aufs Rad umsteigen, ist keine Zwangspause nötig.

Der Puls ist beim Radfahren rund 15 Schläge pro Minute niedriger als beim Laufen. Übertreiben Sie nicht. Häufigster Fehler: wenn Sie sich mit zu hohen Gängen abquälen. Eine höhere Trittfrequenz (90 bis 110 Umdrehungen pro Minute) ist viel wirkungsvoller.

Folgende Trainingseinheit (einmal pro Woche) ist sinnvoll:
- zum Aufwärmen erst gemütlich einrollen (10 bis 15 Minuten),
- dann 3 Intervalle (jeweils 5 Minuten) mit hoher Trittfrequenz (90 bis 110 Umdrehungen pro Minute),
- dazwischen jeweils eine Minute locker fahren.

Schwimmen

Schwimmen ist ein idealer Sport, bei dem die Lunge in ihrem gesamten Volumen beansprucht, die Atmung aktiviert und rhythmisiert wird. Schwimmen stimuliert den ganzen Körper. Es fördert insgesamt Lockerheit, Geschmeidigkeit, Koordination. Hände und Füße wirken wie Pumprelais und fördern den Rückfluss des Blutes zum Herzen.

Beim Schwimmen werden zahlreiche Muskelgruppen – besonders die häufig verspannten Schultern und die vernachlässigten Bauchmuskeln – trainiert und Ausdauer und Koordinationsfähigkeit geschult. Die Bewegung im Wasser stimuliert das Herz-Kreislauf-System, aber durch die relative Schwerelosigkeit im Wasser sind die Pulswerte geringer als zum Beispiel beim Laufen. Schwimmen härtet den Körper ab, stärkt Rückenmuskulatur und das vegetative Nervensystem und ist – durch den Auftrieb im Wasser – äußerst schonend für Gelenke und Wirbelsäule.

Schwimmen ist gut bei Verspannungen im Nacken und Rückenschmerzen. Es stärkt die Bauchmuskeln und trainiert die Ausdauer.

Eine Trainingseinheit könnte so aussehen:
- Schwimmen Sie bis zu einer Stunde lang. Alle fünf Minuten mal eine Minute lang Tempo machen.
- Oder: Schwimmen Sie eine halbe Stunde. Zunächst 15 Minuten in ruhigem Tempo (zum Aufwärmen). Dann zwei Minuten fast so schnell wie Sie können. Dann immer abwechselnd zwei Minuten langsam, zwei Minuten schnell – vier Intervalle. Später, nach einer Gewöhnungsphase, können Sie den Umfang natürlich noch steigern.

Inline-Skating

Wer auf diese neue Modebewegung umsteigt, kann auf rasante und spannende Weise (Sie schaffen locker 30 bis 40 Stundenkilometer) alternativ etwas für sich tun. Und dazu macht es einen Heidenspaß.

Das moderne Rollschuhfahren für Erwachsene hält den Kreislauf fit.

Regelmäßiges Inline-Skating eignet sich hervorragend, um Herz und Kreislauf fit zu halten. Sie trainieren, ähnlich wie beim

Radfahren, besonders die Beinmuskulatur. Durch das notwendige Pendeln der Arme wird aber auch diese wichtige Muskelgruppe trainiert. Allerdings dürfen Sie beim Inline-Skating die Sturzgefahr nicht unterschätzen. Helm, Ellenbogen-, Knie- und Handgelenkschutz sind äußerst wichtig.

Skilanglauf

Ideal für jeden, der vom Abfahrtslauf genug hat. Skilanglauf trainiert den ganzen Körper.

Wenn es sich im Winterurlaub einrichten lässt oder wenn Sie in schneesicheren Regionen wohnen – ziehen Sie es durch. Skilanglauf, ein klassischer Ausdauersport, tut dem ganzen Körper gut: Herz und Kreislauf werden ausgezeichnet trainiert, Skilanglauf belastet den gesamten Körper optimal. 90 Prozent der Muskulatur sind in Aktion – so viel wie bei keinem anderen Sport. Die Beine werden ständig beansprucht, Arme und Rumpf durch zusätzlichen Stockeinsatz weit mehr als beim Laufen. Die Koordination wird gefördert. Hinzu kommt: Durch das Gleiten in der Loipe wirkt Skilanglauf sanfter, die Stauchbelastung entfällt, Sie können länger unterwegs sein.

Die rhythmisch-dynamische Ganzkörperbewegung übt übrigens Reize aus, die für die Ernährung von Gelenkschleimhäuten und -kapseln sowie der Gelenkknorpel ungemein positiv sind.

Ein sinnvolles Skilanglauf-Training sollten Sie so aufbauen:
- erst 15 Minuten locker einlaufen,
- dann 20 Minuten mit intensiver Belastung gleiten,
- schließlich 15 Minuten locker auslaufen.

Ideal, wenn Sie eine Loipe in welligem Gelände nutzen. Dann gibt das Geländeprofil den Belastungsrhythmus vor.

Warum Jogging ideales Bewegungstraining ist

Gerade wenn ich mich erschöpft fühle, wenn ich vom Arbeitstag abgespannt bin, oder wenn ich zum Beispiel von einem Flug nach New York geschlaucht bin, wenn ich wieder Boden unter den Füßen gewinnen will – dann jogge ich erst mal. Ja, mit Laufen die Mattigkeit vertreiben. Ich laufe eine halbe Stunde, manchmal eine ganze, ich dusche, ich lasse mich noch ein bisschen zurückfallen – danach bin ich bei mir angekommen, fühle mich psychisch im Gleichgewicht, frisch und fit. Laufen sorgt für wunderbare neue Spannkraft und Energie. Jeder, der läuft, kann das bestätigen. Das heißt: Jeder, der im richtigen Tempo läuft.

Jogging vertreibt die Müdigkeit und bringt den Körper wieder ins Gleichgewicht.

Was passiert, wenn ich zu schnell laufe?

Manchmal hört man von Joggern noch diesen Spruch: »Nur wenn ich im Mund den Geschmack von einem Kupferpfennig habe – nur dann habe ich das Gefühl, heute hat es richtig was gebracht.«

Was für ein Unsinn. Dieser metallische Geschmack im Mund weist auf ein elementares Missverständnis hin.

Wer sehr scharf läuft, wer sehr lange zu schnell läuft, löst in seinem Körper eine negative Reaktion aus. Die Temperatur des Darmes erhöht sich auf über 40 Grad. Dann gibt der Körper Aminosäuren (Eiweißbausteine, Spurenelemente und Elektrolyte) in den Darm ab. Er »schwitzt« also nicht nur über die Haut, sondern auch in den Darm hinein. So kommt es zu einer Verschiebung vor allem im Elektrolythaushalt – man läuft in eine Mangelsituation hinein.

Jetzt wäre es wichtig, zu pausieren und den Elektrolythaushalt wieder zu regulieren.

Wenn Zink und Magnesium flöten gehen

Beim Laufen wird sehr viel Zink und Magnesium verbraucht. Diese Stoffe sind entscheidend bei der Synthese von Eiweißsubstanzen, für den Energiehaushalt und die Regeneration. Durch den gesteigerten Verbrauch der Spurenelemente auf Grund der erhöhten Stoffwechselaktivität führt verschärftes Laufen zu einer entzündungsähnlichen Akutphase-Reaktion, die das Immunsystem belastet. So genannte »Mediatorstoffe« aus weißen Blutkörperchen werden freigesetzt (die Interleukine 1 und 4), die dann zu einer Umverteilung der Spurenelemente Eisen und Zink führen.

Laufen verändert die Körperchemie

Laufen stimuliert das Fettverbrennungssystem nachhaltig. Der aktive Läufer verbrennt auch dann Fett, wenn er nicht läuft.

Laufen ist die effektivste und beste Möglichkeit, wie Sie Fett loswerden. Wie gesagt: Nur der Muskel kann Fett verbrennen. Beim Laufen sind immerhin 70 Prozent Ihrer Muskulatur im Einsatz. Der Körper bildet fettverbrennende Enzyme. Nach vier Wochen verheizen Ihre Muskeln während des Laufens bereits 5 Gramm. Und nach zwölf Wochen sogar 25 Gramm – rund 250 Kalorien reines Fett. Bewegung erzeugt einen Schlüsselreiz, der Ihr Fettverbrennungssystem wieder anwirft. Sie verbrennen Fett, während Sie laufen. Und das Beste ist: Sie verbrennen jetzt auch Fett, wenn Sie am Schreibtisch sitzen oder schlafen.

Laufen treibt den Stoffwechsel-Grundumsatz hoch

Durch tägliche Bewegung fährt der Stoffwechsel (Metabolismus) in die Höhe. Eine Diät dagegen zieht den Grundumsatz nach unten. Bewegung regt den Energiebedarf an. Der Körper fordert mehr Kalorien – bis zu 25 Prozent. Noch Stunden nach dem Training bleibt der Stoffwechsel angeregt, und der Grundumsatz an Kalorien ist sehr deutlich erhöht.

Laufen wirkt wie eine Sauerstoffdusche

Wer sich im richtigen Pulsbereich bewegt, möglichst täglich läuft, überflutet seinen Körper mit zehnmal mehr Sauerstoff.

Auf einen Blick – Schritt für Schritt in Schwung

Wie schnell soll ich laufen?
Anfangs zählen die Minuten, nicht die Kilometer. Laufen Sie langsam. Entscheidend ist der richtige Puls. Wer schnauft, hechelt, keucht, erzeugt im Körper eine Sauerstoffnot. Die Milchsäure (Laktat) im Blut steigt über die kritische Schwelle von 4 Millimol pro Liter. Da wird auch der Läufer sauer – denn der Trainingseffekt geht zum Teufel. Der Körper verheizt nur Zucker.

Sind Pulsuhren empfehlenswert?
Ja. Denn Sie sind jederzeit auf dem Laufenden, ob Sie im idealen Trainingsbereich unterwegs sind. Wenn nicht, piept's.

Wie oft soll ich laufen?
Möglichst täglich. Viermal pro Woche würde reichen. Machen Sie Laufen zu einer Gewohnheit, dann läuft es sich leichter.

Wie lange soll ich laufen?
Mindestens 30 Minuten. Erst dann wird der Erfolg messbar: Ihre Muskeln werden optimal durchblutet, Milchsäure und Schlacken abtransportiert, Fett verbrannt: Länger laufen schadet natürlich nicht. Im Gegenteil.

Wie soll ich mein Training aufbauen?
Wenn Sie anfangs keine 30 Minuten schaffen – macht das nichts. Laufen Sie eine Minute und gehen dann eine Minute lang schnell, immer abwechselnd, bis 30 Minuten voll sind. Und am nächsten Tag laufen Sie 2 Minuten und gehen 1 Minute lang schnell, bis 30 Minuten voll sind. Steigern Sie das Laufpensum von Tag zu Tag.

Welche Schuhe?
Lassen Sie sich von einem Experten beraten. Nicht bei Laufschuhen sparen. Mindestens zwei Paar anschaffen und abwechselnd tragen.

Auf keinen Fall gegen den Schmerz anlaufen. Vermutlich verkraftet der Körper eine Belastung oder Überlastung nicht, er schickt schmerzende Signale, verlangt Ruhe und Schonung. Treten Sie kürzer. Bei heftigen Schmerzen umgehend zum Sportarzt.

Laufen verringert den Ruhepuls

Bei Bewegungsfaulen schlägt das Herz zwischen 70- und 100-mal pro Minute. Durch regelmäßiges Lauftraining verringert sich der Ruhepuls um etwa 20 Schläge pro Minute. Das bedeutet: Das Herz spart sich rund 30 000 Schläge, Tag für Tag.

Beim Laufen werden Stresshormone abgebaut

Wer läuft, bekommt den Kopf frei, baut Stress ab und hat die besten Ideen.

Bewegung ist ein probates Mittel, um wenigstens einmal täglich angefallene Stresshormone abzubauen. Ursprünglich sorgte unsere Natur dafür, dass der Reiz Stresshormon-Ausschüttung sofort von körperlicher Anstrengung (Angriff oder Flucht) beantwortet wurde. Wenn Bewegung fehlt, nimmt das Gefäßsystem Schaden. Denn jede Stresshormon-Ausschüttung, die nicht kontrolliert abgebaut werden kann, schlägt eine Kerbe ins Blutgefäß, die nie wieder heilt.

Beim Laufen flutet das Kreativitätshormon ACTH

Beim Training im richtigen Pulsbereich kommt es zu einem messbaren Anstieg des adrenocorticotropen Hormones (ACTH). Dieses Hormon ist unverzichtbar für kreative Kopfarbeiter und außerdem die einzige uns bekannte Substanz, die in der Lage ist, Fettablagerungen zwischen den Gehirnzellen wieder abzulösen. Dadurch verbessert und beschleunigt sich unser Gedankenstrom. In Fachkreisen wird ACTH daher Kreativitätshormon genannt.

Läufer kennen das: Unterwegs kommen die besten Ideen ganz von selbst.

Mein Schutzprogramm: Nahrungsergänzungsmittel

Wie wichtig gesunde Ernährung ist, haben wir ja ausführlich erklärt. Wenn Sie sich also vernünftig ernähren, müsste doch eigentlich eine ausreichende Versorgung gewährleistet sein. Warum dann noch Nahrungsergänzungsmittel? Sind das nicht »unsinnige« Produkte, die die Gesundheit zwar nicht beeinträchtigen, aber auch nicht fördern? Sind jene, die sie konsumieren, gutgläubige Opfer eines gigantischen Werbetricks?

Wir müssen zunächst mal ein grundsätzliches Missverständnis klären. Und zwar, dass in den reichen, hoch entwickelten Ländern Europas und Nordamerikas in Bezug auf Nahrung kein Mangel herrscht. Stimmt, das Angebot ist mehr als ausreichend – aber das heißt noch lange nicht, dass es auch alle besonnen und gezielt nutzen.

Warum Nahrungsergänzungsmittel so wichtig sind

Die Ernährungsgewohnheiten haben sich geändert. Viele pflegen ihre Vorliebe für Fertiggerichte aus dem Supermarkt oder fassen Fastfood. Der Sinn für traditionelles Kochen nimmt ab. Die Folge: Ganze Bevölkerungsgruppen ernähren sich falsch.

Ein klassisches Beispiel: Vor rund 60 Jahren wurden in den Arbeitervierteln von Pittsburgh vor allem Toastbrot, Weißbrot, polierter Reis gegessen – lauter um Vitamin B beraubte Lebensmittel. Viele Menschen wurden wegen Unterversorgung mit Vitalstoffen (Vitaminen, Spurenelementen, Mineralstoffen) krank, manche landeten deshalb sogar in der Psychiatrie. Ärzte und Biochemiker, die nicht nur die Symptome eindimensional behandelten, erzielten erstaunliche Heilungserfolge – nur dadurch, dass sie für die Substitution, für den Ersatz der fehlenden Vitamine sorgten. Was Wunder, dass es amerikanische Wissenschaftler waren, die fortan das Thema Nahrungsergänzung vorantrieben.

Noch ein Beispiel, das die gravierenden Folgen von Fehlernährung veranschaulicht: In Indien leidet jeder Siebte, der psychiatrisch behandelt werden muss, an chronischem Vitamin-B-Mangel – die Folge einseitiger Ernährung mit poliertem Reis.

Auch hierzulande gelingt es – trotz Aufklärung – nur langsam, die Ernährungsgewohnheiten breiter Bevölkerungsschichten im erwünschten Sinne zu beeinflussen oder gar zu verändern. In diesen schnelllebigen Zeiten (Motto: »Zeit ist Geld«) verzichten mehr und mehr Menschen auf aufwendige Nahrungszubereitung. Freiwillig oder unfreiwillig. Wie zum Beispiel Kinder, deren alleinerziehender Elternteil überfordert ist. Oder alte Leute, die in Altersheimen versorgt werden – ohne Rücksicht auf individuelle Bedürfnisse.

Die modernen Lebens- und Arbeitsbedingungen belasten zusätzlich: Umweltgifte, Stress, Bewegungsmangel.

Warum ist Nahrungsergänzung bei uns noch ein rechtliches Problem?

Andernorts hat man sich längst auf die schwierigen Verhältnisse eingestellt. In den USA zum Beispiel schlucken rund 40 Prozent der Bevölkerung Vitamine oder Mineralien. Von wegen alles Opfer, die auf die Werbung für »unsinnige Vitamine« hereingefallen sind. Die Behörden nehmen das Thema durchaus ernst, aber sie gestalten den Markt liberal. Große Health Stores in England oder Holland bieten eine riesige Auswahl an Nahrungsergänzungsmitteln zu vergleichsweise günstigen Preisen. Und bei uns? Bei Schlecker oder im Reformhaus gibt es die traditionellen Zubereitungen, hauptsächlich Pflanzensäfte, Multivitamine und Müsliriegel. Und in der Apotheke kann man maximal zwischen zwei Produkten wählen oder braucht ein Rezept. Warum ist das so?

Es gibt zwei Gründe dafür. Erstens: die rechtliche Situation in Deutschland. Und zweitens: die Haltung der einflussreichen Deutschen Gesellschaft für Ernährung.

In Sachen Nahrungsergänzungsmittel ist Deutschland ein absolutes Entwicklungsland. Den Begriff Nahrungsergänzung gibt es offiziell noch gar nicht. Als nach dem Krieg das Deutsche Arzneimittelgesetz reformiert wurde, ging man davon aus, dass eine Substanz entweder Arzneimittel oder Lebensmittel ist. Letzteres soll nach § 1 des Lebensmittel- und Bedarfsgegenständegesetzes (LMBG) der Ernährung und/oder dem Genuss dienen. An dieser Unterteilung hat sich bis heute nichts geändert. Es gibt keine weitere Kategorie.

Rechtlich werden Nahrungsergänzungsmittel (NEM) zum Teil den Lebensmitteln zugeordnet, zum Teil aber auch den Arzneimitteln. Also sind hierzulande viele Vitamine oder Antioxidantien nur auf ärztliches Rezept erhältlich, oder man muss sie sich aus England oder den Niederlanden bestellen. Sekundären Pflanzenstoffen (wie z.B. Grüner-Tee-Extrakte, die ebenfalls zu den antioxidativ wirksamen Substanzen gehören) fehlt gänzlich eine rechtliche Zuordnung. Die Überwachungsbehörden möchten diesen Substanzen sogar einen spezifischen Ernährungszweck absprechen. Zwar haben viele Ärzte, Ernährungsberater und interessierte Bürger längst erkannt, dass Antioxidantien langfristig für die Gesunderhaltung bedeutsam sind – aber der Einsatz solcher Substanzen wird vom derzeit gültigen Arzneimittelrecht nicht begünstigt. Im Gegenteil: Er wird behindert.

Veraltete Richtlinien – von der Europäischen Union wird Deutschland auch hart kritisiert und zur Liberalisierung seiner

Position bzw. zur Anerkennung internationaler Standards aufgefordert. Inzwischen arbeiten die zuständigen Instanzen auch an einer gesetzlichen Formulierung. NEM sollen so definiert werden: *Nahrungsergänzungsmittel sind Lebensmittel, die einen oder mehrere Nährstoffe in konzentrierter Form enthalten und eine für Lebensmittel auch untypische Form, zum Beispiel Tabletten, Kapseln etc., aufweisen können. Sie sollen die tägliche Nahrung in den Fällen ergänzen, in denen eine Versorgung durch die Nahrung unzureichend ist bzw. eine Ergänzung gewünscht wird.*

Umdenken ist wünschenswert und erforderlich, denn die derzeitige Rechtssituation verhindert die Neuentwicklung nützlicher präventiv-medizinischer Produkte. In Holland zum Beispiel befolgt man einen einfachen Grundsatz: »Wenn keine Nebenwirkungen, dann keine Beschränkung.« Das müsste auch in Deutschland das Ziel sein: das Verständnis für Vitamine und Nahrungsergänzung grundlegend zu verbessern und die Bedeutung von Nahrungsergänzung für die Verhütung von Krankheiten neu einschätzen zu lernen.

Auf einen Blick – Wertvolle Nahrungsergänzungsmittel

- Sie sichern die Grundversorgung mit Nährstoffen (Vitaminen etc.).
- Sie gleichen bestehende unbemerkte Defizite aus.
- Sie optimieren die Versorgung bei Reduktionsdiäten oder in Zeiten einer geringen Nährstoffzufuhr (z.B. bei Krebspatienten).
- Sie versorgen Personen mit erhöhtem Bedarf.
- Sie gleichen den Mehrumsatz an Nährstoffen bei bestimmten umwelt- oder lebensstilbedingten Situationen (Arbeitsplatz, Flugpersonal etc.) aus.
- Sie ermöglichen gezielte Zufuhr präventiv wirksamer Nährstoffe (z.B. Vitamin E bei bestehenden Herz-Kreislauf-Erkrankungen).

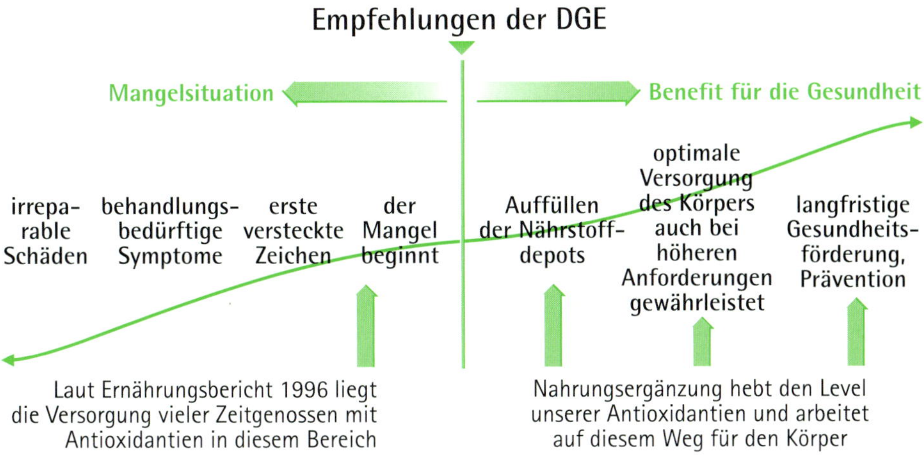

Eine sehr wichtige Rolle spielt in diesem Fall auch die Deutsche Gesellschaft für Ernährung (DGE). Im Moment sind noch die Empfehlungen dieser Gesellschaft bindend: Welche Nährstoffe in den Nahrungsergänzungsmitteln vorhanden sein dürfen und in welcher Konzentration. Zwar werden die Empfehlungen der DGE laufend aktualisiert. Doch weil es sich bei diesen Nährstoffverzeichnissen um Positiv-Listen handelt, gelten prinzipiell nur die Nährstoffe oder Nährstoffverbindungen als existent, die dort aufgeführt sind. Neuentwicklungen, die sich in anderen Ländern (beispielsweise den USA oder Japan) seit Jahren bewährt haben, werden immer noch abgelehnt bzw. als Arzneimittel eingestuft. Das ist restriktive Politik. Nach wie vor ist die Grundhaltung der Deutschen Gesellschaft rückwärts gewandt. Sie hat traditionell nur die Vermeidung von Mangelzuständen im Blick – und kaum den gesundheitsfördernden Beitrag, den Nahrungsergänzung leisten kann. Ich fordere, den in aller Welt erkannten »added value«, also den zusätzlichen Wert, den die Nahrungsergänzungsmittel für den Organismus haben, endlich anzuerkennen.

Auf einen Blick – Vier Stadien des Magnesiummangels

Das 1. Stadium: Der Mangel beginnt

Der Mangelzustand kann sich im Laufe von Monaten oder gar Jahren allmählich entwickeln – etwa bei diesem typischen Lebensstil: Sie treiben viel Sport, haben einen anstrengenden Beruf und essen mittags schnell etwas.

Bei hohem Grundumsatz schwinden die Überschüsse in den Zellen dahin: Der Vitamin-E-Gehalt in Zellmembranen sinkt, der Magnesiumspiegel fällt intrazellulär ab, und die weißen Blutkörperchen verarmen an Vitamin C. Der Reserve-Energiegehalt der Zellen nimmt ab.

Blutuntersuchungen ergeben in diesem Stadium zum Beispiel absolut normale Magnesiumwerte. Dieses Mineral ist in den Zellen zu Hause. Man müsste also schon Zellen anstechen, um über den tatsächlichen Bedarf etwas aussagen zu können.

Das 2. Stadium: Die ersten versteckten Signale

Noch immer ergeben Blutuntersuchungen normale Werte. Meist liegen sie im unteren Drittel der Norm. Die Gewebespeicher sind aber fast vollständig geleert. Sie ermüden rascher, sind vielleicht gereizter, schneller psychisch erschöpft. Die Neigung zu Infekten ist erhöht. Enzyme – die Stoffwechselaktivatoren – arbeiten unter Umständen mit halber Kraft, da ihnen die notwendigen Mikronährstoffe fehlen. Die Mangelsituation gleicht der Körper nur unter großen Anstrengungen aus. Sie brauchen mehr Schlaf, damit der Körper nachts aufholen kann.

Der Mangel an Magnesium führt zu folgenden Symptomen: Nach stressigen Tagen kann es nachts zu Herzrasen kommen. Unter Umständen reagieren Sie empfindlicher aufs Wetter: Kopfschmerzen, häufig kalte Hände oder Füße. Wenn jetzt ein Infekt dazukommt, schwächt das den Körper zusätzlich.

Das 3. Stadium: Behandlungsbedürftige Symptome

Sie erholen sich nicht mehr richtig. Sie spüren Ihr Herz öfters am Tage, vielleicht klopft es manchmal bis zum Hals. Sie haben häufiger Kopfschmerzen, bei Diabetikern treten Magen-Darm-Krämpfe auf oder der Insulinbedarf steigt. Weil Magnesium an Hunderten von Stoffwechselreaktionen beteiligt ist, spüren Sie, wie sich der Mangel auswirkt.

Noch sind alle Beschwerden und Schwächen nach einer gewissen Erholungszeit behebbar – wenn ausreichend gute Nährstoffe zugeführt werden.

Das 4. Stadium: Störungen sind nicht mehr zu reparieren

Die Folgen sind gravierend: Organe degenerieren, Nervenbahnen zeigen dauerhafte Schäden, der Herzmuskel, die Augenlinse, der Augenhintergund, die Blutgefäße sind schwer betroffen, und auch die Immunkompetenz ist herabgesetzt. Ein Grund, warum entartete Zellen nicht mehr entfernt werden, sich im Körper ansiedeln können. Die Folge: Krebs ist auf dem Vormarsch.

Ihr Ziel darf nicht nur sein, drastische Mängel (Stadien 2 bis 4) zu vermeiden. Sie sollten die Stadien 1 bis 2 gar nicht erst entstehen lassen. Wie? Indem Sie sich die positiven Effekte der Nährstoffe und insbesondere der Antioxidantien bzw. Radikalfänger zunutze machen.

Die Schlussfolgerungen:

- Wir müssen umdenken in Bezug auf die Ergänzung mit Nährstoffen und Antioxidantien.
- Man muss früher handeln und bereits den versteckten Mangel ernst nehmen.
- Nur ein mit antioxidativ wirksamen Nährstoffen gut ausgerüsteter Stoffwechsel hat Reserven für Zeiten einer erhöhten Belastung.

Mangel im Überfluss

Auch bei uns, selbst im Wohlstandsstaat Deutschland, sind aus ganz unterschiedlichen Ursachen (fehlerhafte Ernährung, zusätzliche Belastungen unterschiedlichster Art) Mangelsituationen zu beklagen. Das macht die Tabelle auf dieser Seite deutlich. Sie ist einem Ernährungsbericht von 1996 entnommen.

Wir kennen also die Mangelzustände, und das schon seit geraumer Zeit. Ebenso wissen wir um die biologischen Effekte von Antioxidantien oder Radikalfängern. Und wir wissen jetzt auch, warum in Deutschland nur wenige Präparate verfügbar

Kritische Versorgung mit einzelnen Nährstoffen in Deutschland laut Ernährungsbericht 1996.

• Calcium	Männer und Frauen, fast alle Altersgruppen
• Magnesium	Männer und Frauen, fast alle Altersgruppen
• Eisen	Großteil der Frauen im gebärfähigen Alter
• Jod	Gesamtbevölkerung
• Vitamin D	Männer und Frauen, aber Eigensynthese
• Vitamin E	Männer und Frauen, fast alle Altersgruppen, höhere Empfehlungen noch nicht berücksichtigt
• Carotinoide	Die Hälfte aller untersuchten Personen
• Vitamin C	Die gefundenen Werte entsprechen zwar denen der DGE. Da die Empfehlungen zu dem präventiven Einsatz nicht berücksichtigt werden, sind sie als zu niedrig zu bewerten.
• Folsäure	alle Gruppen deutlich zu wenig

sind. Allein mit Lebensmitteln können bestimmte Antioxidantienmengen kaum aufgenommen werden. Dazu ein paar Beispiele:

- **Vitamin C:** Um ein Gramm Vitamin C pro Tag zu sich zu nehmen, müsste man 20 bis 40 Orangen oder 50 bis 80 Äpfel ausgepresst oder 800 bis 1000 Gramm Petersilie konsumieren.
- **Vitamin E:** Eine für Herz und Kreislauf schützende Wirkung setzt erst bei ungefähr 300 Milligramm pro Tag ein – die sind in 100 Millilitern Weizenkeimöl, 300 bis 400 Millilitern Maiskeimöl, in etwa 1 Pfund Mayonnaise, 600 Milligramm Sonnenblumenöl oder 1 Kilogramm Walnüssen enthalten.
- **Coenzym Q10:** Eine stärkende Wirkung auf Herz und Stoffwechsel ergibt sich bei einer Zuführung von 50 Milligramm pro Tag. Dies würde bedeuten, täglich ein halbes Pfund Weizenkeime zu essen, also praktisch eine volle Mahlzeit nur zur Coenzym-Q10-Versorgung einzunehmen.

Eine zusätzliche Versorgung mit Nahrungsergänzungsmitteln ist also unverzichtbar. Auch, weil es viele Nährstoff-Mangelerscheinungen gibt, die kaum diagnostiziert werden können, zumindest nicht in den Vorstadien. Es gibt jedoch Möglichkeiten, wie Sie die Entwicklung erkennen können, um in der Folge auf sie zu reagieren (siehe Persönlicher Check-up, Seite 166/167).

Warum der Körper auch hohe Dosierungen von Nahrungsergänzungen gut verträgt

Auch für Nahrungsergänzungen gilt, »dass die rechte Dosis das Heilmittel macht«. Während bei vielen Arzneimitteln die Grenzen für diese Dosis sehr eng gezogen sind und strikt beachtet werden müssen, gibt es bei Nährstoffen wie zum Beispiel den Antioxidantien Vitamin C und Coenzym Q10 einen sehr viel *breiteren Toleranzbereich*. Der Grund: Der menschliche Körper kennt diese Stoffe sozusagen von Kindesbeinen an. Sie gehören zu den Bausteinen, die unsere Spezies durch all die Jahrmillio-

Vitamine und Mineralstoffe	Einheit	DGE-Einnahme-empfehlungen	meine Nährstoff-empfehlungen	nachgewiesene sichere Obergrenze bei täglicher Zufuhr NOAEL
Vitamin A	mg	1	1–2	bis zu 3
Betacarotin	mg	6	6–15	bis zu 25
Vitamin D	µg	5	5–15	bis zu 20
Vitamin E	mg	12	100–800	bis zu 800
Vitamin K	µg	80	80–150	bis zu 150
Vitamin B1	mg	1,3	10–25	bis zu 50
Vitamin B2	mg	1,7	5–50	bis zu 200
Niacinamid (B3)	mg	18	250–750	bis zu 1500
Nikotinsäure (B3)	mg	18	50–200	bis zu 500
Pantothensäure	mg	6	250–500	bis zu 1000
Vitamin B6	mg	1,8	10–150	bis zu 200
Vitamin B12	µg	3	400–1000	bis zu 3000
Vitamin C	mg	100	250–2000	bis zu 2000
Folsäure	µg	400	400–800	bis zu 1000
Biotin	µg	60	150–1000	bis zu 2500
Calcium	mg	900	500–1000	bis zu 1500
Chrom	µg	60	100–200	bis zu 1000
Eisen	mg	10	15–30	bis zu 50
Jod	µg	200	100–300	bis zu 1000
Kupfer	mg	1	2–4	bis zu 9
Magnesium	mg	400	200–500	bis zu 700
Mangan	mg	2	5–10	bis zu 20
Molybdän	µg	80	80–300	bis zu 300
Selen	µg	30	50–400	bis zu 900
Zink	mg	10	5–50	bis zu 60

nen getestet, befühlt, eingebaut und verarbeitet hat. Sie sind also von Natur her sehr sicher in der Anwendung und schädigen auch bei einer vorübergehend übermäßigen Zuführung den Organismus nicht.

In welchem Rahmen sich meine Dosierungsempfehlungen bewegen

Trotzdem gibt es auch bei Antioxidantien, Vitaminen und Mineralien Dosierungsempfehlungen und Obergrenzen, die im Interesse der Gesundheit nicht überschritten werden sollten. Ich orientiere mich an den allgemein anerkannten Sicherheitsstandards für Nahrungsergänzung und der international bekannten »nachgewiesenen sicheren Obergrenze bei täglicher Zufuhr« NOAEL (»no observed adverse effect level«). Wissenschaftler in der ganzen Welt und die zuständigen Ministerien überprüfen und aktualisieren die sicheren Obergrenzen ständig.

Sonderfall »Sekundäre Pflanzenstoffe«

In vielen Nahrungsgergänzungen sind sie Teil der Antioxidantienrezeptur. Sie werden in Form von Extrakten, Konzentraten und gefriergetrockneten Auszügen etc. angeboten, und es lohnt sich, kurz auf die verschiedenen Angebote zu schauen, zumal sie sehr stark in der Werbung präsent sind. Sie gehören zu den Neuerscheinungen in der NEM-Szene, wir wissen daher bisher wenig über unerwünschte Begleiterscheinungen. Es sind damit auch nicht gefriergetrocknete Gemüsekapseln gemeint (z. B. Brokkolikapseln, Spargelkapseln etc.), über deren Sinn sich streiten lässt. Es handelt sich bei den Sekundären Pflanzenstoffen um hoch gereinigte Extrakte, die ihrer Wirkung und Empfehlung nach allesamt antioxidativ wirken. In den nächsten Jahren werden weitere Substanzen folgen, deren direkte Wirkung als Arzneimittel nicht im Vordergund steht, die aber allgemein antioxidative Schutzwirkungen im Körper entfalten. Eine Auswahl von Sekundären Pflanzenstoffen finden Sie in der anschließenden Tabelle:

Substanzgruppe	antioxidativ wirksame Inhaltsstoffe	Wirkung im Körper
Gerbstoffe in einfacher und komplexer Form	**Polyphenole** aus Grünem Tee; **Anthocyane** aus der Roten Bete, Heidelbeere und roten Traubenschalenextrakten; **Catechin**konzentrate aus Uncaria gambir; **oligomere Proanthocyanidine** aus Traubenkernextrakten oder der Rinde der Strandkiefer	wichtig für das darmassoziierte Immunsystem, Blutgefäße schützend, hochpotente Antioxidantien
Ballaststoffe	galaktosereiche, fraktionierte **Apfel- und Zitruspektine**; **Ballaststoffkonzentrate** aus Flohsamenschalen	verhindern die Aufnahme krebserregender Stoffe aus dem Darm und verbessern die Ausscheidungs- und Reinigungsfunktion des Darmes
Bioflavonoide	**Hesperidine und Hesperidinmethylchalcon** aus dem weißen Flaum, der unter der Zitrusschale sitzt; **Naringin** aus Grapefruitschalen; **Quercetinglukoside** aus Buchweizen; **Silymarine** aus Mariendistelfrüchten; **Isoflavone** aus Soja	die klassischen pflanzlichen Antioxidantien, z.T. antiallergisch, antientzündlich, leberschützend, die Wirkung von Vitamin C verstärkend
Carotinoide	**Lykopinextrakte** aus Tomaten; **natürliche Carotinoide** aus der Dunaliella-Alge; **Betacarotinkonzentrate** aus Karotten, Kartoffeln und Aprikosen	schützen den Zellkern vor den Radikalen und verbessern die Arbeit der Reparaturenzyme
Schwefelhaltige Verbindungen	**Knoblauch**- oder **Bärlauchextrakte; schwefelhaltige Aminosäuren** (Taurin, l-Cystein, N-Acetylcystein, Methionin)	Schwefel ist wichtig für die Entgiftungsarbeit der Leber, Vorstufen für Glutathion
Eiweißspaltende Enzyme	**Bromelain** aus Ananas; **Papain** aus der Papaya	antientzündlich, darmreinigend, abschwellend

Ein individuelles Schutzprogramm erstellen

Leider kann es keine pauschalen Empfehlungen oder Rezepte geben. Denn jeder Mensch bringt andere Voraussetzungen mit, jeder hat einen anderen Bedarf. Stichwort: *biochemische Individualität.* Dieser Begriff wurde 1950 vom Ernährungsbiologen Roger Williams, dem Entdecker des Vitamins B5, geprägt. Gemeint ist unsere Veranlagung. Sie ist unverwechselbar. Auch unser Stoffwechsel ist sehr individuell, selbst bei Menschen, die genetisch ziemlich identisch sind. Das bedeutet: Zwei Personen, die gleiche Magnesiumwerte haben, die gleich schwer und gleichen Anforderungen ausgesetzt sind, haben trotzdem einen ganz unterschiedlichen Nährstoffbedarf und -umsatz.

Trotzdem lassen sich ein paar allgemeine Kriterien benennen, die beim Nährstoff- und Antioxidantienbedarf eine Rolle spielen:

- Alter: Der Antioxidantienbedarf steigt mit dem Alter.
- Geschlecht: Bei Frauen und Männern besteht ein unterschiedliches Hormonprofil. Frauen haben von Natur her eine andere Fettverteilung als Männer, Männer eine größere Muskelmasse.
- Gewicht: Ein großer, schwerer Körper braucht von Natur aus mehr Nährstoffe.
- körperliche Aktivität: Extremer Sport erhöht den Antioxidantienbedarf.
- Rekonvaleszenz: hoher Bedarf an Nährstoffen, hier ist eine besonders sorgfältige Planung erforderlich.
- Reduktionsdiät: hoher Bedarf an Antioxidantien und Spurenelementen.

Wie Sie Ihren persönlichen Bedarf ermitteln

1. Machen Sie den Test auf der nächsten Seite. Er ist für eine allgemeine Einschätzung hilfreich. Sie können damit leicht und umfassend Ihren Bedarf ermitteln und gezielt entscheiden, welche Antioxidantien Sie benötigen.

Freie Radikale — Mein persönlicher Check-up

	gar nicht nie	etwas manchmal	ziemlich oft	stark regelmäßig	Ihr Wert
1. Berufliche Situation					
• Arbeitsplatz an der frischen Luft mit viel Bewegung	4	3	2	1	______
• Arbeitsplatz in geschlossenen Räumen mit viel Technik (PC, Fax), Betonbauweise	1	2	3	4	______
• Stressige Arbeitsbedingungen	1	2	3	4	______
• Regelmäßige Belastung mit Umweltgiften (Rauch, Abgase, Teer oder Lösungsmittel)	1	2	3	4	______
• Häufige Flüge (Flugpersonal)	1	2	3	4	______
2. Ernährungsgewohnheiten					
• Viel frisches Obst und frisch zubereitete Gemüsemahlzeiten	4	3	2	1	______
• Kantinenessen	1	2	3	4	______
• Fastfood	1	2	3	4	______
• Viele Süßigkeiten	1	2	3	4	______
• Rauchen	1	2	3	4	______

	gar nicht nie	etwas manchmal	ziemlich oft	stark regelmäßig	Ihr Wert
3. Freizeit					
• Regelmäßiger Ausgleichssport	**4**	**3**	**2**	**1**	______
• Leistungssport	**1**	**2**	**3**	**4**	______

4. Persönliche Daten

- Alter
  unter 30: **1** unter 40: **2** unter 50: **3** über 50: **4** ______

- Gewicht
  Normgewicht: **1** Untergewicht: **2** Übergewicht: **3** ______

Summe ______

Testauswertung Mein individuelles Schutzprogramm

Punktzahl	unter 25	25–36	37–48	über 48
• Vitamin C	250	500	750	1000–1500 mg
• Vitamin E	30	100	200	400–800 mg
• Selen	50	100	200	bis 400 µg
• Vitamin B2	2	5	10	25–50 mg
• Zink	5	5	10	15 mg
• Vitamin B3	50	100	100	250 mg
• Betacarotin	1	2	5	10 mg
• Coenzym Q10	10	20	50	100 mg

Auf einen Blick Was soll ich wann einnehmen?

Wenn Sie Ihr Nahrungsmittelergänzungs-Programm zusammenstellen, denken Sie daran:

- Mehrere kleine Dosen über den Tag verteilt einzunehmen ist besser, als einmal eine hohe Dosis zu schlucken.

Zum Beispiel Vitamin C: Nehmen Sie dreimal am Tag 250 mg Vitamin C ein – dann hat der Körper mehr davon, als wenn Sie auf einmal 750 mg schlucken. Solch große Dosen Vitamin C haben nicht selten eine abführende Wirkung.

Auch der **richtige Einnahmezeitpunkt** spielt eine ganz wesentliche Rolle dabei, ob ein Stoff optimal aufgenommen wird und im Körper seine volle Wirkung entfalten kann:

- fettlösliche Substanzen wie beispielsweise die Vitamine A, Beta-carotin, D, E, K, Coenzym Q10, Carnitin während oder aber auch nach der Hauptmahlzeit
- schwefelhaltige Aminosäuren (l-Cystein, Methionin, Taurin etc.) zwischen den Mahlzeiten mit gesüßtem Fruchtsaft, um den Einstrom in die Darmzellen zu verbessern
- wasserlösliche Vitamine (B-Vitamine, Biotin, Vitamin C) zum Frühstück oder Abendessen
- Fischölkonzentrate (Omega-3-Fettsäuren) oder ungesättigte Fettsäuren aus Pflanzensamen (Nachtkerzen-, Borretschsamen-, Schwarzkümmelöl) kombiniert mit Vitamin E, da die ungesättigten Fettsäuren einen oxidativen Schutz in Form von Vitamin E benötigen; Fischölpräparate oder ungesättigte pflanzliche Fettsäuren zur Hauptmahlzeit oder mit trockenem Brot
- empfindliche Spurenelementverbindungen (Natriumselenit, Jod) vor den Mahlzeiten auf nüchternen Magen mit Wasser
- Mineralstoffpräparate (Magnesium, Calcium, Kalium, Chrom, Kupfer, Zink, Molybdän, Mangan) zu den Mahlzeiten
- Eisen, wenn möglich, vor dem Essen mit Fruchtsaft, ansonsten zum Essen
- Selen: siehe Einnahmehinweise auf Seite 229.

2. Vertrauen Sie sich Labormethoden an: Bestimmung der Vitamine im Blut/Urin/Speichel, je nach Vorkommen, Messung des oxidativen Stresses und Bedarfsermittlung der Antioxidantien. Die Bestimmung kann besonders bei Risikogruppen wichtig sein und unterstützt das allgemeine Vorsorgeprogramm. Sie muss durch erfahrene Labors durchgeführt werden.

3. Bestimmung spezifischer Entsorgungskapazitäten durch Messung der Enzymaktivitäten. Hierbei haben wir es mit modernen Untersuchungsmethoden zu tun, die für die Prävention in der Zukunft sicher an Bedeutung gewinnen werden.

Was ist sinnvoller – Kombi-Präparate oder Einzelnährstoffe?

Wofür Sie sich entscheiden, hängt vor allem davon ab, welchen Aufwand zu treiben Sie bereit sind. Der Vorteil von Kombinationspräparaten: Sie gewährleisten eine breite Grundversorgung, wenn gerade erhöhter Bedarf besteht, zum Beispiel bei Verdauungsstörungen oder Reduktionsdiäten.

Zu den klassischen Kombi-Präparaten zählen
- Multivitamine (Vitamine + Mineralstoffe + Spurenelemente)
- Mineralstoffmischungen (Calcium, Magnesium, Kalium oder Eisen)
- Spurenelementmischungen (Zink, Selen, Molybdän, Mangan, Chrom, Kupfer)
- Antioxidantienmischung (Vitamin A, C, E, Zink, Sekundäre Pflanzenstoffe und Coenzym Q10) ergänzt durch Selen und schwefelhaltige Aminosäuren.
- B-Komplexe (Vitamin B1, B2, B3, B5, B6, B12, Folsäure, Biotin etc.)

Mit Kombi-Präparaten wird der Blutspiegel langsam angehoben, es geht im wesentlichen um den stärkenden, aufbauenden und ergänzenden Effekt. Da von den einzelnen Nährstoffen nur geringere Mengen enthalten sind, behindern sie sich auch nicht, wenn sie im Darm aufgenommen werden. Kombinationspräparate werden kurmäßig eingenommen, seltener über Jahre oder auf Dauer. Klar, die meisten Menschen essen im Sommer mehr Obst, Gemüse und frische Lebensmittel. Deshalb können sie dann mit Vitaminpräparaten pausieren.

Welche Paarbildungen unter den Antioxidantien machen Sinn?

Auch Nährstoffe können sich – wie Partner im richtigen Leben – gegenseitig unterstützen. Wenn Sie folgende Paare über den Tag verteilt gezielt einnehmen, führt das zu einer Verbesserung des antioxidativen Schutzschildes.

- Vitamin C und Coenzym Q10: Beide Antioxidantien werfen sich gleichsam die Bälle zu und bilden eine Reaktionseinheit.
- Vitamin C und E: Sie regenerieren sich gegenseitig und verlängern die Wirkungsdauer.
- Glutathionaufbauende Kombinationen aus Vitamin C, Vitamin E, l-Methionin, N-Acetylcystein und Selen: Gemeinsam regenerieren sie das Überlebensmolekül der Zellen, das Glutathion.

Nahrungsergänzungen richtig einkaufen

Vitamin ist nicht gleich Vitamin. Es ist durchaus wichtig, in welcher Zubereitungsart es eingenommen wird. Bei Vitamin C etwa gibt es neben der sauer schmeckenden Ascorbinsäure auch das gepufferte Vitamin C (Calciumascorbat) für den empfindlichen Magen. Bei Vitamin E ist zu beachten, dass natürliches Vitamin E eine höhere biologische Wertigkeit als das synthetische hat.

Die richtige Zusammensetzung

Preiswerte NEM-Produkte kommen in der Regel aus hochtechnisierten Betrieben, die zur Kostenminimierung jedes erdenkliche Mittel einsetzen. Man produziert Tabletten und Dragees ohne Rücksicht auf deren Verträglichkeit, Resorption, Verdaubarkeit etc. Es kommt vor, dass besonders hart gepresste Tabletten vom Darm nicht mehr aufgeschlossen werden können; auch saures Aufstoßen, Darmbeschwerden und allgemeine allergische Reaktionen können die Folge der technischen Zusätze sein. Dieser Hinweis, verbunden mit einer entsprechenden Warnung, ist mir besonders wichtig, weil Nahrungsergänzungen häufig über einen längeren Zeitraum eingenommen werden und bei Personen mit Risikofaktoren (z.B. Diabetikern) pro Tag 6 bis 8 Kapseln an NEM notwendig werden. Darum gilt: Achten Sie auf Qualität, Sie haben auf Dauer mehr davon.

Antioxidantien in Nahrungsergänzungsmitteln bilden eine wesentliche Ergänzung für die körpereigenen Schutzmechanismen und sind eine wirksame Hilfe. Besonders: B-Komplexe, Vitamin C und E, Coenzym Q10, Selen, Spurenelemente und schwefelhaltige Aminosäuren

Auf einen Blick – Qualitäts-Check Nahrungsergänzung

- Vergleichen Sie die Angaben über die Inhaltsstoffe Ihrer Präparate mit unseren Empfehlungen bezüglich guter Nährstoffverbindungen.
- Seien Sie vorsichtig bei Firmen, die Hilfsstoffe verwenden. Hilfsstoffe dienen in der Regel allein der Verbesserung der Produktionszahlen und können Ihrer Gesundheit schaden. Zu den klassischen Maschinenschmiermitteln zählen Ascorbylpalmitat und andere Stearate. Sie werden von findigen Herstellern zu Pseudonährstoffen umgedeutet. Zu den verträglichen Hilfsstoffen zählen z.B. Leuzin und Magnesiumzitrate, Mineralaspartate und Kieselsäure.
- Kaufen Sie Kapsel- und Pulverrezepturen, sie zeigen die beste Verträglichkeit.
- Milchallergiker und Nahrungsmittelallergiker brauchen NEM, die frei sind von Milch (viele Enzyme enthalten z.B. versteckten Milchzucker), Stärken aller Art, Hefen, künstlichen Farbstoffen und Konservierungsmitteln.
- Achten Sie auf den Begriff »hypoallergene Herstellung«, der anzeigt, dass in diesem Präparat gute Nährstoffe für den Körper leicht zugänglich vorliegen.

Das Schutzprogramm für Risikogruppen

Für manche Menschen ist ein tägliches Schutzprogramm mit Nährstoffen ganz besonders wichtig. Zum Beispiel vor und nach einer Operation oder wenn dauerhafte Durchblutungsstörungen vorliegen. Dann ist der Körper intensiven oxidativen Prozessen unterworfen, die zu vermehrter Produktion von Freien Radikalen führen.

Was ist eigentlich Ziel eines Schutzprogramms?

- Es soll die Haben-Seite unseres Gesundheitskontos stärken, wenn die Soll-Seite durch bestimmte Erkrankungen (z.B. Bluthochdruck) bereits belastet oder ausgeschöpft ist.
- Es soll bestimmte Stoffwechselprozesse stärken, die an der Reparatur bereits bestehender Schäden mitarbeiten können (etwa durch Zuführung von Vitamin C bei Operationen) und uns schneller wieder auf die Beine helfen.
- Es soll die Wirkung von Risikofaktoren, die durch Nährstoffgaben beeinflusst werden können, durch konsequente Zuführung von Nährstoffen reduzieren.
- Es soll den Spielraum der Leistungsfähigkeit von Organen verbessern (z.B. Herzkraft).
- Es soll die abwärts gerichtete Spirale von Abbauprozessen verlangsamen und wenn möglich aufhalten (z.B. Gelenkknorpelabbau).

Risikogruppe Arteriosklerose, Durchblutungsstörungen und Bluthochdruck

Gefäßverkalkungen sowie akute und chronische Durchblutungsstörungen sind Endstation einer langen Reihe von Prozessen in und an den Blutgefäßen, die viel mit Radikalen und dem oxidativen Stress zu tun haben.

Zu den Hauptrisikofaktoren für Gefäßverkalkung oder Durchblutungsstörungen zählen

- falsche Ernährung (zu viel Fett, zu viel Salz, zu viel Zucker)
- Bluthochdruck
- Übergewicht
- Diabetes
- Rauchen
- spezielle Risikofaktoren: Lipoprotein(a) oder Homocystein
- Fettstoffwechselstörungen
- zu wenig Bewegung

Antioxidativ wirksame Nährstoffe können bis zu einer gewissen Stufe vorbeugend eingreifen und Schaden vermeiden helfen. Besteht jedoch schon ein Schaden am Blutgefäß, können Nährstoffgaben nur noch Schlimmeres verhindern – aber auch damit ist ja schon viel erreicht.

Das Schutzprogramm ist kein Freibrief. Beachten Sie familiäre Vorbelastungen. Wenn Sie wissen, dass in der Familie seit Generationen Schlaganfälle oder Bluthochdruck vorkommen, sollten Sie zeitig reagieren. Nehmen Sie erste Beschwerden ernst,

Auf einen Blick Fettstoffwechselstörungen

Wie Sie die Haben-Seite bei Fettstoffwechselstörungen durch folgende tägliche Einnahmeempfehlungen verstärken können:

Pantethein	bis zu 800 mg
Magnesium	300–500 mg
Vitamin C	2000 mg als Calciumascorbat
Vitamin E	400–800 mg
Lezithin	1000 mg
Fischölkonzentrate bezogen auf die Omega-3-Fettsäuren	2000–3000 mg
l-Carnitin	1000 mg

suchen Sie den Arzt auf, beginnen Sie mit dem Schutzprogramm, um ein Fortschreiten der Störungen zu verlangsamen. Auch die Risikofaktoren Übergewicht, Rauchen oder Bewegungsmangel lassen sich nur dadurch ausschalten oder minimieren, dass man für eine Gewichtsabnahme sorgt, den Zigarettenkonsum einstellt und sich mehr bewegt.

Anders ist es bei Grunderkrankungen wie Diabetes, Bluthochdruck oder Fettstoffwechselstörungen, bei denen eine dauerhafte antioxidative Hilfestellung notwendig ist. Eine gezielte Verstärkung des antioxidativen Schutzschildes mit Vitamin E und C zögert bei Diabetikern das Entstehen der Spätfolgen von Durchblutungsstörungen hinaus, ebenso die Verkalkung der Herzkranzgefäße.

Schutzprogramme sollen schützen, bestehende Schäden können sie nur bis zu einem gewissen Punkt ausgleichen. Deshalb sind Nährstoffe auch klar von Arzneimitteln zu unterscheiden.

Risikogruppe zu viel Cholesterin

Wenn der Arzt zu viel Cholesterin diagnostiziert, heißt das für den Patienten: Er muss seine Lebensweise radikal verändern. Diät, Alkoholkonsum einschränken und alles, was vorher schmeckte, weglassen. Bei jedem Dritten reagiert der Cholesterinspiegel auf eine Diätumstellung. Die übrigen Betroffenen müssen cholesterinsenkende Arzneimittel (»Statine«) einnehmen.

Bleibt das Cholesterin trotz Arznei und Diät hoch, können Sie die Haben-Seite des Gesundheitskontos verstärken durch:

- Vitamin E: Es verhindert die Oxidation von Cholesterin und reduziert damit das Arterioskleroserisiko. Denn nur oxidiertes Cholesterin wirkt sich besonders negativ auf die Gefäßwände aus.
- Coenzym Q10: Da die häufig verordneten »Cholesterinsenker« auch die Coenzymversorgung der Zellen verschlechtern, wird jedem Anwender dieser Arzneimittel zusätzlich die Einnahme von Q10 empfohlen. So lassen sich durch Nährstoffe aus dem Nahrungsergänzungssektor Nebenwirkungen von Arzneimitteln mindern.

Risikogruppe zu viel Blutfette (Triglyzeride)

Fettsäuren stauen sich auf Grund von zu fettem Essen im Blut. Freie Fettsäuren aus der Nahrung werden vom Organismus zunächst über das so genannte Coenzym A aktiviert. In dieser Form gelangen sie in die Zellen, werden dann mithilfe des Carnitins in den Kraftwerken der Zelle (Mitochondrien) verbrannt. Die entstehende Energie wird unserem Organismus in Form von bestimmten Paketen zugeleitet.

Folgende Nährstoffe spielen bei diesem Prozess eine Rolle: Vitamin B5, Carnitin, Lezithin, Vitamin B3 als Nikotinsäure, l-Cystein. Und neben den bereits erwähnten B-Vitaminen natürlich die Antioxidantien Vitamin C und besonders das Vitamin E.

Wie Sie mit Hilfe von Antioxidantien die Blutfließeigenschaften verbessern können

- Die Blutfließeigenschaften bei Durchblutungsstörungen werden am besten durch Fischöle (reich an Omega-3-Fettsäuren) beeinflusst. Allerdings: Natürliche Fischöle enthalten die wichtigen ungesättigten Fettsäuren in zu geringer Konzentration; ein messbarer Effekt ist nur mit Fischölkonzentraten zu erzielen. Sie verbessern die Blutfließeigenschaft der roten Blutkörperchen, verringern die Klebeeigenschaften der Blutplättchen und das Ausflocken von Blutbestandteilen. Die Folge: Das Blut fließt auch durch Gefäße mit geringem Durchmesser (Mikrozirkulation) und versorgt Bereiche im Hirn oder auch in den Organen mit Sauerstoff, die sonst auf Grund des Sauerstoffmangels langsam absterben würden. Neben der blutfließverbessernden Eigenschaft haben die Omega-3-Fettsäuren unter anderem einen günstigen Einfluss auf Cholesterin- und Triglyzeridwerte.
- Extrakte aus Heidelbeeren (Sekundäre Pflanzenstoffe) sind reich an Anthocyanen oder Bioflavonoidkonzentrate mit viel Rutin.
- Ebenso Traubenkernextrakte mit den oligomeren Proanthocyanidinen (OPC's).

Auf einen Blick Arteriosklerose/Verbesserung der Blutfließeigenschaften

Welche Nährstoffe Sie zur Verringerung des Arteriosklerose-Risikos und zur Verbesserung der Blutfließeigenschaften nehmen sollten:

Omega-3-Fettsäuren (Fischölkonzentrate)	1000–2000 mg	ungesättigte Omega-3-Fettsäuren mehrere Monate im Jahr
Bioflavonoide aus Heidelbeeren und Traubenkernextrakten	400–1200 mg	kurmäßig 2 bis 3 Monate im Jahr
Vitamin C	1000–2000 mg	täglich am besten als Calciumascorbat
Vitamin E	500 mg	für 8 Wochen, dann Reduktion auf
	200–400 mg	täglich dauerhaft
Coenzym Q10	200–500 mg	für 4 Wochen, dann Reduktion auf
	50–200 mg	täglich
Selen als Selenoprotein	200 µg	pro Tag dauerhaft

- Vitamin C als wasserlöslicher Radikalfänger leistet unschätzbare Dienste.
- Vitamin E und Coenzym Q10 lagern sich in die Zellmembran ein und schützen die Zellen vor oxidativen Schäden. Die roten Blutkörperchen bleiben elastischer und transportieren den lebensnotwendigen Sauerstoff bis in die kleinsten Winkel.
- Auch Selen darf als Nährstoff der Blutplättchen nicht fehlen.

Risikogruppe zu viel Homocystein/Lipoprotein(a)

Homocystein entsteht im Stoffwechsel aus bestimmten Aminosäuren und muss unter Zuhilfenahme verschiedener B-Vitamine weiterverarbeitet werden. Stockt die Weiterverarbeitung, richtet Homocystein an den Gefäßinnenwänden Schaden an. Eine Erhöhung kann man ganz einfach im Blut messen. Wir stärken den Homocysteinabbau durch Zufuhr der Bausteine, die besonders notwendig sind.

Auf einen Blick – Zu viel Homocystein

Welche Nährstoffe Sie täglich bei zu viel Homocystein nehmen sollten:

Vitamin B6	10 mg
Folsäure	1 mg
Vitamin B12	100 µg
Betain-HCL	500 mg

Auf einen Blick – Erhöhtes Lipoprotein(a)

Welche Nährstoffe Sie täglich bei erhöhtem Lipoprotein(a) nehmen sollten:

l-Prolin	500 mg
l-Lysin	500 mg
Vitamin C	1000–2000 mg
Carnitin	500 mg

Das Lipoprotein(a), eine körpereigene Substanz bestehend aus Fett und Eiweiß, ist quasi eine Kittsubstanz für die Blutgefäße. Als die Menschen irgendwann die Fähigkeit verloren hatten, selbst Vitamin C zu bilden, wurde diese Substanz sein Nachfolger. Bilden wir zu viel von diesem Eiweiß, kann es zu Verklebungen und Veränderungen, die auf Dauer zu Gefäßverkalkung führen, kommen. Die Bestimmung des Lipoprotein(a)-Spiegels erfolgt im Labor und ist Teil moderner Präventivdiagnostik. Auch hier versuchen wir durch begleitende Nährstoffgaben die Gefahren zu verringern. Dies gelingt durch die Aminosäuren l-Prolin und l-Lysin. In Zusammenarbeit mit VItamin C und Carnitin stellen sie die Quadriga zur Risikominderung dar.

Risikogruppe Herzschwäche

Das Herz gehört zu den dauerhaft arbeitenden Muskelsystemen unseres Körpers. Es verfügt daher über eine spezielle Energieversorgung, Nährstoffbeschaffung und Regeneration. Auch wenn die Sauerstoffversorgung der Herzmuskelzellen tagtäglich optimal funktioniert, kommt es sehr häufig mit zunehmendem Alter zu einer nachlassenden Herzkraft. Zudem können Virusinfekte, die unbemerkt den Herzmuskel mit angreifen, Herzschwäche in jungen Jahren nach sich ziehen.

Mein Schutzprogramm ist keinesfalls Ersatz für eine Behandlung mit bestimmten Arzneimitteln oder gar Ausrede, sich der ärztlichen Behandlung zu entziehen. An erster Stelle steht auch hier die gründliche Untersuchung beim Fachmann und die Umstellung der Lebensführung.

Zu den wesentlichen Regeneratoren der Herzkraft gehört Carnitin. Es besorgt den Einstrom der Fettsäuren in die Kraftwerke der Zelle (Mitochondrien). Das Coenzym Q10 ist für die Verbrennung und damit Energieerzeugung für die ständige Muskelkontraktion verantwortlich. Für eine gleichmäßige Übertragung der Nervenimpulse auf die Muskelzellen sorgen dann

Auf einen Blick Herzschwäche

Wie hoch der Nährstoffbedarf pro Tag für Personen mit ausgeprägter oder beginnender Herzschwäche ist:

Carnitin	1000–1500 mg
Coenzym Q10	300–500 mg
Magnesium	200–400 mg
Kalium	ca. 100 mg nach ärztlicher Rücksprache*
Taurin	500–1500 mg
Selen	200–400 µg, nach 2 Monaten Reduktion auf 200 µg

* Vorsicht: Nur nach strenger Indikation nehmen! Vergiftungsgefahr!

Magnesium, Kalium, Calcium und die Aminosäure Taurin. Sie gewährleistet die Stabilisierung der Erregungsübertragung. Besonders wichtig sind Magnesium und Taurin bei unklarem Herzrasen oder Herzstolpern. Magnesium entspannt verkrampfte Blutgefäße und hat sich in der Langzeitbehandlung von infarktgefährdeten Personen bewährt, ebenso als Schutzmantel für ein nervöses Herz. Achten Sie auch auf eine ausreichende Selenversorgung, da Selenmangel auch Herzschwäche zur Folge haben kann.

Risikogruppe Bindegewebsschwäche und Gelenkveränderungen

Nicht einfach, für die Vielzahl von Abnutzungen, rheumatischen Erscheinungen und unklaren Spannungs- und Schmerzzuständen, die von Gelenken ausgehen können, eine universelle Nährstoffempfehlung zu geben.

- Zu den wesentlichen Bausteinen des Knochens zählt das Vitamin C. Es ist wichtig für die Festigkeit der Kollagenfasern. Die gehören zu den Grundstrukturen des gesamten Knorpel- und Knochengewebes und bestimmen unter anderem die Festigkeit der Gelenkbänder.
- Die Mineralien Calcium und Magnesium müssen in ausreichender Menge vorhanden sein, um die ordnungsgemäße Mineraleinlagerung im Gelenkknochen zu unterstützen.
- Chondroitinsulfat und Glukosaminsulfat helfen defekte Knorpelstrukturen aufzubauen und zu regenerieren. Die Wirkung setzt allerdings langsam ein. Sie müssen sich mindestens sechs Wochen gedulden, bis der Erfolg spürbar ist.
- Vitamin B3, nicht als Nikotinsäure, sondern als Nikotinamid, ist ein wesentlicher Baustein antioxidativer Kräfte im Gewebe und hat damit einen direkten Einfluss auf die Schmerz- und Entzündungsbereitschaft des arthritischen Gelenks.
- Ergänzende Spurenelemente: Mangan, Kupfer, Zink

Auf einen Blick Arthrose/Bindegewebsschwäche

Was bei arthrotischen Gelenkveränderungen bzw. Abnutzungserscheinungen täglich zu empfehlen ist:

Vitamin C	1000–3000 mg, am besten als Calciumascorbat
Calcium	300–500 mg
Magnesium	200–500 mg
Chondroitinsulfat	1000–2000 mg
Glukosaminsulfat	1000 mg
B-Komplex mit	10–50 mg Vitamin B6 und 400 µg Folsäure
Mangan	5–20 mg (nicht länger als 3 Wochen)
Kupfer	2–4 mg (nicht länger als 10 Tage)
Zink	15 mg

Bei Bindegewebsschwäche sind täglich zu empfehlen:

Vitamin C	1000–2000 mg
Bioflavonoide	100–200 mg
Aminosäuren	
Prolin und Lysin	jeweils 500–1000 mg
Kupfer	2–4 mg (nicht länger als 10 Tage)
Zink	15 mg

Risikogruppe rund um das Immunsystem; Operationen und Wundheilung

Während unseres ganzen Lebens haben wir es mit größeren oder kleineren Infektionen und Verletzungen und mit der Notwendigkeit der intakten Wundheilung zu tun. An diesem Prozess sind mehrere Faktoren beteiligt: das Immunsystem, das Blut, die Wachstumsfaktoren und das betroffene Gewebe.

Wunde/Operation

Wir unterscheiden verschiedene Phasen der Wundheilung: Zunächst werden weiße Blutkörperchen angelockt, die Wunde rei-

Auf einen Blick Verbesserung der Wundheilung/Operationen

Welche Nährstoffe für die Vor- oder Nachbehandlung von Operationen und zur Verbesserung der Wundheilung zu empfehlen sind:

Vitamin C oder Calciumascorbat	1000–2000 mg täglich	3 Tage vor dem Eingriff beginnend bis 8 Tage nach der Operation
Bioflavonoide	500–1000 mg	3 Tage vor dem Eingriff beginnend und bis zur primären Wundheilung dauernd
Carotinoide	5-15 mg täglich	14 Tage vorher anfangen
Zink als Zink-Picolinat	15–30 mg	täglich

nigt sich. Gleichzeitig beginnt die Entwicklung von neuem Gewebe.

Folgende Nährstoffe sind in diesem Zusammenhang von Bedeutung: Vitamin C, die Sekundären Pflanzenstoffe Bioflavonoide, Spurenelemente in Kombinationen, Provitamin A (Carotinoide) und Zink.

Vitamin C verbessert nicht nur die Struktur des Bindegewebes, es veranlasst die Bindegewebszellen auch zur Vermehrung und ermöglicht speziell bei Operationen dem Körper so die Möglichkeit, Wunden zu schließen, Defekte auszuheilen und an diesen Defekten nicht allzu lange zu leiden. Dies gilt für kleine und für große Verletzungen. Vitamin C mit und ohne Bioflavonoide gehört zur allgemeinen Operationsprophylaxe (selbst bei Zahnextraktion) und – neben den klassischen Medikamenten zur Behandlung akuter Infekte – in jede Hausapotheke.

Provitamin A (Carotinoide) verbessert Regenerationsvorgänge in Haut und Schleimhaut.

Zink unterstützt das Immunsystem der Haut und zählt damit zu den »Heilungsmineralien«.

Auf einen Blick Infektionen

Bei akuten Infekten zwei bis drei Tage lang täglich:

Vitamin C/Calciumascorbat mit Bioflavonoiden	3000–5000 mg
Carotinoide	15–30 mg
Zink als Zink-Picolinat	15–30 mg

Virusinfekte, Grippe, Schnupfen etc.

Vitamin C – die Allzweckwaffe. Es unterstützt und fördert nahezu alle Aktivitäten des Immunsystems:

- steigert die Fresslust der immunkompetenten Zellen und die Vermehrungsfreudigkeit derselben
- steigert die Bildung von Schutzmolekülen gegen eine weitere Ausbreitung von Virusinfektionen
- beschleunigt und verstärkt die antivirale Kapazität

Bei jeglicher viralen oder bakteriellen Infektion gehört Vitamin C in Dosen zwischen 3000 und 5000 mg täglich zur Akutmedizin. Beachten Sie: Vitamin C wird auf Grund der guten Resorption über den Tag verteilt in einzelnen Dosen zwischen 500 und 1000 mg mehrmals gegeben. Im Akutfall gilt: nicht zögern, sondern der Devise »viel hilft viel« folgen.

Empfehlung für eine Prophylaxe zum Beispiel gegen die Virenflut in der U-Bahn auf dem täglichen Weg zur Arbeit: Morgens jeweils 500 bis 1000 Milligramm – am besten in Form einer Lutschtablette.

Risikogruppe Diabetiker

Zuckerkranken möchte ich das Schutzprogramm besonders eindringlich empfehlen, da die konsequente Einnahme von Nährstoffen besonders die Langzeitschäden, unter denen viele Diabetiker leiden, mildert und den Zeitpunkt der Erstausprägung hinausschiebt. Zucker erzeugt viele Radikale im Körper, Diabetiker gehören daher zu dem Personenkreis, der einen dauerhaft erhöhten Antioxidantienbedarf hat. Dies hat zur Folge, dass die Vitamine C, B1, B3, B6 und B12 verstärkt vom Stoffwechsel umgesetzt werden und nicht wenige Diabetiker in der Gefahr sind, an Skorbut (absoluter Vitamin-C-Mangel) zu erkranken. Vitamin E ist wichtig als Schutzfaktor bei der häufig mit Diabetes einhergehenden Fettstoffwechselstörung. Den Mineralstoffen Zink und Magnesium kommt besondere Bedeutung zu, weil zum einen die Infektgefahr erhöht ist und zum anderen für Diabetiker Durchblutungsprobleme typisch sind. Das Insulinmolekül wird durch Chrom und Zink in seiner Stoffwechselfunktion stabilisiert, und bestimmte Aminosäuren leisten einen wertvollen Beitrag zur optimalen Ausbildung des Glukosetoleranzfaktors. Die bei Zuckerkranken häufig auftretenden Nervenschmerzen und -schäden wie Fußkribbeln reagieren auf Gaben von Liponsäure und B-Komplexen.

Die Substitution mit Vitaminen und Spurenelementen kann die etablierten Therapieprinzipien bei der Behandlung des Diabetes mellitus nur ergänzen. Die optimale Einstellung des Diabetikers bleibt uneingeschränkt die Basis jeder Therapie.

Auf einen Blick Diabetes

Vitamin C	1000–2000 mg	täglich, dauerhaft
B-Vitamin-Komplex mit hohem Vitamin-B3-Anteil		täglich, dauerhaft
Vitamin E	200–400 mg	täglich, dauerhaft
Zink	15–30 mg	kurmäßig mehrmals im Jahr
Magnesium	200–400 mg	kurmäßig mehrmals im Jahr
Chrom als Chrom-Picolinat	100–300 µg	kurmäßig mehrmals im Jahr

Arzneimittel	Grund für verringerte Nährstoffaufnahme	Ergänzung durch folgende Nährstoffe
Abführmittel, Antibiotika, Methyldopa (Parkinson), Metoclopramid (Magenmittel), Zytostatika	Die Bewegung von Magen und Darm und die Darmflora sind verändert	Vitamine, Mineralstoffe und Spurenelemente
Antibiotika (Sulfonamide), Wassertabletten (Diuretika), »die Pille«, Antiepileptika	Hemmung verschiedener Verdauungsenzyme	alle Vitamine, Mineralien (Eisen, Kupfer, Zink, Magnesium, Kalium)
Cholesterinsenker (Colestyramin), Antibiotika (Neomycin)	Gallensäuren werden vermindert und damit die Fettverwertung im Darm	fettlösliche Vitamine A, D, E, K
Magentabletten gegen Übersäuerung mit Aluminium oder Magnesiumhydroxidsalzen	Es entstehen schwer lösliche Komplexe	Mineralstoffe Eisen, Kupfer oder Zink
Antibiotika (Tetrazykline), Säureblocker (Cimetidin, Ranitidin)	Die veränderten Säurewerte des Magensaftes verhindern eine Aufnahme	Vitamin B12 und Folsäure
Abführmittel Glaubersalz und Bittersalz	Die Nährstoffe werden ausgeschwemmt	wasserlösliche Vitamine B und C
verschiedene Antibiotika, Zytostatika	Störung der Bakterienflora	Vitamin K
Cholesterinsenker (»Statine«)	Der Coenzymgehalt der Zellen sinkt	Coenzym Q10
Aspirin, Rheumamittel, Schmerzmittel (Ibuprofen), Zytostatika	Die Magen- und die Darmschleimhaut kann geschädigt sein	alle Vitamine, Mineralstoffe und Spurenelemente

Risikogruppe Regelmäßiger Arzneimittelkonsum

Jedes Arzneimittel beeinflusst den Stoffwechsel und damit auch die Nährstoffaufnahme bzw. die Co-Faktoren für Enzyme.

- Je schlechter die Nährstoffversorgung zu Beginn einer Arzneimitteltherapie, desto stärker sind die Konsequenzen für den Stoffwechsel.
- Je länger ein Arzneimittel eingenommen wird, desto wahrscheinlicher sind Auswirkungen auf die Nährstoffversorgung.
- Es gibt Fälle, in denen bestimmte Nährstoffe die Wirkung von Arzneimitteln verstärken oder verlängern. Dies trifft besonders für die chemische Gruppe der Säuren zu: Aspirin® (= Acetylsalicylsäure), Vitamin C (= Ascorbinsäure) und Harnsäure werden auf demselben Weg in der Niere ausgeschieden, können sich dabei behindern und einen gemeinsamen Rückstau erzeugen. Bei gleichzeitiger Anwesenheit der drei Substanzen in hohen Dosen kann es zu Gichtanfällen kommen, die Wirkung von Aspirin® wird verlängert!

Risikogruppe Gifte

Rauchen und Umweltgifte

Rauchen erzeugt eine Fülle von Giften für Herz, Gefäße und das Immunsystem. Raucher-Vitamine halte ich streng genommen für unsinnig, da die Ursache damit ja nicht bekämpft wird. Jeder Raucher und unwillentlich mitrauchende Nichtraucher hat einen Antioxidantienbedarf, der weit über den eines gesunden Menschen hinausgeht.

Besonders betroffen vom oxidativen Stress sind Menschen, die täglich mit viel Technik in schlecht gelüfteten Räumen arbeiten müssen oder deren Arbeitsplätze abgasintensiv und lösungsmittelbelastet sind.

Risikogruppe leberschädigende Substanzen wie Alkohol und bestimmte Arzneimittel

Übermäßiger Genuss von Alkohol schädigt die Leber und das Hirn. Verlässlich, um Mangelerscheinungen zu begrenzen, sind B-Vitamine, Vitamin C, sämtliche Mineralstoffe, Spurenelemente und schwefelhaltige Verbindungen.

Zu den wichtigen Entgiftungshilfen zählen neben den B-Vitaminen in der Leber vor allen Dingen die schwefelhaltigen Aminosäuren, der Schwefel und Oligopeptide, die für die Stabilität und Integrität der Zellen von besonderer Bedeutung sind. Die Entgiftung muss sowohl bei fettlöslichen Substanzen, zum Beispiel Schlafmitteln und Hormonen, als auch bei wasserlöslichen Substanzen funktionieren. Der Körper verfügt über ein ausgeklügeltes Entgiftungssystem, das wir gezielt unterstützen

Auf einen Blick – Nährstoffe für die Entsorgung

Was die Entsorgungssysteme im Körper unterstützt und verbessert:

Vitamin-B-Komplex mit allen B-Vitaminen, mindestens jedoch	10–50 mg Vitamin B6, 100 µg Vitamin B12 und 50 mg Vitamin B1, B2 und B3
Vitamin C	1000–2000 mg
Vitamin E	200–400 mg
Carotinoide	15–25 mg *(Raucher siehe Seite 203f.)*
Selen	200–400 µg als proteingebundenes Selen
N-Acetylcystein	300–1000 mg
Methionin als S-Adenosylmethionin	400–1500 mg
Zink als Zink-Picolinat	15–30 mg
Calcium	bis 1000 mg
Glutathion	200–1200 mg in magensaftresistenter Form
Carnitin	500–1000 mg

können, damit für alle Gifte die Nährstoffe zur Verfügung stehen, die wir zu Ihrer Ausscheidung benötigen. Natürlich muss die Vermeidung des Giftes das primäre Ziel sein.

Das Schutzprogramm stärkt die Haben-Seite unserer entgiftenden Systeme Leber, Galle, Darm und Niere durch B-Vitamine, schwefelhaltige Aminosäuren, (N-Acetylcystein, S-Adenosylmethionin), Glutathion, Antioxidantien und Spurenelemente.

Wie lange man die Nährstoffe einnehmen soll, hängt von der Dauer der Belastung durch Gifte oder Arzneimittel ab. Mindestens jedoch drei bis vier Wochen. Wie stark die Leber bereits vorgeschädigt ist, kann nur Ihr behandelnder Arzt feststellen.

Schutzprogramm für Menschen mit natürlichem Mehrdarf

Antioxidantien für Sportler

Klar, gerade Spitzensportler erwarten von mir klare Empfehlungen. Wohl zu Recht. Schließlich betreue ich seit Jahren Fußballprofis und andere Spitzensportler. Zunächst einmal muss ich Folgendes feststellen: Es wundert mich, wie wenige Spitzenkräfte eine wohlüberlegte Therapie zum Schutz vor Freien Radikalen durchführen und wie auf der anderen Seite Megamengen an Zusatznahrung und Kraftpillen für den »Sportsmann« in Fitnessstudios und ähnlichen Einrichtungen verkauft werden. Im Auge habe ich immer das Prinzip des Stoffwechsels und die Gesundheit des Menschen und nicht eine ins Unwirkliche aufgeblasene Muskelaktivität. Die sportliche Aktivität wird durch zwei biochemische Komponenten wesentlich geprägt: die Sauerstoffverwertung und den Abbau der Schlackenstoffe. Beide sind abhängig vom Trainingszustand. Aber auch vom Angebot der Nährstoffe.

Hochleistungssport ist gleichzusetzen mit starkem Stoffwechselstress. Dies bedeutet, dass während extremer sportlicher Aktionen – und dies mit der Dauer der sportlichen Leistung ansteigend – Freie Radikale entstehen, die unser Organismus im Eifer des Gefechts unter Umständen nicht neutralisieren kann. Neben einer Übersäuerung kommt es dann zu einer radikalischen Belastung, die sich bei Ausdauersportlern in einer verstärkten Schmerzempfindung, Neigung zu Infekten, allergischen Reaktionen, entzündlichen Reaktionen von Gewebe, Gelenkkapseln, Bändern und in einer erhöhten Verletzungsanfälligkeit der Muskeln äußern kann.

Muskelschmerzen oder Erschöpfung nach einem besonders kraftraubenden Tennismatch zum Beispiel können Anzeichen einer oxidativen Schädigung sein, die auf lange Sicht auch zu koronarer Herzkrankheit, Krebs und anderen Erkrankungen führen kann.

Training bis zur Erschöpfung bedeutet, dass der Sauerstoffverbrauch der Muskelfasern bis auf das 100- bis 200-fache des Normwerts ansteigt und damit zu einem enormen Anstieg der Freien Radikale führt. Durchtrainierte Muskeln sind, wie Studien ergaben, vor oxidativem Stress weitgehend gefeit, es sei denn die Muskelglykogenvorräte werden durch die Trainingsintensität und -dauer abgebaut. Bei sorgfältig aufgebautem Training bleibt die Gefahr trainingsbedingter Überproduktion von Freien Radikalen auf ein Minimum beschränkt. Überdies gewinnen die körpereigenen (endogenen) Antioxidantien-Enzyme, zum Beispiel SOD (Superoxid-Dismutase), GSH (Glutathionsulfhydril) und Katalase vermehrt an Einfluss und wirken dem Zerstörungswerk der Freien Radikale entgegen.

Voraussetzung für eine sinnvolle Unterstützung durch Radikalfänger sind regelmäßige Laborkontrollen. Zur genauen Bestimmung des oxidativen Stresses bei Sportlern können verschiedene Tests, bei denen die antioxidative Kapazität im Blut gemessen wird, inzwischen in gut ausgerüsteten Labors durchgeführt werden.

Meine Werkzeugkiste zum Schutz vor Freien Radikalen enthält im Wesentlichen: Vitamin C, Vitamin E und Betacarotin, Zink, Kupfer, Bioflavonoide, natürliche Spurenelementquellen und Aminosäuren.

Vitamine

Zu den idealen Substanzen, die gleichsam »zwei Fliegen mit einer Klappe schlagen«, gehört das gepufferte Vitamin C (Calciumascorbat). Gepuffertes Vitamin C erhöht zum einen die Festigkeit des Kollagens, des Haltemechanismus für Sehnen, Bänder, Muskulatur, Knochenansatzbereiche und Gelenkkapseln. Zum anderen ist es in der Lage, als Antioxidans die schädlichen Radikale zu binden und zu entschärfen. Der Nachteil von gewöhnlichem Vitamin C liegt aber darin, dass es sauer reagiert und die ohnehin saure Stoffwechsellage beim Hochleistungssportler zusätzlich belastet.

Ein weiteres Antioxidans ist Vitamin E, das als rechte Hand des Vitamins C betrachtet werden kann. Beide regenerieren sich

Auf einen Blick Für Sportler

Vitamin C in säuregepufferter Form	1000–4000 mg täglich
mit Bioflavonoiden aus roten Traubenschalen	30–100 mg
Vitamin E	200–500 mg täglich
Betacarotin	30 mg täglich
Kupfer	1–2 mg nicht länger als 10 Tage, danach 3 Wochen Pause
Zink	15–30 mg täglich
Aminosäuren	Zusammensetzung und Mengenangaben s. Seite 233

gegenseitig. Extreme Ausdauerleistungen führen zu einer erhöhten Fettoxidation und auch zu Muskelschädigungen durch das radikalische Feuerwerk. Um den antioxidativen Schutz durch Vitamin E ausnutzen zu können, muss man zwei bis drei Wochen vorher mit der Einnahme beginnen. Untersuchungen an Marathonläufern, die vier Wochen vor dem Wettkampf schon während des Trainings mit der Vitamin-E-Einnahme begannen, zeigten dies.

Betacarotin und Bioflavonoide ergänzen die Antioxidantienpalette sinnvoll.

Zur Säurebelastung des Sportlers

Das gepufferte Vitamin C (z.B. das Calciumsalz von Vitamin C) entfaltet im Körper seine volle Vitamin-C-Kraft, ohne zusätzlich Säure einzutragen. Es reagiert nahezu neutral und kann zum Beispiel in Verbindung mit Bioflavonoiden gegeben werden. Gepuffertes Vitamin C wirkt mild entsäuernd, schützt den Körper vor radikalischer Überflutung während Hochleistungsreaktionen und verbessert darüber hinaus direkt unser Immunsystem. Dies ist besonders in Zeiten von erhöhten Infektanfälligkeiten oder vor Turnieren bzw. Wettkämpfen wichtig. Die Dosis für gepuffertes Vitamin C während und vor sportlichen Leistungen kann zwischen 1000 und 4000 mg täglich liegen. Eine Säurebelastung des Sportlers kann sich auch in erhöhten Harnsäurewerten zeigen. Nicht selten muss ich die Harnsäure mit Allopurinol künstlich senken, da unter dem starken Eiweißumsatz und der Fülle der organisch anfallenden Säuren die Ausscheidungsmechanismen überfordert werden.

Wegen des hohen Verbrauchs von Kupfer und Zink im Hochleistungssport lege ich großen Wert auf eine Optimierung der entsprechenden Laborwerte. Kupfer spielt im Immunsystem, im Bindegewebestoffwechsel und als Radikalfänger eine wichtige Rolle. Zink leistet unter anderem im Eiweißstoffwechsel und im Immunsystem sowie als Radikalfänger wichtige Aufga-

Aus meiner Praxis Empirische Behandlung

Anstrengend und erfolgreich: Ein Tennisspieler und die Umstände für seine ungewöhnliche Betreuung

Morgens nach New York, abends wieder zurück. Oder London. Jeden zweiten Tag und wieder zurück. Oder Paris. Noch nach der Praxis hin. Wenn er eines der Grand-Slam-Turniere spielte, rief er mich regelmäßig an. Manchmal nur so: »Doc, ich bin nicht verletzt, aber bitte komm, check mich durch, dann fühle ich mich einfach besser.« Also folgte ich seinem Wunsch sogar bis nach Melbourne, Australien. Manchmal aber klangen seine Telefonate wirklich dringend: »Wenn du nicht kommst, kann ich nicht spielen.« Der Rekord aller Abenteuerlichkeiten war Madrid. Er rief gegen 20 Uhr an: »Doc, bitte komm, schnell!« Wie sollte ich das schaffen? Der Zufall wollte es, dass mein letzter Patient, der das Gespräch mitgehört hatte, helfen konnte: Er stellte prompt seine Privatmaschine zur Verfügung. Kurz vor Mitternacht also in Madrid, bis nachts um vier mit meinem Patienten beschäftigt - und morgens um 9.00 Uhr bereits wieder mit dem ersten Patienten in meiner Münchner Praxis.
Ein ums andere Mal waren es Muskelprobleme, die ihn plagten. Meiner Erfahrung nach lassen sich 90 Prozent dieser Probleme der Wirbelsäule zuordnen. Ich verlasse mich auf das, was ich empirische Behandlung nenne. Aus Akupunktur, Neural[1]- und Mesotherapie[2] habe ich meine eigene Methode abgeleitet. Ich setze bis zu 16 Nadeln an bestimmte Punkte, um Energieblockaden aufzulösen. Schmerz ist Stress und Stress ist Radikale bildend. Also bekam mein Patient natürlich auch Infusionen mit essentiellen Aminosäuren. Dazu vor allem Zink (ein Katalysator im Eiweißstoffwechsel), Magnesium, die Vitamine B und E und bei Bedarf Wobenzym®, das entzündungshemmend wirkt.

1 Die Neuraltherapie versucht durch gezielte Injektion in ein Problemfeld durch Entblockierung wieder normale physikalische Bedingungen in diesem Störfeld herzustellen.
2 Die Idee hinter der Mesotherapie ist einfach: Wenn man Medikamente statt über den Magen-Darmtrakt direkt am Ort der Erkrankung anwendet, erhält man ein besseres Behandlungsergebnis bei geringerer Medikamentenmenge.

ben. Zink leistet aber auch unter dem Säureaspekt wichtige Dienste im aktiven Training. Zum einen erfüllt es in einem umsatzintensiven Stoffwechsel die Funktion als wichtiger Katalysator. Zum anderen – und das wird meist nicht beachtet – stellt es das wichtigste Mineral zur Entsäuerung dar, denn die zentrale Schlüsselreaktion der Entsäuerung ist zinkabhängig. Nur ein mit Zink optimal versorgter Stoffwechsel bewältigt den Berg an Laktat, der für viele Sportler das »Ende der Fahnenstange« darstellt. Darüber hinaus wird Zink über den Schweiß verloren. Bei Zinkmangel ist es unvermeidlich, dass Sportler mit zahlreichen kleinen Verletzungen zu kämpfen haben. Auch aus diesem Grunde sollte Zink zugeführt werden.

Aminosäurenkonzentrate

Aminosäuren und vor allem freie Aminosäurenrezepturen haben eine große Bedeutung für die Förderung der geistigen und körperlichen Leistungsfähigkeit. Sie stellen die kleinsten Bausteine für den Energie-, Reparatur- und Strukturstoffwechsel dar und haben zum Teil antioxidative Funktion. Auch Ausdauersportler profitieren von der Zufuhr freier Aminosäuren. Aus ihnen werden Eiweißstrukturen, Muskelgewebe, Hormone und körpereigene Antioxidantien gebildet. Diese Aufbauarbeit benötigt etwa 24 Stunden und stützt die Hochleistung auf allen natürlichen Ebenen. Aminosäuren sollten daher, in welcher Form auch immer, ein bis zwei Tage vor dem wichtigen Wettkampf gegeben werden.

Abschließend noch ein Wort zur Qualität: Sport ist keine Eintagsangelegenheit. Die Nährstoffgabe ebenfalls nicht. Nur eine hypoallergene, das heißt zusatzfrei hergestellte Nahrungsergänzung in Reinstoffqualität garantiert auf lange Sicht eine optimale Verträglichkeit und eine nebenwirkungsfreie Verstoffwechselung. Diese Nahrungsergänzungen sind nicht nur verträglicher, die darin enthaltenen Substanzen werden vom Organismus auch schneller aufgenommen und stehen dem Aufbau oder der Leistungsanforderung vollwertig zur Verfügung.

Was für Senioren wichtig ist

Wir werden immer älter. Wunderbar. Aber das erfordert neben einem Umdenken in gesellschaftspolitischer Hinsicht auch eine verstärkte Anstrengung zur Erhaltung der Gesundheit. Gerade die Verhütung von Diabetes oder Altersherz, das Hinauszögern der Ersterkrankung ist eine Domäne der Nahrungsergänzung. Denn hier greifen Prävention und Therapie nahtlos ineinander.

Während die jüngeren Senioren oft noch die gleichen Ernährungsprobleme haben, wie sie in der Regel in der gesamten Bevölkerung anzutreffen sind, hat sich der Stoffwechsel bei den Siebzig- bis Achtzigjährigen so stark verändert, dass Mangelzustände in ganz anderen Dimensionen entstehen und das Allgemeinbefinden stören können.

Altersbeschwerden	Nährstoffmangel
• Verminderte Immunantwort und erhöhte Infektanfälligkeit	Vitamin C, Zink, Vitamin B6
• Appetitlosigkeit, Mangel an Magensäure	Zink, B-Vitamine und Kalium
• Gewichtsverlust	Zink
• Erhöhte emotionale Labilität und Reizbarkeit	B-Vitamine
• Müdigkeit, Antriebslosigkeit und Abgeschlagenheit	B-Vitamine, Vitamin C, Magnesium, Aminosäuren
• Abnahme der geistigen Leistungsfähigkeit, verminderte Gedächtnisleistung	Vitamin B12, Vitamin B6, Cholin
• Auftreten von Alterspigmenten	Vitamin E

Auf einen Blick Nahrungsergänzung für Senioren

Zur Basisversorung im Alter zählt ein Multivitaminpräparat mit Mineralstoffen und Spurenelementen.

Zusätzlich antioxidative Mikronährstoffe:

Mikronährstoff	**Empfohlene Tageszufuhr***	
	Untergrenze	**Obergrenze**
Vitamin C	500 mg	1500 mg
Vitamin E	300 mg	1000 mg
Betacarotin	15 mg	30 mg
Coenzym Q10	50 mg	200 mg
Selen	70 µg	200 µg
Cystein (N-Acetylcystein)	100 mg	250 mg

B-Komplex mit Vitamin B12 in der aktivierten Form (Methylcobalamin)

* Die Untergrenze gilt für ältere Menschen, die weitgehend gesund sind. Die Obergrenzen sind für diejenigen angesetzt, die auf Grund einer bereits bestehenden Erkrankung wie Diabetes oder Fettstoffwechselstörungen größere Mengen benötigen.

Was Alterung für den Stoffwechsel bedeutet

- Zunahme oxidativer Veränderung an Zellbausteinen
- Änderung von Enzymaktivitäten
- Umbau der Fettzellen
- Alterung unserer Zellwände
- verstärkte Anstrengungen, zerbrochenes Zellkernmaterial abzutransportieren
- verstärkte Anstrengungen im zellulären Reparaturbereich, im Immunsystem
- Abnahme des Energiebedarfs
- Beibehaltung oder Erhöhung des Bedarfs an nicht-energieliefernden Nährstoffen, zu denen die Antioxidantien, Mineralstoffe und Spurenelemente zählen

Die Vitamine, die von Senioren am häufigsten in unzureichender Menge aufgenommen werden, sind die Vitamine B1, B2, B6, Folsäure und die fettlöslichen Vitamine D und E. Auch für Vitamin C sind erstaunliche Mangelzustände dokumentiert; ähnliches gilt für Calcium und Zink.

Um ihre Muskelmasse zu erhalten und für die Immunabwehr, haben ältere Menschen im Vergleich zu jungen Leuten einen erhöhten Proteinbedarf. Empfehlenswert ist Seefisch: Er ist nicht nur eine wertvolle Proteinquelle, sondern auch ein wichtiger Lieferant für essentielle Fettsäuren, die so genannten Omega-3-Fettsäuren. Zudem ist er leichter verdaulich als Fleisch. Die Fettaufnahme sollte nicht mehr als 25 Prozent der täglichen Kalorienzufuhr betragen. Außerdem sollte eine Flüssigkeitszufuhr von 1,5 Litern pro Tag in jedem Fall eingehalten werden.

Bei folgenden Grunderkrankungen im Alter besteht ein erhöhter Bedarf an Nährstoffen

Diabetes	Antioxidantien (Vitamin C und E, Carotinoide, Alphaliponsäure, Coenzym Q10), Chrom, Vitamin B1, B3, B6, B12, Zink, Magnesium, Mangan, Selen, Kupfer, Biotin, Carnitin
Osteoporose	Calcium, Magnesium, Vitamin D3, alle Spurenelemente, Mineralstoffe, Vitamin K, C, B, Bor, Strontium, Silicium
leichte Herzschwäche	Taurin, Magnesium, Carnitin, Vitamin E und C, Coenzym Q10, Kalium
Durchblutungs-störungen	Omega-3-Fettsäuren, Coenzym Q10, Magnesium, Vitamin C und E, Aminosäuren, Sekundäre Pflanzenstoffe, Bioflavonoide, OPC, Traubenkernextrakte

chronische Infekte	Zink, Vitamin C, Bioflavonoide, Aminosäuren
Dauerarzneimittelkonsum	B-Vitamine, Antioxidantien, Selen, schwefelhaltige Aminosäuren

Kleinkinder und Kinder im Wachstum

Man kann das nicht genug betonen: Kleinkinder sind auf eine ausreichende Versorgung mit allen Nährstoffen angewiesen – also ausgewogene Mischkost, liebevoll zubereitet, nicht zu stark gewürzt. Ab und zu sollte man zusätzlich einen vitaminisierten Fruchtsaft geben oder auch einen Fruchtsaft mit natürlichem Eisen zur Optimierung der Blutbildung. Falsch wäre es, das Kind durch Vitamin- und Mineralstoffgaben schon früh an die schnelle und bequeme Einnahme von Kapseln zu gewöhnen. Der kindliche Darm holt sich bei ausgewogener Kost alles in ausreichender Form, was er zur Entwicklung benötigt. Hier hat die Nahrungsergänzung nur im sehr begründeten Ausnahmefall (z.B. Mukoviszidose) ihre Berechtigung.

In der Wachstumsphase (8 bis 14 Jahre) sind gelegentliche Gaben von Calcium und Mineralien wichtig, um bei sich einseitig ernährenden Heranwachsenden (keine Milchprodukte) den Calciumbedarf zu decken. Zu empfehlen sind zudem Eisengaben in Form von natürlichen Quellen und Säften.

Radikalfänger im Einsatz

Radikalfänger, auch Antioxidantien genannt, sind Moleküle, die sich gewissermaßen »aufopfern«. So werden die aggressiven Verbindungen, die Radikale eben, stabilisiert und unschädlich gemacht (siehe auch Grafik auf Seite 28/29). Aber was passiert jetzt mit dem Radikalfänger? In der Opferrolle wird er selbst instabil. Damit er seine Zellschutzfunktion weiter ausüben kann, muss er so schnell wie möglich regeneriert werden. Das geht nur, wenn der Organismus ein Team ganz unterschiedlicher Radikalfänger bereithält.

Teamarbeit

Gemeinsam sorgen sie in einem äußerst komplexen Prozess dafür, dass die wichtige Zellschutzfunktion wiederhergestellt wird. Hat zum Beispiel der Radikalfänger Vitamin E ein Elektron »geopfert«, um ein Freies Radikal zu neutralisieren, eilt ihm Coenzym Q10 zur Hilfe. Das nun seinerseits um ein Elektron ärmer gewordene Coenzym Q10 benötigt Ascorbinsäure (Vitamin C), um wieder ins Gleichgewicht zu kommen. Und Vitamin C wird schließlich durch Flavonoide, einer Art der so genannten Sekundären Pflanzenstoffe, vervollständigt. Diese bioaktiven Substanzen, häufig die Farb-, Duft- oder Geschmacksstoffe einer Pflanze, haben eine ganz besondere Recycling-Eigenschaft. Ein Radikalfänger allein kann also wenig ausrichten. Der durch die Freien Radikale ausgelösten Kettenreaktion kann der Körper nur mit einer ganzen Armada von Radikalfängern begegnen.

Ein Radikalfänger allein kann wenig ausrichten.

Doch für diese Teamarbeit spricht noch etwas anderes: Während die wasserlöslichen Radikalfänger wie das Vitamin C ihre Schutzfunktion vor allem im Blut, in Körperflüssigkeiten und im Zellkern ausüben, wirken fettlösliche Antioxidantien wie das

Aus meiner Praxis — Mein neuer Radikalfänger

Bereits seit über zehn Jahren setze ich in meiner Praxis erfolgreich Radikalfänger ein – zur Entgiftung und zum Schutz. Routinemäßig frage ich meine Patienten, ob und wie sich ihre Lebensqualität durch die Einnahme von Radikalfängern verändert hat. Die Antworten sind eindeutig – nämlich einhellig positiv.

Ich kann das auch aus eigener Erfahrung bestätigen, denn ich nehme selbst, wie übrigens meine ganze Familie, seit vielen Jahren vorbeugend Antioxidantien. Nicht, weil wir zu einer besonderen Risikogruppe zählen, sondern weil ich der Meinung war und bin, dass wir leider nicht alle notwendigen Mikro-Nährstoffe in ausreichender Menge über unsere tägliche Nahrung aufnehmen können. Jahrelang mussten die Präparate aus den USA bzw. der Schweiz (»Antiox-Detox®«) besorgt werden.

Jetzt habe ich ein eigenes Produkt entwickelt: Oxano®.

Oxano® ist kein Arzneimittel, sondern ein Nahrungsergänzungsmittel. Es soll prophylaktisch eingreifen, damit Mangelerscheinungen nicht erst entstehen können. Es hilft dem Körper täglich bei der Abwehr schädlicher Einflüsse und unterstützt die natürlichen Zell- und Organfunktionen. Oxano® ist kein Monopräparat, also zum Beispiel nur Vitamin E, sondern ein Mischpräparat. Warum? Vitamine, Mineralien, Spurenelemente – sie wirken und arbeiten zusammen und unterstützen sich gegenseitig in ihrer Wirkung. Meine eigene Kombination ist ein Mikronährstoffkomplex aus den Vitaminen A, C, E, dem Spurenelement Zink und dem Energiespender Coenzym Q10. In Oxano® sind die Nährstoffe deutlich höher dosiert als bei bekannten Präparaten. Und der rote Traubenschalenextrakt, der reich an Sekundären Pflanzenstoffen ist, rundet die Rezeptur sinnvoll ab. Warum? Weil wir es der Natur abgeschaut haben. Dort schützen sich Früchte, die den UV-Strahlen der Sonne ausgesetzt sind, erfolgreich durch – wie könnte es anders sein – Antioxidantien (= roter Farbstoff). Somit sind über 500 verschiedene antioxidative Substanzen im Spiel.

Coenzym Q10 und Vitamin E bevorzugt an der Zellmembran und anderen Fettverbindungen: Nur gemeinsam sind sie stark. Deshalb ist es wenig sinnvoll, einseitig die Vitamin-E- oder Vitamin-C-Zufuhr zu erhöhen. Erst im Zusammenspiel aller Radikalfänger kann sich die antioxidative Schutzwirkung richtig entfalten.

Die Protagonisten

Doch wie kommen wir an all die Vitamine, Sekundären Pflanzenstoffe, Mineralien, Spurenelemente, Proteine und Aminosäuren, aus denen sich die Radikalfänger-Schutztruppe zusammensetzt? Dafür gibt es prinzipiell zwei Möglichkeiten: von außen über die Ernährung und von innen über den Stoffwechsel, der indirekt natürlich auch wieder davon abhängig ist, dass der Körper ausreichend mit Nährstoffen versorgt wird. Hier ein Überblick über die einzelnen Radikalfänger und Nährstoffe: wie sie heißen, was sie leisten, wo sie vorkommen und wie viel wir davon täglich benötigen.

Carotinoide und Vitamin A

Carotinoide – der Schutzschild der Pflanzen gegen die Sonne.

Aprikosen, Pfirsiche, Karotten, Endivien, Kresse, Spinat, tiefgelbe bis orangerote Früchte, aber auch dunkelgrünes Blattgemüse sind unsere natürlichen Carotinoidlieferanten. Die Natur musste diesen Stoff erfinden, denn die Pflanzen brauchen einen Schutzschild gegen die unbarmherzige Sonneneinstrahlung. Diese ist zwar zur Energiegewinnung notwendig, kann aber ungeschützte Pflanzen kurz nach Sonnenaufgang in eine braunwelke, verbrannte Masse verwandeln. Was Carotinoide in den Pflanzen schaffen, bewirken sie auch in den menschlichen Zellen. Sie schützen uns vor dem Angriff der Freien Radikale, die zum Beispiel beim Sonnenbaden entstehen, wie ein Sonnenschirm.

So schützen Carotinoide die Gesundheit

Zu den Carotinoiden gehören natürlich nicht nur das Betacarotin der Karotte, sondern eine Fülle von Substanzen, und man findet täglich mehr. Bisher gibt es etwa 600 verschiedene Carotinoide, von denen etwa 60 in der Nahrung und ungefähr 20 in Geweben des Menschen vorkommen können. Wir Menschen nehmen Carotinoide über die Nahrung auf und speichern sie in verschiedenen Geweben, wobei beim Menschen der überwiegende Teil im Fettgewebe mit 80 bis 85 Prozent, der Leber mit 8 bis 12 Prozent und der Muskulatur zu finden ist. Unabhängig von der Provitamin-A-Funktion, was gleichbedeutend damit ist, dass der Organismus aus den Betacarotin-Vorstufen sein Vitamin A selbst baut, wirken die Carotinoide als Antioxidantien.

Carotin»oide«: ein Symphonieorchester verschiedener Substanzen

Carotin»oide« – der Zusatz »oide« drückt wissenschaftlich gesehen immer eine Verlegenheit aus. Er zeigt nur, dass es sich um ein Symphonieorchester verschiedener Substanzen (Alpha- und Betacarotin, Lykopin etc.) handelt und dass sie am besten gemeinsam operieren.

Die Stärkung des antioxidativen Schutzschildes ist nicht nur beim Sonnenbaden wichtig: Dieser wird auch wirksam bei Angriffen durch Tabakrauch, Abgasen jeder Art und Pestiziden sowie durch den normalen Stoffwechsel des Körpers, der ja Sauerstoff verbrennt und ständig Radikale – Freund und Feind – produziert. Aufgenommenes Betacarotin wird im Darm in das Vitamin A umgebaut, ein ebenfalls fettlösliches Vitamin. Diesen Prozess steuert unser Körper nach Angebot und Nachfrage. Er geht mit Vitamin A sehr sparsam und besonnen um, da sich dieses Vitamin im Körper anreichern kann. Wählen Sie, um die Vitamin-A-Versorgung zu gewährleisten, daher immer Carotinoide.

Die Funktionen von Vitamin A im menschlichen Organismus lassen sich wie folgt zusammenfassen:

- Der Sehvorgang: Aus Betacarotin wird im Organismus Vitamin A gebildet, das den Sehvorgang chemisch ermöglicht.
- Das Wachstum, die Zellteilung und auch die Ausdifferenzierung in funktionsfähige Zellen
- Sich schnell vermehrende Zellsysteme wie das Blut, die Samen des Mannes und die Eizellen der Frau und auch die Immunzellen in Schleimhäuten (Rachen, Darm, Nebenhöhlen) benötigen Vitamin A.

Betacarotin zum »Sonnenschutz von innen heraus«

Zurück zu den Carotinoiden: In unseren Breiten wird Betacarotin zum »Sonnenschutz von innen heraus« empfohlen, da durch viele Untersuchungen gezeigt wurde, wie Betacarotin sich in der Haut ablagert, dort als Pigment UV-Licht reflektiert und eingedrungene UV-Strahlen, die ein radikalisches Feuerwerk – den Sonnenbrand – entfachen, neutralisiert und die Haut schützt.

Wie viel Carotinoide braucht man?

Zunächst einige Daten, die Ihnen das Lesen von Packungsbeilagen und Literatur erleichtern: 1 mg Retinol (Vitamin A) = 6 mg reines Betacarotin = 10 000 internationale Einheiten = 12 mg Carotinoide.

Die Deutsche Gesellschaft für Ernährung gönnt uns 6 mg Betacarotin oder 12 mg andere Provitamin-A-Carotinoide. Setzt sich das tägliche Essen aus einer gesunden Mischung von frischem, reifem Obst, nicht zu lange gekochtem Gemüse und Salaten zusammen und herrscht außerdem eine normale Sonnenbestrahlung, kann der Carotinoidbedarf allein über die Nahrung gedeckt werden.

Ein Mehrbedarf entsteht, wenn die Qualität der Nahrung nicht ausreicht und bei Sonneneinstrahlung, wenn die Hell-Dunkel-Adaptation im Auge nicht mehr funktioniert (nachhaltige Blendung beim nächtlichen Autofahren), bei Störungen der Geschmacksempfindung und herabgesetzter Geruchsempfindlichkeit der Nase, wenn Haut und Schleimhäute trocken sind und chronische Magen-Darm-Störungen eine Regeneration der Darmwandzellen stören.

Auch bei Belastungen des Immunsystems, die von einfachen, wiederholten Infekten im Hals-Nasen-Ohrenbereich bis hin zur Behandlung mit aggressiven Chemotherapeutika im Rahmen einer Tumortherapie reichen, sind Carotinoide zusätzlich wichtig. Wenn die Kinder unter Wachstumsstörungen leiden oder die Zähne nicht so kommen, wie es sich gehört. Beim Erwachsenen kommen Fragen der Fruchtbarkeit zum Tragen. Supplementierung auch hier nur als Carotinoide. Von Vitamin A in der Schwangerschaft ist generell abzuraten. Personen, die an Blutarmut leiden, die sich durch Eisen, Folsäure oder Vitamin B12 nicht behandeln lässt, sollten Carotinoidkuren durchführen. In jedem Fall ist den natürlichen Carotinoidgemischen der Vorzug vor einem rein synthetischen Betacarotin zu geben.

Die besten natürlichen Quellen

Carotinoide sind, wie gesagt, ein Orchester. Die einzelnen Gruppen und ihre besten Quellen:

- **Lykopin**: Tomaten, Wassermelonen, rosa Grapefruit. Lykopin ist wahrscheinlich das wirksamste Carotinoid gegen den so genannten Singulett-Sauerstoff, eine Art Freies Radikal. Forschungen haben ergeben, dass der Verzehr großer Mengen Tomaten – Hauptquelle von Lykopin in unserer Nahrung – das Prostata- und Magenkrebsrisiko senkt.
- **Lutein und Zeaxanthin**: Spinat, gelbe Paprika, Mais, Erbsen, Kohl, Brokkoli und grüne Salate. Die beiden Carotinoide reichern sich besonders in den Augen, und zwar im gelben Fleck der Netzhaut, der so genannten Makula an. Studien zeigen einen Zusammenhang zwischen einer an Lutein- und Zeaxanthin reichen Nahrung und einem geringeren Risiko, an einer altersbedingten Makuladegeneration zu erkranken.
- **Cryptoxanthin**: Orangen, Papaya, Pfirsiche, Mandarinen. Es gehört zu den weniger bekannten Carotinoiden, spielt jedoch für die Gesundheit der Frau eine besondere Rolle.

- **Alphacarotin**: Möhren, Kürbisse. Kommt häufig in der Nahrung vor. Studien haben ergeben, dass bei Rauchern, die wenig alphacarotinreiches Gemüse verzehren, ein erhöhtes Lungenkrebsrisiko besteht.
- **Betacarotin**: Möhren, Pfirsiche, Aprikosen, Spinat, Honigmelonen. Es ist in der Tat das am weitesten verbreitete Carotinoid. Es besteht ein Zusammenhang zwischen einem erhöhten Verzehr von Nahrung mit hohem Betacarotinanteil und einem verringerten Risiko für eine Reihe von Krebsarten.

Die von vielen Wissenschaftlern empfohlene Mindestmenge von 2 bis 4 mg Betacarotin pro Tag findet sich zum Beispiel in 25 bis 50 g Karotten (denen man in leicht gekochtem Zustand einen Schuss Öl beifügt), etwa 50 g Spinat, 60 g Grünkohl oder 100 g rote Gemüsepaprika. Unter den Früchten ist die Aprikose der Renner. In nur 60 bis 120 g Aprikosen sind bereits 2 bis 4 mg Betacarotin enthalten, ebenso in Mangos (150 bis 300 g) oder in der gleichen Menge rosa Pampelmuse. Hinweis für die Küche: Der Mensch nimmt Betacarotin oder Carotinoide allgemein nur auf, wenn sich genügend Nahrungsfett im Speisebrei findet. Eine gute Zerkleinerung, mildes Dünsten oder Dämpfen und die gleichzeitige Zugabe von Fett sind die wichtigen Schritte bei der Verarbeitung. Im Kühlhaus gereifte Aprikosen oder Honigmelonen halten ihrem Ruf nicht stand. Die frische Möhre hat unter diesem Aspekt wenig zu bieten, allenfalls als Ballaststoffspender.

Betacarotin: Die Aprikose ist der Renner.

Was bei der Einnahme von Betacarotin zu beachten ist

Nicht unerwähnt bleiben soll die Finnland-Studie, in der Raucher ein scheinbar erhöhtes Krebsrisiko hatten, wenn gleichzeitig Betacarotin eingenommen wurden. Zu dieser Untersuchung sind drei Kritikpunkte anzumerken:

- Zur Anwendung kam ein synthetisches Betacarotin, keine Carotinoide.

- Die Rauchergruppe bestand aus Personen, bei denen mehrere Risikofaktoren zusammentrafen wie Arzneimitteleinnahme und Alkoholkonsum.
- Fehler bei der statistischen Auswertung.

Trotzdem müssen wir diese Studie ernst nehmen und nicht uneingeschränkt Betacarotin bei Rauchern empfehlen.

Zu den Neuentdeckungen auf dem Carotinoid-Sektor gehört die Mikroalge Dunaliella salina. Sie muss sich gegen ungewöhnlich harte Lebensbedingungen schützen (sie lebt in Salzgewässern am ozonverbrannten Südrand von Australien), was eine Fülle natürlicher Carotinoide zur Folge hat.

Moderne Nahrungsergänzungen sollten daher diese Alge als Rohstoff enthalten und damit alle Carotinoide gleichzeitig anbieten. Synthetisches Betacarotin ist out. Carotinoide gehören zu den fettlöslichen Provitaminen. Auch hohe Dosierungen über lange Zeit zeigten keinen negativen Einfluss.

Betacarotin zur Vorbereitung auf den Sonnenurlaub nutzen

Wenn man sich auf einen sonnenintensiven Urlaub vorbereitet, sollte man mit der Carotinoidgabe mindestens zehn Tage vor Beginn des Urlaubs beginnen. Die Tagesdosen liegen zwischen 10 und 20 mg täglich. Betacarotin kann auf ein bis zwei Tagesdosen zur fettreichen Hauptmahlzeit verteilt werden.

Natürlich können Sie auch mit Lykopin angereicherte Extrakte nutzen, zum Beispiel aus Tomaten, und mit diesen Carotinoiden Ihren Speisezettel aufwerten und zur Optimierung des Immunsystems beitragen.

Die Verzehrempfehlungen für Lykopin liegen bei etwa 12 mg pro Tag.

Vitamin B3

Vitamin B3 oder Niacin ist ein Sammelbegriff, unter dem die Nikotinsäure – nicht zu verwechseln mit dem Nikotin der Zigaretten –, das Nikotinamid und verschiedene Formen zusammengefasst werden. Obwohl es in den USA zu den Pionieren der Hochdosis-Vitamintherapie gehört, findet man in Deutschland kaum B3-Präparate im Handel. Seine Laufbahn begann in den USA in der Psychiatrie. Dort gab es, ausgelöst durch die einseitige moderne Ernährung, Mangelerscheinungen, die sich in psychischen Störungen äußerten, denn Niacin hat unter anderem einen starken Einfluss auf den Hirnstoffwechsel. Eine einseitige Ernährung mit hohem Maisanteil begünstigt Vitamin-B3-Mangelzustände.

Vitamin-B3-Mangel kann zu psychischen Störungen führen.

So schützt Vitamin B3 die Gesundheit

Der gesamte Fett- und Zuckerstoffwechsel und damit die Energiegewinnung ist auf Vitamin B3 angewiesen. Entgiftungsreaktionen in der Leber sind B3-abhängig, ebenso zahlreiche Überträgerfunktionen in Gehirn und Nervensystem. Kleine Mengen kann sich unser Körper zwar aus der Aminosäure Tryptophan herstellen. Der Gesamtbedarf wird aber damit nicht gedeckt.

Vitamin B3 ist Teil unseres körpereigenen Schutzschildes gegen Radikale und gilt daher als wichtiges Antioxidans. Da dieser Schutzschild ständig aufgebraucht wird und nachgebildet werden muß, ist eine kontinuierliche Zufuhr wichtig. Nikotinamid (siehe unten) bildet verstärkt den antioxidativen Schutzschild – auch in Gelenken –, die Nikotinsäure hat einen besonderen Einfluss auf Hirnfunktionen und den Cholesterinspiegel.

Die Zufuhr von Vitamin B3 muss kontinuierlich erfolgen.

Wie viel Vitamin B3 braucht man?

Der Tagesbedarf laut DGE wird für Kinder und Erwachsene mit 5 bis 18 mg angegeben. Folgende Risikogruppen haben wegen der erhöhten radikalischen Belastung einen Mehrbedarf: Diabetiker und Personen mit erhöhtem Cholesterin oder Triglyzeriden.

Auch bei schmerzhaften Nervenentzündungen, rauer Haut, bei Leberschädigungen infolge Vergiftungen und Dauerkonsum von Arzneimitteln oder Alkohol gehört Vitamin B3 als Niacinamid in Dosen bis zu 1000 mg pro Tag in Einzelfällen zu den unterstützenden Maßnahmen, auf die man nicht verzichten sollte. Bei allen Veränderungen der Psyche bis hin zu Angstzuständen, Depressionen und bei der Parkinson-Krankheit ist eine Vitamin-B3-Zufuhr anzuraten.

Absolute Mangelzustände sind in unseren Breiten selten. Sie zeigen sich in einer schuppenden Hautveränderung, Schleimhautveränderungen (Himbeerzunge), Durchfall und Muskelschwäche.

Die besten natürlichen Quellen

100 g der aufgeführten Lebensmittel enthalten (Niacin):
Hefe (40 mg), Reiskleie (30 mg), Erdnüsse (15 mg), Leber (12 mg), Forelle (8 mg).

Was bei der Einnahme von Vitamin B3 zu beachten ist

Nikotinsäure setzt eine starke Durchblutungsreaktion in Gang.

Selbst bei der Einnahme von kleinen Mengen (100 bis 200 mg) Nikotinsäure (Acidum nicotinicum) setzt eine starke Durchblutungsreaktion im Kopf-, Hals-, Arm- und Brustbereich ein, die den Namen Flush trägt. Diese Reaktion ist besonders bei Durchblutungsstörungen erwünscht, sie stärkt das Wohlbefinden und verbessert den Schlaf. Die Mehrdurchblutung klingt nach einiger Zeit wieder ab. Vorsichtige können sich mit ihrem Arzt oder Apotheker beraten. Nikotinsäure ist, wie der Name sagt, eine Säure und muß bei bestehender Übersäuerung des Organismus vorsichtig angewendet werden.

Nikotinamid (Nicotinamidum) dagegen, ein weißes, leicht bitter schmeckendes Pulver, das sich sehr gut in Wasser löst, kann man in Mengen von 1000 bis 1500 mg zu sich nehmen, ohne dass derartige Reaktionen ablaufen. Bitte vor dem Essen einnehmen.

Darüber hinaus wurde Nikotinsäureester (Inositolhexaniacinat) entwickelt, das den Vorteil der Nikotinsäure bietet, ohne jedoch die Flush-Reaktion zu provozieren.

Die Aufnahme aller drei Formen aus dem Darm geht sehr schnell vor sich. Sie sind wasserlöslich und werden direkt oder in Form von Abbauprodukten über die Niere ausgeschieden.

Vitamin C

Vitamin C ist der am häufigsten eingesetzte Radikalfänger.

Vitamin C gehört zu den Alleskönnern unter den Nährstoffen und kann mit Fug und Recht als der am häufigsten eingesetzte Radikalfänger weltweit bezeichnet werden. Populär wurde Vitamin C vor allem durch den zweifachen Nobelpreisträger Prof. Linus Pauling, der schon in den Sechzigerjahren zu den ersten Verfechtern höherer Vitamingaben gehörte, als die Fachwelt nur den Kopf schüttelte. Bis zu seinem Tod 1994 im Alter von 95 Jahren, nahm er täglich 10 g Ascorbinsäure zu sich!

Im Gegensatz zu den meisten Tieren hat der Mensch die Fähigkeit verloren, Vitamin C selbst herzustellen, und ist somit auf eine Zufuhr von außen angewiesen.

So schützt Vitamin C die Gesundheit

Vitamin C oder Ascorbinsäure ist an fast allen Stoffwechselreaktionen beteiligt. Als Radikalfänger schützt es die Zellen und die im Zellkern enthaltenen Erbinformationen vor aggressiven Verbindungen, zum Beispiel aktivierten Sauerstoffmolekülen. Vitamin C arbeitet Hand in Hand mit den beiden anderen großen Radikalfängern Vitamin E und dem Coenzym Q10 (siehe auch dort). Sie stützen und regenerieren sich gegenseitig.

Unverzichtbar für das Immunsystem, aktiviert es die Abwehrzellen, sodass sie auf von außen eindringende Viren und Keime reagieren können, und sorgt dafür, dass auf gefährliche Zellveränderungen im Körper, die zu Krebs führen können, geachtet wird. Darüber hinaus schützt Vitamin C die Augenlinsen vor zu starker UV-Belastung und beugt Augenerkrankungen wie Grauem Star und Makuladegeneration vor.

Auch bei der Entgiftungsarbeit des Körpers leistet es große Dienste, da es am Aufbau der Leberenzyme beteiligt ist. Doch das ist noch nicht alles: Da der Nährstoff die Blutgefäße besser abdichtet, unterstützt er die Wundheilung. Dies macht Vitamin C zu einem unverzichtbaren Nährstoff vor oder nach Operationen.

Auch das Bindegewebe profitiert von Vitamin C.

Zuständig für die Bildung von festem Kollagen, profitiert auch das Bindegewebe von Vitamin C. Dass der Körper Eisen aufnehmen und in Schilddrüse und Nebenniere Hormone bilden kann, ist ebenfalls auf Ascorbinsäure zurückzuführen.

Wie viel Vitamin C braucht man?

Laut DGE ist der Tagesbedarf für Kinder und Erwachsene mit 50 bis etwa 100 mg angegeben. Dies ist, gelinde gesagt, sehr mager. Viele Menschen haben einen weitaus höheren Bedarf, sowohl kurzzeitig als auch für längere Zeiträume. Mehrbedarf ist angesagt für Schwangere, Senioren, Personen, die sich einer Diät unterziehen, Diabetiker, Herz-Kreislauf-Erkrankte, Raucher, Allergiker und chronisch Kranke. Menschen, die dauerhaft Arzneimittel einnehmen oder zu viel Alkohol konsumieren, benötigen wenigstens 500 mg täglich. Körperlicher Stress, auch Ozonbelastung bei Flugreisen und jede Art von Sport erhöhen den Vitamin-C-Bedarf auf bis zu 1000 mg täglich für die Zeit der Belastung. Hat uns ein Virus bereits erwischt oder bahnt sich eine Entzündung im Körper an, kann die Empfehlung schon mal kurzzeitig auf 3000 bis 5000 mg hochschnellen.

Anzeichen eines Vitamin-C-Mangels sind Zahnfleischbluten, schlechte Wundheilung und Anfälligkeit für alle Arten von Infekten, Bindegewebsschwäche oder Neigung zu entzündlichen Erkrankungen der Schleimhäute.

Nimmt man zu viel auf einmal ein, meldet sich der Darm mit Blähungen, und der Stuhl wird weich. Das ist völlig ungefährlich. Auf diese Art und Weise zeigt der Körper verlässlich seine Bedarfsobergrenze an, die durchaus ausgelotet werden sollte, wenn ein akuter Infekt im Anzug ist. Daher wird Vitamin C auch als preiswertes Abführmittel eingesetzt.

Der Körper zeigt die Bedarfsobergrenze an.

Die besten natürlichen Quellen

Vitamin C kommt nur in gut gereiften Obst- und Gemüsesorten vor. Kühlhausware ist fast Vitamin-C-frei. Spitzenreiter unter den tropischen Früchten ist die Acerolakirsche. Zu heimischen Vitaminquellen gehören rote Paprika, schwarze Johannisbeeren, Hagebutten und Kiwis. Aber auch Sauerkraut, Petersilie und Kartoffeln sind - ökologisch angebaut - solide Vitaminspender. Selbstverständlich sollen Zitrusfrüchte nicht unerwähnt bleiben.

1000 mg natürliches Vitamin C sind in etwa 6 g Acerolakirschenextrakt, 500 g frischen Hagebutten, 20 Orangen, 1 kg Petersilie oder 50 bis 80 Äpfel enthalten. Natürliche Vitamin-C-Quellen enthalten meistens noch Bioflavonoide, die die Wirkung der Ascorbinsäure unterstützen. Daher die begründete Forderung, den Vitaminbedarf möglichst durch natürliche Quellen zu decken.

Was bei der Einnahme von Vitamin C zu beachten ist

Vitamin C ist in der Apotheke als loses Pulver oder in Kapselform erhältlich. Empfehlenswert ist die reine Ascorbinsäure oder die säuregepufferte Form, das Calciumascorbat. Vereinzelt werden auch Natrium-, Kalium-, und Magnesiumascorbate eingesetzt. Die beste Wirkung hat jedoch das Calciumsalz. Besonders für den übersäuerten Stoffwechsel eines Sportlers ist diese Form wichtig und für diejenigen, die einen säureempfindlichen Magen haben. Vitamin C ist nicht lange haltbar, es altert. Wird es zu lange oder feucht aufbewahrt, färbt es sich gelb, schmeckt bitter und sollte weggeworfen werden.

Empfehlenswert ist die säuregepufferte Form von Vitamin C – das Calciumascorbat.

Lieber mehrmals kleine Portionen einnehmen!

Ob natürlichen oder synthetischen Ursprungs, Vitamin C gibt es nur in einer Form, der l-Ascorbinsäure. Sie wird durch die Schleimhäute gut aufgenommen, vom Mund bis hin zum Dünndarm. Auf diese Weise kann der Körper etwa 500 bis 750 mg komplett aufnehmen – eine Menge, die ungefähr einem halben Teelöffel entspricht. Mehrmalige kleine Vitamingaben sind effektiver als die ganze Portion auf einmal zu nehmen.

Wird viel Vitamin C intravenös gegeben, kann der Körper Vitamin C bis zu vier Wochen speichern, eine Eigenschaft, die die meisten Ärzte nicht kennen und daher nicht für möglich halten. Überschüssiges Vitamin C wird schnell über die Niere ausgeschieden, ohne der Niere zu schaden. Bei bestehenden Nierensteinen sollte man vor einer Vitaminkur mit dem Arzt sprechen.

Vitamin C kann man vor, zu oder nach dem Essen einnehmen. Um in Krisenzeiten einen dauerhaft erhöhten Vitaminspiegel im Blut zu erzeugen, genügt es, jede Stunde einen viertel Teelöffel in Wasser gelöst oder etwa 250 bis 500 mg pro Kapsel einzunehmen. Von der Industrie angebotene »Retard-Präparate« beinhalten viele Hilfsstoffe, die Allergien auslösen können. In jüngster Zeit wird mit fettlöslichem Vitamin C, einem »Ascorbylpalmitat« geworben. Hier wird aus einem technischen Hilfsstoff durch Umdeutung ein Nährstoff gemacht. Das ist unlauter. Vitamin C ist und bleibt ein wasserlöslicher Radikalfänger. Er ist auch nur als solcher eingenommen wirksam.

Vitamin E

Vitamin E schützt die ungesättigten Fettsäuren.

Die Natur ist das beste Vorbild: Dort kommt Vitamin E in fettreichen Samen oder Ölen vor. Aus gutem Grund, denn so nutzt der Same die antioxidative Kraft von Vitamin E, um die ungesättigten, lebenswichtigen Fettsäuren davor zu schützen, ranzig zu werden. Anti-aging für Samen und Öle! Damit haben wir im Prinzip die Anwendung für das »Säugetier« Mensch umrissen, denn auch der menschliche Körper nutzt es als Antioxidans für die Zellen und als Oxidationsschutz für fettreiche Strukturen, für alle Zellwände und Blutgefäße, für das Fettgewebe und den gesamten Fettstoffwechsel. Vitamin E sollte daher zur Grundversorgung jedes älteren Menschen gehören, als Ergänzung, nicht als Arznei.

So schützt Vitamin E die Gesundheit

Vitamin E zur Hauptmahlzeit einnehmen!

Vitamin E wird mit dem Fett zusammen aus der Nahrung aufgenommen – daher immer zur Hauptmahlzeit einnehmen – und über die »guten« und »schlechten« Fetttransporter (HDL- und LDL-Lipoproteine) in alle Richtungen verteilt. Am Endpunkt angekommen, lagert es sich in den Zellmembranen ab, hält sie beweglich und wehrt schädigende Radikale, Umweltgifte und Schadstoffe ab. Bei diesen Abwehrvorgängen verbraucht es sich, kann aber durch Vitamin C regeneriert werden. Vitamin E verhindert das Oxidieren des Cholesterins – ein wichtiger Schutz zur Verminderung des Arteriosklerose-Risikos. Darüber hinaus schützt es die Haut vor Alterung nach Sonnenbestrahlung, fördert die Regeneration von Vitamin A, ist unverzichtbar für das Immunsystem – bis hin zur Vorsorge gegen Tumorerkrankungen – und hält das Blut flüssig, da es die Blutplättchen reguliert. Als Antioxidans jeder Zelle fördert es die Leistungsfähigkeit auf Dauer und gehört damit zu Recht in jede Art von Altersmedizin.

Wie viel Vitamin E braucht man?

Laut DGE liegt der Tagesbedarf für Erwachsene bei bis zu 12 mg und für Stillende bei bis zu 17 mg. Dies ist eigentlich ein Scherz, betrachtet man die gängige Empfehlungsbreite, die zwischen 200 bis 400 mg liegt. Senioren ab 60 Jahren sollten meiner Erfahrung nach täglich 300 bis 1000 mg zur Gesunderhaltung einnehmen.

Einen Mehrbedarf haben alle Gallen- und Darmkranken wegen der gestörten Fettverdauung und der damit verminderten Aufnahme fettlöslicher Vitamine, zum Beispiel Mukoviszidose-Patienten. Auch Personen, die vermehrt ungesättigte Fettsäuren – Borretschöl, Nachtkerzenöl, Fischöle – konsumieren, benötigen mehr Vitamin E als Begleitschutz vor Oxidation. Einen höheren Bedarf haben Diabetiker mit 200 bis 400 mg täglich, um die verschiedenen Auswirkungen des oxidativen Zuckerstresses zu mindern.

Von einer täglichen Einnahme profitieren Personen mit Herz-Kreislauf-Schäden (Angina pectoris, Myokardinfarkt), Augenhintergrundveränderungen (Makuladegeneration), Allergiker, Autoimmunpatienten (Multiple Sklerose, Lupus erythematodes etc.) und Personen mit Muskellähmungen oder Veränderungen der Nervenübertragung auf den Muskel. Chronische Entzündungen wie Rheuma oder auch Überreaktionen des Immunsystems reagieren postiv auf Vitamin E: Rheumatiker 400 bis 1000 mg und Allergiker 200 mg täglich.

Lokal angewendet ist Vitamin E ein hervorragendes Mittel – zusammen mit Vitamin-C-Lösungen – bei akutem Sonnenbrand. Einfach Vitamin E auf die Haut auftragen und kalte Kompressen darüber legen. Auch bei allergisch bedingtem Haarausfall kann man lokal einen Versuch mit Vitamin E machen. Juckende Schleimhäute (bei Frauen ab 50 Jahren) reagieren fantastisch auf Salben, die viel Vitamin E enthalten.

Die besten natürlichen Quellen

Natürliches Vitamin E wird besser verarbeitet.

Natürliches Vitamin E wird aus Palmkernöl, Weizenkeimöl oder Sojakeimöl gewonnen. Die natürliche Form wird vom Körper besser verarbeitet. Synthetische Formen sind auch im Handel erhältlich. Der Verbraucher kann zwischen zwei Formen unterscheiden:
Natürliches Vitamin E = **d**-alpha-Tocopherol, 1 mg entspricht 1,5 internationalen Einheiten (IE)
Synthetisches Vitamin E = **dl**-alpha-Tocopherol, 1 mg entspricht 1 internationalen Einheit (IE)

Vitamin E wird vielen fettreichen Lebensmitteln als Antioxidans zugesetzt. 100 mg Vitamin E sind enthalten in 38 g Weizenkeimöl, 140 g Mayonnaise, 150 g Margarine, 350 g Haselnüssen oder 650 g Sojabohnen.

Neben dem freien Tocopherol gibt es Vitamin E in der Esterform als Acetat und Succinat. Dies macht in der Wirkung keinen Unterschied. Wichtig ist, dass es natürliches Tocopherol ist.

Was bei der Einnahme von Vitamin E zu beachten ist

Vitamin E gibt es meist in goldgelben Weichgelatinekapseln. Offene Vitamin-E-Öle (Mischungen in Apotheken, z.B. Nachtkerzenöl und Vitamin) sind begrenzt haltbar, aber billiger. Man kann dieses Ölgemisch gut dosiert wie Salatöl verwenden. Die tägliche Einnahme sollte zur Hauptmahlzeit erfolgen. Fettlösliche Vitamine sind keine Akutvitamine, bei denen man sofort etwas spürt. Bei Rheumatikern kann es schon mal zwei bis drei Monate dauern, bevor ein Effekt festzustellen ist. Die Ausscheidung von überschüssigem Vitamin E erfolgt über die Galle in den Darm. Überdosierungen sind wegen der Fettlöslichkeit nicht ausgeschlossen, werden aber verhindert, indem man Vitamin E kurmäßig anwendet, zum Beispiel vier Wochen Einnahme, eine Woche Pause usw. Werden 1000 mg täglich über einen längeren Zeitraum eingenommen, kann es allerdings Auswirkungen auf die Schilddrüse haben.

Coenzym Q10

Es ist schwer, bei Coenzym Q10 oder Ubichinon nicht ins Schwärmen zu geraten. Es ist noch nicht lange her, dass der interessierte Verbraucher in Europa auf dieses »Vitamin Q10« aufmerksam wurde. Die Japaner schätzen seine stärkende Wirkung schon länger und verzehren die Substanz tonnenweise. Die weltgrößten Produktionsstätten liegen daher in Asien. Manche sagen, es gehöre zu den zentralsten Antioxidantien, die es überhaupt gibt. »Ubi-chinon« heißt übersetzt: überall vorkommendes Chinon. Dies weist auf seine Bedeutung hin. Aber weil es scheinbar überall vorkommt und der Mensch es auch selbst produziert, sagt die Schulmedizin, dass eine Zufuhr nicht nötig ist. Die Frage wird in Fachkreisen kontrovers diskutiert. Q10-Präparate sind nicht billig, da der Rohstoff teuer in der Herstellung ist.

So schützt Q10 die Gesundheit

Mit zunehmendem Alter fallen die Q10-Konzentrationen im Blut.

Coenzym Q10, kurz Q10 genannt, ist verantwortlich für die innere Atmung unserer Zellen und damit für die Arbeit der Zellmembranen und für die Abwehr der zerstörerisch wirkenden Freien Radikale. Mit zunehmendem Alter fallen die Q10-Konzentrationen im Blut und in den lebenswichtigen Organen ab, gleichzeitig nehmen die Alterserscheinungen wie Herzschwäche, Erschöpfungszustände, unkontrolliertes Krebszellwachstum, Schwächung des Abwehrsystems oder Abbauvorgänge im Nervensystem oder Organgewebe (Herz, Leber, Niere) zu. Viele Wissenschaftler sehen einen Zusammenhang zwischen diesen Entwicklungen.

Das Coenzym Q10 besteht wie ein Drache aus einem Kopf und einem langen Schweif. In dieser Form passt es sich jeder Zellwand an und hilft bei der Bewältigung der Energiefragen.

Besonders das Herz, die Nervenzellen im Ohr, die stoffwechselaktiven Leberzellen, die Netzhaut des Auges, die insulinproduzierenden Zellen der Bauchspeicheldrüse, die Spermien und alle Hautzellen reagieren empfindlich auf Gleichgewichtsstörungen im Energiehaushalt und auf Unterversorgung mit Coenzym Q10. Im Alter ist eine konstante Energiebereitstellung entscheidend für die Gesamtbefindlichkeit. Weil Q10 in den Kraftwerken der Zelle, den Mitochondrien, wirksam ist, gehört es zum unverzichtbaren Arbeits-, Überlebens- und Regenerationsprogramm jeder Zelle.

Wie viel Coenzym Q10 braucht man?

Von der DGE gibt es keine Bedarfsangaben.

Da sich die DGE mit dieser Substanz nicht beschäftigt, existieren von dieser Seite keine Bedarfsangaben, sondern Schätzungen, die bei 30 mg täglich liegen.

Ein gesunder junger Mensch benötigt kein zusätzliches Q10. Bewegung und eine abwechslungsreiche Nahrung sind die besten Energieträger und -produzenten. Als potenzielle Bedarfspersonen kommen erst die beanspruchten Mittvierziger in Frage, besonders dann, wenn sie bereits über ihre Kräfte gelebt haben und das Herz oder die Leber sich melden. Hier können ab und zu kleine Gaben von 50 bis 100 mg pro Tag Energiekrisen meistern helfen, freilich nicht, um unsinnige Überanstrengungen oder fehlende Ruhepausen auszugleichen.

Wirklich interessant wird Coenzym Q10 im Alter oder wenn Grunderkrankungen wie Diabetes, Cholesterinstörungen, Durchblutungsstörungen, Thrombosegefahr, Tinnitus, Leberstörungen oder Herzschwäche zu beachten sind. Die Wirkung von Q10 hängt von der Dosis ab. Man kann, um ganz sicher zu sein, sich den Q10-Spiegel im Blut bestimmen lassen. Der Normwert liegt bei mindestens 0,85 µg/ml. Um einen Vorsorgeschutz zu erreichen sollte man auf eine Blutkonzentration von 1,0 bis 1,2 µg/ml hinzielen, d.h. etwa 60 bis 120 mg pro Tag einnehmen. Therapiebegleitend bei den oben genannten Grunderkrankungen sind etwa 2,5 µg/ml anzustreben; das bedeutet für einen 70 kg schweren Erwachsenen etwa 200 mg Coenzym täglich. Bei ausgeprägter Herzschwäche kann man unter ärztlicher Begleitung auch bis zu 500 mg pro Tag einnehmen.

Bei Sonnenbrand oder Neurodermitis empfiehlt sich Q10 in kosmetischen Zubereitungen. In den nächsten Jahren werden diese Rezepturen einen festen Platz im allgemeinen Haut- und Sonnenschutzprogramm einnehmen.

Die besten natürlichen Quellen

Coenzyme gibt es viele in der Natur. Aber nur das Q10 ist für die Energieleistung im menschlichen Körper verwendbar.

100 g Lebensmittel enthalten (Q10): Sojaöl (9 mg), Sesamöl (3 mg), Sardinen (6 mg), Schweinefleisch (0,4 mg) und Erdnüsse (0,3 mg). Das macht deutlich, dass selbst eine bewusst ausgewählte Kost die angestrebten Mengen an Q10, die täglich zur Ergänzung notwendig wären, nicht erreicht.

Was bei der Einnahme von Q10 zu beachten ist

Coenzym Q10 zur Hauptmahlzeit einnehmen!

Q10 bitte zur Hauptmahlzeit einnehmen, da es nur mit anderen Nahrungsfetten zusammen resorbiert wird. Das dunkelgelbe Pulver gibt es in Kapselform. Um die Aufnahme zu verbessern, gibt es eine Zubereitung in Liposomenform. Dieses Q10 wird direkt über die Mundschleimhaut aufgenommen und eignet sich für besonders geschwächte Personen. Injektionsprodukte sind nicht im Handel. Interessant sind kosmetische Zubereitungen mit Q10, die die Hautalterung und Faltenbildung verhindern sollen. Die Anwendungszeiträume sind noch zu gering, um auf signifikante Wirkungen verweisen zu können.

Glutathion

Wie in einem Kinderzimmer strebt auch in den kleinsten Bausteinen unseres Körpers, den Zellen, alles der Unordnung zu. Das ist ein natürlicher Vorgang. Überall liegt was herum, Eiweiße und Radikale am Boden – um im Bild zu bleiben. Nur dem aktiven, unermüdlichen Eingreifen des Glutathions haben wir es zu verdanken, dass sich in jedem Moment geordnete und damit überlebensfähige Verhältnisse in unseren aktiven Zellen wiederherstellen. Glutathion gehört zu den wichtigsten Antioxidantien überhaupt, die der Körper selbst produziert. Glutathion ist sehr wirksam, aber auch sehr empfindlich, und die Anwendung erfordert einiges Geschick.

So schützt Glutathion die Gesundheit

Glutathion gehört zum antioxidativen Schutzschild innerhalb der Zelle. Je stoffwechselaktiver die Zelle ist, desto mehr kann sie Glutathion produzieren oder speichern. Glutathion besteht aus den Aminosäuren Glutamat, Cystein und Glycin. Besonders hohe Glutathionkonzentrationen weisen Leber, Milz, Niere und die Dünndarmschleimhaut auf, während die Skelettmuskulatur, das Herz und die Bauchspeicheldrüse über geringe Reserven verfügen – einer der Gründe, warum das Nervensystem sich nur schwer von Entzündungen erholt. Die ungeheure Regenerationskraft der Leber ist eine Folge des guten Glutathionnachschubs. Wo viel gearbeitet wird, fallen viele Abfallstoffe an, und diese müssen verarbeitet und hinterher wieder aufgeräumt werden.

Welche Funktionen übernimmt das Glutathion in den stoffwechselaktiven Zellen? Es sorgt für das Ausschleusen von Giftstoffen und Substanzen, die den Körper über Leber, Galle und Nieren verlassen müssen. Es ist wichtig für ein gesundes Zellwachstum, die Zellteilung, den antioxidativen Schutz des Zellinneren vor Radikalen. Die Nachproduktion von gesundem Kernmaterial für neue Zellen hängt am Glutathion. Es ist wichtig für die Widerstandsfähigkeit von Zellen gegenüber Schadstoffen von außen bis hin zur UV-Belastung der Linse und der Hornhaut, auch im Rahmen der Krebstherapie mit aggressiven Stoffen wie Bestrahlung und Chemotherapie.

Zusammen mit spezifischen Enzymen, den selenhaltigen Glutathionperoxidasen, entgiftet Glutathion Freie Radikale und kann oxidiertes, verbrauchtes Vitamin E und Vitamin C aufbereiten. Auf diese Weise werden die Körperreserven der Antioxidantien erhalten. Dabei wird Glutathion verbraucht, oxidiert. Bestimmte Zelleiweiße bilden daraus wieder das aktive Glutathion zurück. Ausreichend Glutathion brauchen auch die Schilddrüse und die weiblichen Hormone.

Glutathion kann verbrauchtes Vitamin E und C wieder aufbereiten.

Wie viel Glutathion braucht man?

Im Unterschied zu den Vitaminen, auf deren Zufuhr man angewiesen ist und für die man einen allgemeinen täglichen Bedarf ausrechnen kann, ist dieses für das Glutathion nicht möglich.

Glutathion produziert der Körper auch selbst.

Da der Körper das Glutathion im Wesentlichen selbst produziert, muss der menschliche Körper im Normalfall nur dafür sorgen, dass die Bausteine, die er zum Aufbau benötigt, in genügend hoher Konzentration vorhanden sind. Dies gelingt, wenn Lebensmittel, die reich an schwefelhaltigen Aminosäuren sind, auf dem Speiseplan stehen. Dazu zählen zum Beispiel Lauchgewächse, Zwiebel, Knoblauch, Salate, Bärlauch etc. Außerdem sollte man durch regelmäßige sportliche Aktivitäten (z.B. 20 Minuten Radfahren pro Tag oder eine Stunde Spazierengehen oder eine halbe Stunde Schwimmen) den Körper in seinem Stoffwechselumsatz aktivieren und ihm dadurch die Möglichkeit geben, das Glutathion nachzubilden. Auch Reize wie das morgendliche Duschen mit kaltem und warmem Wasser, Wechselbäder, Saunabesuche mit anschließendem Abkühlen im kalten Becken oder all die Maßnahmen, die in der Volksmedizin als »abhärtend« bekannt sind, sind antioxidative Maßnahmen, da sie zur Stärkung des Glutathionsystems beitragen.

Der Organismus hat besonders bei aggressiven Arzneimitteln, wie bei der Krebs- oder HIV-Therapie, einen hohen Glutathionbedarf. Außerdem bei akuten und chronischen Nieren- und Lebererkrankungen, bei Alkoholismus und wenn andere Antioxidantien wie Vitamin C und E fehlen oder zu wenig aufgenommen werden, bei Störungen des roten Blutbilds, (wenn die Erythrozyten zu schnell abgebaut werden), bei Personen mit chronisch entzündlichen Lungenerkrankungen bis hin zur Mukoviszidose. Auch der Stressfaktor spielt eine Rolle, etwa bei Flugreisenden, Rauchern und PC-Arbeit ebenso wie Umweltbelastungen. Jede Krebs-Bestrahlungstherapie erhöht extrem den Glutathionbedarf.

Normalerweise hilft der Körper sich bei Belastungen dadurch, dass er, wie bereits erwähnt, seine Glutathionnachproduktion hochfährt. Dies gelingt, wenn die Belastung weiter steigt, jedoch nicht bis ins Unendliche. Ab einem bestimmten Punkt kann es notwendig sein, rechtzeitig von außen durch Supplemente für Nachschub zu sorgen.

Die besten natürlichen Quellen

Rindfleisch, Blaubeeren, frische Früchte und Gemüse sind in der Regel glutathionreich – im Gegensatz zu Getreide, Milchprodukten und bereits verarbeiteten Lebensmitteln. Langes Kochen und Lagern zerstören das Glutathion. Um die Glutathionnachproduktion zu unterstützen, ist es sinnvoll, den täglichen Speiseplan mit schwefelhaltigen Gemüsen wie Bärlauch, Knoblauch, Lauch und Zwiebeln anzureichern. Auch selenreiche Lebensmittel – in der Regel biodynamisch produzierte Weizenkeime, Bierhefe, Fleisch vom Biobauern, Fische und Schalentiere – wirken sich auf die Nachbildung des Überlebensmoleküls Glutathion positiv aus.

Was bei der Einnahme von Glutathion zu beachten ist

Da Glutathion zu den Eiweißen gehört, die ja bekanntlich im Magensaft angegriffen und zerstört werden, ist bei Supplementen Folgendes zu beachten:

Die eine Möglichkeit, diesen Mechanismus zu umgehen, besteht darin, Glutathion nur in »magensaftresistenter« Zubereitung einzunehmen. Der Wirkstoff wird so erst im Dünndarm freigesetzt und gelangt dort zur Aufnahme. Tägliche Dosen liegen, je nach Belastung, zwischen 200 und 1200 mg.

Glutathion gibt es in »magensaftresistenter« Form.

Die andere Möglichkeit ist die indirekte Gabe durch Einnahme der Bausteine (Aminosäuren) in reiner Form als l-Cystein und l-Methionin. Diese Aminosäuren sind in Kapselform erhältlich und im Bedarfsfall können zwischen 300 und 1000 mg pro Tag eingenommen werden. Auch die Kombination von Glutathion-

und Aminosäuresupplementen ist möglich. Wichtig ist der Zeitpunkt: zwischen den Mahlzeiten mit gesüßtem Fruchtsaft einnehmen.

Glutathion kann auch injiziert werden.

Neben der Möglichkeit, sich mit Supplementen zu versorgen, hat der Arzt auch die Wahl, in akuten Mangelsituationen Glutathion zu injizieren: Das Präparat heißt Tationil®, Fa. Roche, Italien. Es existiert in Packungen zu 10 Ampullen in zwei Stärken mit 300 und 600 mg Glutathion pro Ampulle.

Sekundäre Pflanzenstoffe

Der Begriff »Sekundäre Pflanzenstoffe« fasst im Grunde Spezialbegabungen von Pflanzen zusammen, die trotz schwieriger Lebensbedingungen überlebten. Dazu entwickelten sie Strategien und schufen Substanzen, die man von wissenschaftlicher Seite zunächst für Luxusstoffe hielt. Erst in jüngster Zeit erkannte man, dass diese Sekundärstoffe, deren Zahl auf 30 000 geschätzt wird, wichtige Wachstumsaufgaben, antioxidative Eigenschaften und allgemein gesundheitsfördernde Wirkungen haben. Sekundäre Pflanzenstoffe (z.B. Gerbstoffe, Flavonoide, Terpene etc.) sind als Nahrungsergänzungen bisher nicht definiert, und nach Lage der deutschen Gesetzgebung ist auf diesem Gebiet auch nicht mit einer Begriffsbestimmung und damit Marktklärung zu rechnen. Dies hat zur Folge, dass Sekundäre Pflanzenstoffe, die sich bereits in vielen Ländern (USA, England, Japan etc.) als ungefährlich und gesundheitsfördernd bewährt haben, bei uns weiterhin als Arzneimittel geführt und daher zumindest in Apotheken, wenn auch meistens auf Rezept, erhältlich sind.

Sekundäre Pflanzenstoffe gibt es in Deutschland nur in der Apotheke.

Folgende gesundheitsfördernde Wirkungen wurden beim Menschen beobachtet:
Sekundäre Pflanzenstoffe
- senken das Krebsrisiko (antikanzerogene Wirkung),

• hemmen die Bildung Freier Radikale (antioxidative Wirkung),
• schützen vor Infektionen mit Pilzen, Bakterien und Viren (antimikrobiell) und senken den Cholesterinspiegel.

Carotinoide

Die Carotinoide werden in zwei Gruppen eingeteilt: die sauerstoffhaltigen Carotinoide, zu denen das Beta-Cryptoxanthin, das Zeaxanthin und das Lutein zählen und die sauerstofffreien Carotinoide mit Lykopin, Alpha- und Betacarotin (siehe Carotinoide).

Phytosterine

Sie befinden sich vorwiegend in Pflanzensamen und -ölen (Sonnenblumenkerne, Sesamsamen) und tragen zur Senkung des Blutcholesterinspiegels bei, weil durch sie weniger Nahrungscholesterin resorbiert wird. Sie werden im Moment als apothekenpflichtige Arzneimittel angeboten.

Glucosinolate

Glucosinolate geben dem Senf seinen Geschmack.

Die Glucosinolate sind verantwortlich für den typischen Geschmack von Senf, Meerrettich und Kohlrabi. Ihre wichtigsten Vertreter sind schwefelhaltige Verbindungen. Sie wirken antikanzerogen und schützen vor bakteriellen Infektionen. Viele verbessern die Entgiftungsleistung der Leber. Angeboten werden sie als Gemüseextrakte oder apothekenpflichtige Arzneimittel.

Polyphenole und Flavonoide

Phenolsäuren und Flavonoide gehören zu den klassischen pflanzlichen Antioxidantien. Sie kommen vorwiegend in den Randschichten von Obst, Gemüse und Vollkorngetreide vor, dem Teil, den man in der Regel nicht isst. Reich an Hesperidin ist die weiße Schicht um Apfelsinen oder Grapefruits. Anthocyane findet man in der Traubenhaut und die OPCs im Traubenkern, Gerbstoffe in der Fruchthaut (Birnen, Äpfel). Flavonoide besitzen ein besonders breites Spektrum gesundheitsfördernder Wirkungen. Sie haben allgemein antientzündliche Wirkungen (Eichenrindenbäder), regulieren über die Stärkung des antioxidativen Schutzschildes die Immunantwort und können dadurch auf Dauer vor der Entstehung von Krebs schützen. Besonders zu nennen ist der unfermentierte Grüne Tee (Green Tea) aus Ostasien, der sich immer größerer Beliebtheit erfreut. Er enthält weniger Koffein und reizende Gerbstoffe und ist ausgesprochen reich an wirksamen Catechinen. Sie ergänzen die Wirkung der antioxidativen Vitamine und können gemeinsam täglich eingenommen werden.

Grüner Tee ist reich an Catechinen.

Lektine

Enthalten in Hülsenfrüchten und Getreideprodukten; sie tragen zur Senkung des Blutglukosespiegels bei.

Schwefelhaltige Verbindungen

Die wichtigsten Vertreter sind Lauchgemüse (Knoblauch, Bärlauch, Lauch und Zwiebeln). Die Abbauprodukte des Wirkstoffs Alliin sind stark antientzündlich, wirken gegen bakterielle Infekte und beeinflussen darüber hinaus den Blutdruck und das Immunsystem.

Was bei der Einnahme zu beachten ist

Der Markt ist uneinheitlich und unsere Auswahl umfasst nur die Hauptgruppen der Sekundären Pflanzenstoffe. Es müssen weitere Untersuchungen abgewartet werden und besonders die Produkte, die mit hormonähnlichen Wirkungen (Yamswurzel, Phytoöstrone) werben, sollten nicht ohne ärztlichen Rat verabreicht werden.

Magnesium

Wenn Sie in einem Apothekenschaufenster »Die Nummer 1« sehen oder den Begriff »Stress« lesen, wenn »sportliche Dauerleistungen und Mineralien« diskutiert werden, geht es meist um

Magnesium. Ohne unsere Betrachtung auf das Magnesium jetzt auf diese auch in der Laienpresse ausgetretenen Pfade lenken zu wollen, lohnt es sich, dieses Erdalkalimetall aus einem anderen Blickwinkel zu betrachten. Denn es bestimmt den Stoffwechsel im Tier- und Pflanzenreich. Jeder kennt den grünen Farbstoff in Blättern von Bäumen und Sträuchern, das Chlorophyll. Ohne Magnesium wäre er unmöglich! Damit stellen die Pflanzen den wichtigsten Magnesiumlieferanten für Mensch und Tier dar.

Pflanzen sind die wichtigsten Magnesium-lieferanten.

So schützt Magnesium die Gesundheit

Magnesium ist nach dem Kalium das zweithäufigste Mineral *innerhalb* der Zelle. Sucht man es außerhalb, zum Beispiel im Blutserum, so ist das ungefähr so, als ob man die Größe eines Eisberges nach dem Teil beurteilen würde, der über die Wasserfläche hinausragt. Dort, wo Magnesium wirkt, in der Zelle, ist es dem Blick entzogen, obwohl es für rund 300 körpereigene Enzyme und unzählige Stoffwechsel- und Steuerungsprozesse maßgebend ist.

Nur dann werden Eiweiße, Fette und auch die Zucker, selbst die Hormone richtig verarbeitet. Auch der gesamte Energiehaushalt und die Muskelarbeit ist magnesiumabhängig. Je mehr der Körper umsetzt, desto mehr Magnesium benötigt er für die Entspannung zwischen den Muskelaktionen. Dies gilt für die Bewegungsmuskulatur ebenso wie für die feinen Muskeln unserer Blutgefäße und den Herzmuskel.

Magnesium fungiert als natürlicher Calcium-Gegenspieler. Letztgenannte Substanzgruppe wird medizinisch zum Beispiel in der Therapie des hohen Blutdruckes und zum Schutz des Herzens eingesetzt. Magnesium fördert die Aufnahme von Calcium aus dem Darm und beugt so der Knochenentkalkung vor. Es dämpft überschüssige Reize an Nerven, die zu unklaren Impulsen, die von Augenlidzittern bis hin zu unregelmäßigen Herzschlägen reichen, führen können.

Misst man den Magnesiumspiegel im Blut, kann man trotz des Eisbergphänomens in etwa feststellen, wie der Patient mit Magnesium versorgt ist. Gute Magnesiumspiegel liegen zwischen 0,8 und 1 mmol/l. Liegt er darunter, herrscht ein Magnesiummangel, den man schnellstens durch Magnesiumpräparate ausgleichen sollte. Manch einer benötigt aber bis zu 1,2 mmol, damit er nicht ständigen Migräneattacken ausgesetzt ist. Der Magnesiumbedarf ist auch ein Erfahrungswert, den jeder persönlich überprüfen kann. Magnesium-Serumspiegel unterliegen einer tageszeitlichen Schwankung. Nachmittags um 14 Uhr und ab 4 Uhr früh misst man den niedrigsten Magnesiumspiegel. Magnesium reguliert die Durchlässigkeit der Zellmembranen und ist an der Energiegewinnung in der Zelle beteiligt.

Magnesium hilft bei Migräne.

Wie viel Magnesium braucht man?

Die Magnesiumzufuhr kann ungenügend sein, wenn man viel Zucker und Fett konsumiert, magnesiumarmes, weiches Trinkwasser benutzt oder auf die Qualität von Gemüse und Obst wenig achtet. Bei Brokkoli, Möhren, Kartoffeln, Spinat und Bananen kann der Magnesiumgehalt bis zu 60 Prozent abnehmen, wenn der Anbau oder die Ausreifung nicht stimmt.

Von der Deutschen Gesellschaft für Ernährung (DGE) werden uns maximal 400 mg Magnesium pro Tag zugebilligt. Es gibt jedoch nicht wenige Menschen, die durch lang anhaltenden Stress sowie körperliche Dauerbelastung mit vermehrtem Schwitzen, zum Beispiel bei Sport und Sauna, oder auch bei Dauereinnahme von abführenden Mitteln bis hin zur hormonellen Umstellung während der Schwangerschaft und der Stillzeit mehr Magnesium benötigen. Eine Magnesiumempfehlung von bis zu 400 mg zusätzlich lässt sich in jedem Fall vertreten. Beschwerden, die auch auf eine langsame Verarmung der Magnesiumspeicher hindeuten, sind zunehmendes Herzstolpern, Wadenkrämpfe, Kopfschmerzen. Das kann sich bis zu Erkrankungen des Herz-Kreislauf-Systems wie zum Beispiel Gefäßkrämpfe bis hin zu häufigen Migräneattacken, Angina-pectoris-Anfällen, Herzinfarkt, Herzrhythmusstörungen mit zu schnellem oder unrhythmischem Herzschlag und Durchblutungsstörungen ausweiten. Es ist kein Wunder, dass Magnesium wegen der allgemeinen blutdrucksenkenden und das Herz beruhigenden Wirkung Eingang in die Intensivmedizin gefunden hat.

Der Diabetiker sollte auf sein tägliches Magnesium (200 bis 400 mg zusätzlich) nicht verzichten. Diabetes mellitus führt zu einer erhöhten Ausscheidung und Freisetzung von Magnesium. Magnesiummangel verschlechtert die Zuckerverstoffwechselung und führt zu Insulinresistenz und damit zu Komplikationen.

Die besten natürlichen Quellen

Zu den natürlichen Magnesiumlieferanten zählen Hirse, Naturreis, Haferflocken, Vollkornprodukte allgemein und die daraus zubereiteten Brotsorten; Bohnen, Kichererbsen, Limabohnen und Sojabohnen sowie Portulak. Da besonders Gemüse während der Garzeit Magnesium verliert, wenn man zu viel Flüssigkeit zugibt, sollte es grundsätzlich nur mit wenig Flüssigkeit gedünstet und das Kochwasser anschließend mit verwertet werden.

Das Kochwasser sollte immer mit verwendet werden.

Was bei der Einnahme von Magnesium zu beachten ist

Es gibt organische und anorganische Magnesiumverbindungen. Zu den anorganischen Magnesiumsalzen zählen das preiswerte Magnesiumcarbonat und das Magnesiumoxid. Da die Aufnahme aus dem Darm nicht optimal ist, empfehle ich Zitrate, Maleate oder die so genannten Chelate, das heißt Verbindungen mit Magnesium und Aminosäuren, zum Beispiel Aspartate oder Orotate.

Magnesium soll in größeren Mengen nicht zusammen mit größeren Mengen Calcium eingenommen werden, da sich die beiden Mineralien in ihrer Resorption auf Dauer behindern. Multivitamine, die mehrere Mineralstoffe enthalten, oder auch

Multimineralpräparate kommen an diese Obergrenze nicht heran und können empfohlen werden. Sprechen Sie mit Ihrem Arzt, der gegenüber Vitaminfragen aufgeschlossen ist, über eine intravenöse Hochdosis-Magnesiumtherapie, besonders dann, wenn Sie unter Herz-Kreislauf-Problemen oder Migräneattacken leiden.

Zink

Unser gesamter Stoffwechsel ist zinkabhängig.

Im alten China wurde Zinksulfat bei Vergrößerungen der Prostata eingenommen. In den nachfolgenden Kulturen geriet dieses Salz jedoch wieder in Vergessenheit. Erst während der Fünfzigerjahre wurden ernsthafte Untersuchungen durchgeführt, die die Bedeutung dieses Minerals für den Enzym- und Hormonhaushalt herausfanden. Unser gesamter Stoffwechsel ist zinkabhängig. Auch Enzyme im menschlichen Körper besitzen einen Knopf zum Ein- und Ausschalten, und das ist in vielen Fällen Zink. Die industrielle Aufarbeitung und falsche Zubereitung von Lebensmitteln, die Zinkverarmung der Böden und vor allen Dingen falsche Ernährungsgewohnheiten mit zu fetter und phosphatreicher Kost (Coca Cola, Softeis) brachten es mit sich, dass wir trotz Überfluss in weiten Teilen der Bevölkerung Zinkmangelerscheinungen feststellen.

So schützt Zink die Gesundheit

Die vielfältigen Bedeutungen von Zink machen es unmöglich, umfassend auf die einzelnen Reaktionen und Abläufe einzugehen. Die Funktion, die mir vor allen Dingen bei Sportlern oder Personen mit hohem Energieumsatz begegnet, ist die Steuerung des Säurehaushalts. Zink steuert das wichtigste Enzym, die Carboanhydrase, die für das Einfangen von sauren Stoffwechselprodukten wichtig ist und ohne die eine Entsäuerung nicht denkbar ist. Starke körperliche Aktivität, verbunden mit eiweißreicher Kost und hohen Säurewerten, benötigt im besonderen Maße Zink zur Ausbalancierung.

Wenn sich Zellen nachbilden, ist Zink als Schutzfaktor mit verschiedenen Eiweißen dafür verantwortlich, dass in den neuen Zellen die identische Information vorliegt. Ohne Zink sind gesunde Zellteilung und damit geordnetes Wachstum nicht möglich. Dies hat generelle Auswirkungen auf den Stoffwechsel, denn das Immunsystem, die Fortpflanzungsträger (Eizellen, Spermien), aber auch Haare, Nägel und die Darmzellen unterliegen einer hohen Vermehrungsrate.

Zink stabilisiert die Funktion von Insulin, unserem wichtigsten Steuerungsmolekül des Kohlenhydratstoffwechsels.

Zink ist aber nicht nur für das Wachstum im Kleinen verantwortlich. Studien an Jugendlichen in Ägypten und im Iran konnten feststellen, dass ein verzögertes Wachstum sowie die sexuelle Ausreifung durch die Gabe von Zinksupplementen deutlich normalisiert und verbessert werden konnten.

Da es sich bei Zink um ein Element handelt, das in der Zelle vorkommt, wird der Zinkblutspiegel auf Kosten der Zelldepots aufrechterhalten. Nur 2 Prozent des Zinkbestandes sind im Serum, 85 Prozent des Körperzinks sind fest gefunden und können, wenn man Experimenten glaubt, selbst bei anhaltenden Mangelsituationen nicht mobilisiert werden. Eine Blutuntersuchung zur Überprüfung des Zinkstatus ist daher wenig aussagekräftig. Besser geeignet sind Haaranalysen sowie die Bestimmung der Aktivität des Enzyms alkalische Phosphatase.

Wie viel Zink braucht man?

Laut DGE braucht ein Erwachsener nicht mehr als 10 mg Zink. Diabetiker weisen besonders häufig eine Unterversorgung mit dem Spurenelement Zink auf, im besonderen Maße die Insulinabhängigen. Ursache dafür ist die erhöhte Zinkausscheidung, die mit dem erhöhten Blut-Harn-Zucker einhergeht. Auch die Steuerung des ohnehin gestörten Insulinstoffwechsels ist bei niedrigeren Zinkwerten schlechter und labiler. Zur Substitution

Diabetiker haben einen erhöhten Zinkbedarf.

werden zusätzlich 15 bis 30 mg täglich als Zinkaspartat, Zinkzitrat oder Zinkpicolinat empfohlen.

Leistungssportler verlieren sehr viel Zink mit dem Schweiß und haben zudem einen erhöhten Zinkmetabolismus. Raucher inhalieren das Schwermetall Cadmium und haben daher einen gesteigerten Bedarf an Antioxidantien – zu denen Zink gehört, weil es die Enzymaktivität, auch die körpereigene antioxidativ wirkende, steuert und verbessert.

Schwangere und stillende Frauen, Föten bzw. Säuglinge benötigen für ein schnelles und gesundes Wachstum große Mengen Zink. Das mit der Nahrung aufgenommene Zink reicht häufig nicht aus. Die Zinkresorption wird zudem durch in der Schwangerschaft oft verordnete Eisenpräparate beeinträchtigt.

Hauterkrankungen sowie Haar- und Nagelwachstumsstörungen können Anzeichen eines Zinkmangels sein.

Alle Arten von Hauterkrankungen bis hin zur Neurodermitis oder auch Haar- und Nagelwachstumsstörungen deuten auf Zinkmangel hin und erhöhen den täglichen Bedarf auf 25 mg. Unser Immunsystem benötigt immer dann größere Mengen Zink, wenn schwere Infekte ausgeheilt werden oder auch chronische Erkrankungen bis hin zu Krebs und AIDS vom Körper bewältigt werden müssen. Hier sind Dosen bis zu 30 mg Zink täglich nicht zu viel.

Die besten natürlichen Quellen

Sehr zinkreich sind Austern, die bis zu 150 mg pro 100 g Lebendgewicht enthalten können. Andere zinkreiche Lebensmittel sind Kalbsleber, Lammkotelett, Camembert, Haferflocken und Vollkorn.

Was bei der Einnahme von Zink zu beachten ist

Die gleichzeitige Gabe von Zink, Eisen und Kupfer führt zu einer verminderten Zinkaufnahme. Entsprechende Präparate sollten mindestens sechs Stunden versetzt eingenommen werden, zum Beispiel Zink abends, Kupfer am Morgen.

Zink liegt in verschiedenen Salzverbindungen vor. Den organischen Salzverbindungen ist in jedem Fall der Vorzug zu geben, und dort haben sich in den letzten Jahren besonders die Zinkpicolinate durchgesetzt, weil in dieser Form die Salze im Magen sehr stabil und gut fettlöslich sind, wodurch sie leicht die Zellmembranen durchströmen können. Auch Orotate und Aspartate sind zu empfehlen.

Wenn Sie Ihren täglichen Zinkkonsum zusammenstellen und Inhaltsangaben auf Packungsbeilagen lesen, achten Sie bitte darauf, dass in der BRD in der Regel das Gesamtmolekül angegeben wird: zum Beispiel 40 mg Zinkorotat; der Zinkgehalt beträgt nur 6,3 mg. Präparate aus den USA geben in der Regel den Zinkgehalt an, zum Beispiel Zinkpicolinat 15 mg; das bedeutet, dass man 15 mg Zink pro Kapsel aufnimmt.

Die Packungsbeilage bei Zinkpräparten aufmerksam lesen!

Selen

Ähnlich wie auf dem Brandenburger Tor gibt es auch unter den Antioxidantien eine zentrale Verergruppe, und das vierte wichtigste Zugpferd ist das Spurenelement Selen. Es wurde 1817 von Bercellius entdeckt und erhielt seinen Namen nach der griechischen Mondgöttin Selene.

Selen kommt auf der Erdoberfläche in stark wechselnden Konzentrationen vor. Die Versorgung des Menschen hängt ab von einer gut funktionierenden Nahrungskette Boden-Pflanze-Tier. Untersuchungen der letzten Jahre zeigen, dass in verschiedenen Ländern Europas, darunter auch in der BRD, die Selengehalte von Böden und Nahrungsmitteln sehr niedrig sind und damit die Gefahr einer Unterversorgung mit diesem Spurenelement besteht.

Selen hat in den letzten 20 Jahren eine stetige Aufwertung vom toxischen Spurenelement zu einem Hauptbestandteil und einer wesentlichen Leitfigur des antioxidativen Schutzes erfahren. Im Folgenden möchte ich seine Bedeutung für den menschlichen Organismus schildern.

Wie Selen die Gesundheit schützt

Selen wird für die Entgiftung benötigt.

Selen gehört zu den Spurenelementen, die im besonderen Maße die Enzymsysteme und Eiweiße stützen, die den körpereigenen, antioxidativen Schutzschild aufrechterhalten. Zu diesen zählt das Glutathion-Peroxidase-System (siehe Glutathion), das zum Überlebensprogramm jeder Zelle gehört. Damit sind die Organe Leber, Niere und Blut ins Spiel gekommen, die die wesentlichen Träger dieses Glutathionsystems darstellen. Ist genug Selen vorhanden, entgiftet der Körper die in der modernen Industriewelt oder auch durch Rauchen aufgenommenen Schwermetalle Cadmium, Quecksilber, Blei, Silber etc. leichter. Stimmt die Arbeit des Glutathions und anderer Schutzproteine des antioxidativen Schildes, ist der Körper geschützt vor Chromosomenschäden und damit vor einer langsamen und schleichenden Entwicklung von krebsartigen Zellen. Bestehende, durch Radikale erzeugte Zellveränderungen können repariert werden. Die Immunabwehr kann auch bei extremen Belastungen wie Krebs oder bei chronischen schweren Infekten gezielt arbeiten. Mit einem gut funktionierenden Immunsystem haben wir eine erhöhte Resistenz gegen Viren und Schadstoffe von außen. Auch der Mikroblutkreislauf, der ja im Wesentlichen durch die Blutfließeigenschaften bestimmt wird, wird durch Selen sinnvoll gestützt. Die Lymphbahnen, die Schlackenstoffe aus den Zellen und zwischen den Zellen wie in einem großen Entwässerungssystem abführen, werden durch Selen offen gehalten, sodass Gifte der Ausscheidung zugeführt werden können.

Vorsicht ist bei der Selendosierung geboten.

Selen gehört sicher zu den Spurenelementen, die man am genauesten dosieren muss. Von daher lesen Sie die Dosierungs- und Einnahmevorschriften bitte ganz besonders sorgfältig.

Wie viel Selen braucht man?

Die Deutsche Gesellschaft für Ernährung hat den Selenverbrauch auf 30 µg pro Tag festgelegt. Bedenkt man die Selenmangelsituation durch unsere ausgelaugten Böden, ist dies relativ wenig, da Selenmangel immer ein Defizit auf vielen Gebieten, die unser Immunsystem betreffen, zur Folge hat.

Einen erhöhten Bedarf haben in jedem Fall umweltbelastete Personen, zu denen auch Raucher, Amalgamträger und Patienten unter Strahlen- und Chemotherapie zählen.

Raucher, Amalgamträger und Patienten unter Strahlen- oder Chemotherapie haben einen erhöhten Selenbedarf.

Bei jeder Schilddrüsenerkrankung wird auf eine ausreichende Jodversorgung untersucht, doch es sollte immer der Selenstatus mitbestimmt werden, denn Selen gehört zum zweiten Standbein der Schilddrüsenhormone. Einen Selenbedarf, der täglich um 100 bis 200 µg liegt, hat im Grunde genommen jeder, der in der Stadt lebt und den normalen Umweltbelastungen ausgesetzt ist. Leicht erhöhte Selengaben haben zudem den Effekt, dass die immunkompetenten Zellen besser arbeiten und entartete Zellen abtöten können. Dieser Vorgang muss ja ständig ablaufen. Krebs ist ein ständiger Begleiter unserer Zellvermehrung. Ein gesundes Immunsystem wird mit den krankhaften und bösartigen Zellen fertig, nur ein geschwächtes Immunsystem wird auf Dauer nicht verhindern können, dass sich derartige Zellen ansiedeln, vermehren und dann den Organismus schädigen.

Auch bei Rheuma, einem chronisch entzündlichen Prozess, bei dem große Mengen Freier Radikale zerstörend auf Knorpel und Schleimhäute einwirken, reduziert Selen die zerstörerischen Kräfte der Radikale durch Ausbildung körpereigener Antioxidantien.

Der alte Mensch braucht vermehrt Antioxidantien und damit Selen. Diese verbessern die Blutfließeigenschaften, beugen Erkrankungen des Herzmuskels und damit Erkrankungen der Herzkranzgefäße und dem akuten Infarkt vor.

Kurz eingehen möchte ich auf Personen, die im Rahmen einer Tumortherapie mit Zytostatika oder Strahlentherapie behandelt werden. Bei dieser Personengruppe steigt der Selenbedarf auf mindestens 400 µg täglich, da zum einen die Tumorzellen bei höheren Selengaben direkt attackiert werden und zum anderen die Nebenwirkungen der starken Medikamente unter Selen abnehmen. In Einzelfällen können über einen kurzen Zeitraum auch 1000 µg pro Tag gegeben werden.

Die besten natürlichen Quellen

Selenreich sind Butter, Räucherhering, bestimmte Speisefische, Weizenkeime, brasilianische Nüsse und Lauch. Auf alkalischen Böden kommen gut lösliche Selenate vor, die für die Pflanzen bioverfügbar sind. Saure Böden enthalten vermehrt Selenite und metallisches Selen, die relativ unlöslich sind, und bringen selenarme Gemüse und Pflanzen hervor. In tierischen Lebensmitteln hängt der Selengehalt von den Futtermitteln ab. In Organen wie Leber und Niere findet sich der höchste Selengehalt.

Was bei der Aufnahme von Selen zu beachten ist

Die Körperkonzentration an Selen hängt zum einen ab von der Selenzufuhr und zum anderen von der Selenart. Selen gibt es als anorganisches Selensalz, das Natriumselenit. Es wird auf dem deutschen Markt in Trinkampullen in Apotheken angeboten. Selenit wird ausgezeichnet resorbiert, zum Teil schon durch die Mundschleimhaut. Diesem Vorteil steht eine starke Empfindlichkeit gegen andere oxidativ wirksame Stoffe im Darm gegenüber, die es ja sehr häufig in der Nahrung oder bei anderen Nahrungsergänzungen (Vitamin C, andere Metalle) gibt. Natriumselenit bitte streng zwischen den Mahlzeiten, ohne Vitamin C und mit Flüssigkeit einnehmen.

Natriumselenit streng zwischen den Mahlzeiten ohne Vitamin C und mit Flüsssigkeit einnehmen.

Unproblematischer sind proteingebundene Selenverbindungen wie Seleno-Methionin, Seleno-Cystein oder das Präparat Selen-Picolinat. In diesem Fall wird das Spurenelement Selen gleichsam wie in einem Rucksack vom Eiweiß transportiert und vor oxidierenden Begleitstoffen geschützt. Proteingebundenes Selen ist unempfindlicher gegenüber Störangriffen im Darm. Damit steht dem Körper mehr aktives Selen zur Verfügung. Ein Wort noch zu selenhaltiger Hefe: Diese Form wird sehr gerne in der BRD genutzt, um Selen in den Handel zu bringen. Es handelt sich um Hefe, die auf selenhaltigen Nährmedien gezüchtet und Selen in unbekannten Formen enthält. Die Bioverfügbarkeit ist nicht so gut wie bei den ersten beiden Gruppen, und von daher empfehle ich diese Form der Selenversorgung nicht.

Selenhaltige Hefe ist weniger empfehlenswert.

Die normale Erhaltungsdosis zur Verbesserung der antioxidativen Kräfte liegt für den gesunden Menschen zwischen 100 und 200 µg, bezogen auf die tägliche Selenzufuhr. Empfehlenswert sind Selenkuren, eine Dauereinnahme ist nur bei chronischen immunologischen Erkrankungen anzuraten.

Aminosäuren

Fett und Kohlenhydrate gelten nach wie vor als die Hauptenergielieferanten bei starker körperlicher Belastung. Dem Eiweißstoffwechsel wurde lange Zeit wenig Beachtung geschenkt, noch weniger der gezielten Unterstützung des Organismus durch einzelne Aminosäuren. Die empfohlene tägliche Proteinaufnahme hängt sehr stark von der körperlichen Arbeit ab, die man verrichtet. Für einen intensiv trainierenden Sportler ist sie eine andere als für einen Büroangestellten. Muskeln bestehen im Wesentlichen aus Eiweißen. Eiweiße gehören aber zu den wichtigsten Bausteinen des körpereigenen antioxidativen Systems überhaupt. Es ist sogar die Eliteeinheit, deren Bedeutung ich über viele Jahre studieren konnte und die ich anhand einiger Highlights demonstrieren möchte.

Wie schützen Aminosäuren die Gesundheit?

Ein Putenschnitzel ist ohne Zweifel eiweißreich. Im Darm passiert damit Folgendes: Verdauungsenzyme bauen die Putenschnitzeleiweiße in ihre Bestandteile, die Aminosäuren, ab. In dieser Form werden sie aufgenommen, von der Leber abgefangen und in neue Strukturen eingebaut. Es entstehen Immunglobuline, Antikörper, Enzyme, Transporteiweiße, Zellbausteine, Hormone und vor allem die Proteine, die zum körpereigenen Schutzschild gegen Radikale werden. Sobald Muskelarbeit hinzukommt (Training), wirft der Organismus den Bedarfsplan um und versorgt zuerst diese Abteilung mit vielen Aminosäuen.

Die Muskeln versorgt der Körper bevorzugt mit Aminosäuren.

Die Eiweiße im menschlichen Körper bestehen aus unterschiedlich langen Ketten von 20 verschiedenen Aminosäuren (AS). Die Kettenfolge bestimmt Form und Funktion des Proteins. Unter den 20 AS gibt es Formen, die der Mensch selbst nicht herstellen kann, diese heißen essentiell. Andere Aminosäuren kann der Mensch mehr oder weniger schnell selbst produzieren. Wenn ihr Bedarf sehr hoch ist, können sie knapp werden und müssen von außen zusätzlich eingenommen werden. Dazu zählen die Aminosäure Glutamin und die schwefelhaltige Verbindung l-Cystein. Besonders bei chronischen Erkrankungen wie AIDS, Vergiftungen oder Störungen des Immunsystems sollten sie zugeführt werden, um das antioxidative Gleichgewicht zu erhalten.

Aminosäuren haben, und dies wird oft unterschlagen, weil man nur den »Bodybuilding-Effekt« im Auge hat, eine besondere Bedeutung für den Hirnstoffwechsel. Sie fungieren dort als Boten- und Überträgerstoffe, quasi die Rohrpost der verschiedenen Arbeitszentren. Und jeder weiß, wie man sich fühlt, wenn das Gehirn zu langsam arbeitet oder Funktionen nicht mehr oder im Moment nicht abrufbar sind. Da die Leber die Aminosäuren, die vom Darm her aufgenommen werden, abfängt, kommen freie Aminosäuren in der Regel erst nach einer längeren Einnahmezeit auch für eine Verbesserung der Hirnfunktion zum Tragen. Aminosäuretherapien haben daher einen längeren Vorlauf, bis die Wirkung einsetzt. Anders ist es, wenn

Aminosäurepräparate injiziert werden. Dann ist der Effekt für den Körper und besonders für den Hirnstoffwechsel schnell vorhanden. Senioren profitieren daher von AS-Infusionen. Auch die allgemeine Befindlichkeit wird gesteigert. Diese kleinen Beispiele sollen verdeutlichen, warum es manchmal nicht reicht, eiweißreich zu essen. Bei bestimmten Fragestellungen müssen wir dem Körper zu seinem eigenen Vorteil die AS über die Vene anbieten. Noch kurz zur Schreibweise der Aminosäuren. Die körperfreundliche Form ist die so genannte l-Form. Daher tragen viele Packungsbeilagen derartige Bezeichnungen: l-Cystein, l-Valin etc.

Zu den wichtigsten Aminosäuren zählt das **l-Cystein**, das biologisch gebundenen Schwefel enthält. Man kann sie nicht so einfach einnehmen, da sie im Darm leicht oxidiert wird. Die Apotheker haben sie trickreich umgebaut und daraus das N-Acetylcystein gebastelt. In dieser Form nimmt es die Leber auf und baut daraus das Überlebensmolekül Glutathion (siehe Glutathion). Cystein gehört daher zum wichtigsten Baustein der körpereigenen Radikalfänger. Es unterstützt Entgiftungsreaktionen der Leber (siehe Risikogruppe Medikamenteneinnahme), wirkt schleimlösend, stärkt das Immunsystem und gehört in jede Reiseapotheke. Auch gesunde Haare und Nägel benötigen viel Cystein. Die tägliche Versorgung kann zwischen 200 und 1000 mg liegen. Die besten natürlichen Quellen sind alle Arten von Lauchgewächsen wie Knoblauch, Bärlauch, Lauch und Zwiebeln.

Cystein gehört in jede Reiseapotheke.

Der Bruder des Cysteins ist das **l-Methionin**. Ähnlich wie bei Cystein wirkt im Körper nicht die Aminosäure selbst, sondern eine verwandte Verbindung, das S-Adenosylmethionin, kurz SAMe. In dieser Form wirkt es ähnlich wie Cystein direkt als Baustein für körpereigene Radikalfänger. Die Leber ist mit SAMe vor aggressiven Stoffen geschützt (siehe Risikogruppe Medikamenteneinnahme). Aber auch der Nervenstoffwechsel profitiert davon. Manche sprechen SAMe sogar eine Wirkung gegen Depressionen zu. Schon Paracelsus wusste von der Verbindung Leber-Stimmungslage. Heute kennt man die Erklärung. SAMe ist verschreibungspflichtig und kann nur über Apotheken bezogen werden. Hersteller ist Fa. Knoll, Italien, Name SAMYR®, als Tablette oder Ampulle zum Injizieren.

Taurin ist eine weitere wichtige Aminosäure. Der Name verrät die Herkunft, nämlich die Gallenflüssigkeit (Fel tauri = Ochsengalle). Es wird auf diesem Weg ausgeschieden und unterstützt die Verdauungsarbeit der Nahrungsfette. Darüber hinaus hält Taurin Nervenübertragungsreize, die vom Gehirn zum Beispiel an den Herzmuskel gelangen, stabil – jeder kennt die Vorzüge einer guten ISDN-Leitung. Taurin wird vom Körper selbst aus Cystein hergestellt. Es kann jedoch auch hier, besonders im Alter, zu Engpässen kommen. Taurin spielt eine Rolle beim Aufbau von Muskelgewebe und ist wichtig für feste Bänder und Gelenke. Empfohlen wird Taurin bei bestimmten Herzrhythmusstörungen, chronischen Lebererkrankungen und -belastungen und bei Neigung zu Krampfanfällen. Die empfohlene Tagesdosis liegt zwischen 500 und 1500 mg. Taurin ist über Apotheken zu beziehen und im Moment noch verschreibungspflichtig.

Manche Aminosäuren sind verschreibungspflichtig.

Isoleuzin und andere verzweigtkettige Aminosäuren sind essentiell, d.h. sie müssen von außen zugeführt werden. Gerade bei erhöhtem körperlichen Stress, wie zum Beispiel chronisch entzündlichen Erkrankungen, die verstärkt Eiweiße verbrauchen, ist der Bedarf an Aminosäuren erhöht. So zum Beispiel in der Wundheilungsphase und nach Verletzungen. Sobald die Leberarbeit über einen längeren Zeitraum Belastungen unterworfen ist (siehe Risikogruppe Medikamenteneinnahme), sollte an die Zufuhr verzweigtkettiger Aminosäuren gedacht werden. Dazu zählen neben Isoleuzin das Leuzin und das Valin. Die empfohlene Einnahmemenge pro Tag liegt zwischen 500 und 1000 mg. Isoleuzin ist über Apotheken zu beziehen und im Moment noch verschreibungspflichtig.

Die besten natürlichen Quellen für l-Aminosäuren

Zu den besten Quellen freier Aminosäuren zählt das Blut selbst. Es gibt seit vielen Jahren eine Zubereitung, die ich regelmäßig injiziere und die ich, wegen der natürlichen Zusammensetzung, als Universalmischung betrachte, das AVTOVEGIN®. Es handelt sich dabei um eine Mischung essentieller Aminosäuren, die über eine osmotische Filtration aus Kälberblut gewonnen wird. Diese Zubereitung fördert die Wundheilung, steigert die mentale Leistungsfähigkeit und unterstützt die Regeneration bei bereits von Sauerstoffmangel geschädigtem Gewebe. Der Leberstoffwechsel wird aktiviert und die Ausbildung des körpereigenen antioxidativen Schutzschildes maximal gefördert. Nach der Injektion dauert es etwa 24 bis 48 Stunden, bis der Stoffwechsel alle Bausteine verarbeitet hat und bereits gestärkt damit arbeitet. Es gibt auch trinkbare Alternativen. Aminosäuredrinks sollten immer zwischen den Hauptmahlzeiten mit etwas gesüßtem Fruchtsaft eingenommen werden. Der begleitende Zucker verbessert den Einstrom in die Darmzellen und beschleunigt die Aufnahme der Aminosäuren. Da ist zunächst das Kolostrum. Es handelt sich um die Primärmilch der Kuh, die das Beste für das neugeborene Kalb enthält. Sie ist leicht verdaulich, hoch bioverfügbar und reich an Wachstumsfaktoren.

Mischungen aus freien Aminosäuren sind im Moment nur aus den USA, Holland und England erhältlich. Aus rechtlichen Gründen gehören sie in den Apothekenvertrieb. Milcheiweißpulver oder Milchextraktpulver sind Eiweißmischungen: Erst im Darm werden daraus freie Aminosäuren. Auch für sie gelten die oben genannten Einnahmehinweise. Milcheiweiße sind als Lebensmittel zu betrachten und werden daher auch außerhalb von Apotheken angeboten.

Mischungen aus Aminosäuren müssen noch importiert werden.

Allgemein gilt für das Kapitel Aminosäuren jedoch, dass zu viel Eiweiß die Stickstoffbilanz verändert, dass unter Umständen der Harnsäurewert ansteigen kann und eine Übersäuerung des Gewebes einsetzt.

Literatur

Alternativ Medicine review, Journal of clinical therapeutics. Thorne research, Idaho, USA, Jahrgänge 1996–2000

Antioxidative Vitamine gegen Lungenschäden. Medizinische Monatszeitschrift für Pharmazie 16. Jahrg. Heft 2, S. 56, 1993

Balch, J.: The Super-Antioxidants: Why They Will Change the Face of Healthcare in the 21st Century. M. Evans and Company Inc., 1998

Bayer, W., K. Schmidt.: Vitamine in Prävention und Therapie. Stuttgart, 1991

Biesalski, H.-K. u.a.: Ernährungsmedizin. Stuttgart, 1999

Biesalski, H.-K.: Vitamine. München, 1997

BgVV: Fragen und Antworten zu Nahrungsergänzungsmitteln. Information des Bundesinstituts für gesundheitlichen Verbraucherschutz und Veterinärmedizin. Berlin, 1998

Burgerstein, L.: Burgersteins Handbuch Nährstoffe. Heidelberg, 1997

Cooper, K. H.: Bewegungstraining, Frankfurt a.M., 1997

Cooper, K. H.: Die neuen Gesundmacher: Antioxidantien: Das Ernährungs- und Fitneßprogramm gegen freie Radikale. München, 1997

Deutsche Gesellschaft für Ernährung (Hrsg.): DGE aktuell 23 und 26/98, DGE info 11/99

EHPM: Sicherheit und Nutzen von Vitaminen und Mineralstoffen. European Federation of Assoc. of Health Products Manufacturers, 1999

Erbersdobler, H. F.; A. H. Meyer: Praxishandbuch Functional Food. Hamburg, 2000.

Friedrich, W.: Handbuch der Vitamine, München, 1987

Gaby, A. R (Ed.): Vitamin B6 toxicity: How much is too much? Townsend letter for doctors, p.184, May 1983

Gerz W.: Biologische Präparate. München, 1995

Goodman & Gilman's: The pharmacological basis of therapeutics. 8. Ausgabe, Pergamon press, 1991

Hahn, A.; M. Wolters, G. Hank: Nahrungsergänzungsmittel. Deutsche Apothekerzeitung, 139. Jahrg., Nr. 25

Hamilton, K.: Clinical pearls. Jahrgänge, 1993, 1994, 1995, 1996, ITServices, Sacramento, USA

Hamm, M.: Fett ja – aber wenig und richtig. München, 1999

Hamm, M.: Ernährung für Spitzenpower. München,1999

Hamm, M. u.a.: Vitalkost für Ihr Herz. Stuttgart, 1998

Hoffer, A.: Orthomolecular medicin for physicians. Keats publishing, 1989

Kapuste, H.: Anregungen aus der nutritionalen Medizin. Nr. 5, Pyrollurie, 1994

Karlson, P.: Kurzes Lehrbuch der Biochemie. Stuttgart, 1977

Kasper, H.: Ernährungsmedizin und Diätetik. München, 1996

Kroemer, H.: Die wichtigsten Radikalquellen im menschlichen Organismus. Pharmazeutische Zeitung, Stuttgart, 1996

Kuklinski, Bodo: Neue Chancen/ Zellschutz mit Anti-Oxidantien. Bielefeld, 1995

Löhr, J.; U. Pramann: So haben Sie Erfolg. München, 1999

Masaki u.a.: Association of vit. C and E supplement use with cognitive function and dementia in elderly men. Americ. Ass. of neurol., p. 1285–1272, 2000

McBride, J.: High-ORAC Foods May Slow Aging. In: News from the USDA Agricultural Research Service, 8. Februar 1999

Metz, G.: Betacarotin. Pharmazeutische Zeitung, Nr. 6, 140. Jahrg., 1995

Milz, F., A. Pollmann; K.-P. Schirmer; M. Wiesenauer: Naturheilverfahren bei orthopädischen Erkrankungen. Stuttgart, 1998

Müller-Wohlfahrt, H.-W., Dr. U. Kübler: Hundert Prozent – Das Geheimnis des gesunden Menschen. München, 1993

Müller-Wohlfahrt, H.-W.; H.-J. Montag: Verletzt ... was tun? Pfaffenweiler, 1996

Nikoleit, D.: Vitamine, Mineralstoffe, Spurenelemente, Carotinoide. Stuttgart, 1997

Ohlenschläger, G.: Freie Radikale, oxidativer Streß und Antioxidantien. Köln, 1995

Ohlenschläger, G.: Das Glutathionsystem. Heidelberg, 1991

Pauling, L.: Orthomolecular Psychiatry, Science 160: pp. 265-271,1968

Pfeiffer, C. C.: Nährstofftherapie bei psychischen Erkrankungen. Heidelberg 1984/89

Pramann, U.: Einfach Wohlfühlen. München, 1997

Referenzwerte für die Nährstoffzufuhr. Frankfurt a.M., 2000

Reglin, F.: Bausteine des Lebens, Köln, 1999

Reinecke, I.; P. Thorbrietz: Lügen, Lobbies, Lebensmittel. Wer bestimmt, was Sie essen müssen. Reinbek bei Hamburg, 1998

Schlett, S.: Orthomolekulare Medizin. Schriftenreihe der Münchner Gesellschaft zur Förderung der orthomolekularen Medizin, 1996

Schmidt K. H.; W. Bayer: Vitamine in Prävention und Therapie, Stuttgart, 1991

Schmidt K. H.; Wildmeister, W.: Vitamin E in der modernen Medizin, Bd 8, Schriftenreihe der nordrh. Akademie für ärztliche Fort- und Weiterbildung, 1993

Schmidt, W.: Report SAAS 315. Staatl. Amt für Atomsicherheit und Strahlenschutz, DDR, 1984

Siems, W. u.a.: Zur Chemie und Biologie des Glutathionsystems. Pharmazeutische Zeitung, Nr. 45, 141. Jahrg. 1996

Spitzbart, M.; J. Löhr; U.Pramann: Mehr Energie fürs Leben, München, 2000

Steffy, H.; U. Pramann: Perfektes Lauftraining. München, 1998

Watzl, B., C. Leitzmann: Bioaktive Substanzen in Lebensmitteln. Stuttgart, 1998

Werbach, M.: Nutriologische Medizin. Übersetzt und bearbeitet von H. Kapuste, Weil der Stadt, 1999

Williams, R.: Biochemical individuality. Austin Texas, 1956

Wright, J.; Gaby, AR: The patients book of natural healing. Prima Health, 1999

Register

Halbfette Ziffern verweisen auf Hauptfundstellen.

A

B

M

N

O

Wissenschaftliche Mitarbeiter

Gaby Miketta
arbeitet als Wissenschaftsjournalistin in München. Sie ist außerdem erfolgreiche Sachbuchautorin: *Netzwerk Mensch* (1991), *Liebe & Sex* (1996) und Herausgeberin von: *Krieg in unserem Körper* (1998) und *Das Wunder im Kopf* (1999).

Dr. Petra Thorbrietz
Wissenschaftsjournalistin, Reporterin bei der Hamburger WOCHE, Autorin von Sachbüchern und wissenschaftlichen Fernsehdokumentationen, Lehrbeauftragte für Kommunikationswissenschaft an den Universitäten Graz, Wien und Leipzig

Prof. Dr. Michael Hamm
Hamburg, Ernährungswissenschaftler und Experte für Sporternährung (Kapitel Mein Schutzprogramm Ernährung)

Dr. Siegfried Schlett
Arzt und Apotheker aus München, Mitglied der Münchner Gesellschaft zur Förderung der orthomolekularen Medizin (Tel.: 089/543 89 45)

Bildnachweis

StockFood/S.&P. Eising: Seite 105 links unten, 2. von oben und ganze rechte Hälfte;
StockFood/Rosenfeld Images LTD: Seite 105 3. Reihe von oben links;
StockFood/Maximilian Stock LTD: Seite 105 2. Reihe von unten, 3. Reihe von oben rechts (Fisch), ganz oben;
StockFood/Zabert Sandmann: 3. Reihe von oben rechts (Fleisch)

Grafiken

Stefan Elsberger: Seiten 115, 157
Altan Üze: Seiten 22/23, 28/29, 105

Besuchen Sie uns auch im Internet unter www.zsverlag.de